하나님의 지혜 초청과 욥의 깨달음

하나님의 지혜 초청과 욥의 깨달음

발행	2012년 12월 5일
2쇄	2021년 9월 5일

지은이	안근조
발행인	윤상문
디자인	박진경, 이보람
발행처	킹덤북스

출판등록	제2009-29호(2009년 10월 19일)
주 소	경기도 용인시 기흥구 동백동 백현마을 코아루 아파트 2204동 204호
문 의	대표전화 031-275-0196 팩스 031-275-0296

ISBN	978-89-94157-51-1 (03230)

Copyright@2012 안근조
·이 책은 저작권법에 따라 보호받는 저작물이므로 무단전재와 복제를 금지하며,
·이 책의 내용의 전부 또는 일부를 이용하려면 반드시 저작권자와 킹덤북스의 서면 동의를 받아야 합니다.

※ 잘못된 책은 구입하신 곳에서 교환하여 드립니다.
※ 책 가격은 표지 뒷면에 있습니다.

킹덤북스(Kingdom Books)는 문서사역을 통해 하나님의 나라를 확장하고, 한국 교회와 세계 교회를 섬기고자 설립된 출판사입니다.

하나님의 지혜 초청과 욥의 깨달음

욥기의 지혜 코드
Sapiential Interpretation of the Book of Job

안근조 지음

킹덤북스
Kingdom Books

추천사

『하나님의 지혜 초청과 욥의 깨달음』

왕대일 교수
(감리교신학대학교 구약학 교수, 전 한국구약학회 회장)

　성서 해석에서 소중한 것은 성서 본문을 향해 질문을 던지는 작업이다. 본문의 소리를 들으려면 본문이 무엇을, 어떻게, 왜 말하고 있는지를 물어야 한다. 성서 본문에 말을 걸 줄 알아야 성경 말씀이 우리에게 건네는 소리를 제대로 들을 수 있다. 본문 해석의 여정이 소중한 것은 독자와 본문 사이에 주고받는 소통이 있기 때문이다. 이 소통을 이루고자 독자는 성서 본문과 뜨겁게 만나야 되고, 이 소통을 얻고자 주석자는 말씀에게 말을 걸고 말씀을 향해 질문을 던진다.
　안근조 교수가 이번에 집필한 『하나님의 지혜 초청과 욥의 깨달음』은 "발견적 질문하기"라는 수단을 통해서 구약성서 욥기에 말을 걸고 욥기 본문과 소통하고 있다. 본문 구조의 파악을 통해서 해석학적 가지치기를 한 다음 알고자 탐구하는 진지한 해석학적 여정을 펼치고 있다. 그 길에 들어서서 욥기의 지혜 전승에 대해 묻고, 그 길을 걸으면서 욥기의 지혜 통찰에 대해서 깨달으며, 그 길을 걷다가 마침내 욥기의 가장 큰 화두인 하나님의 지혜 초청에 도달하고 있다.

안근조 교수가 먼저 걸은 이 길은 저자 자신의 말로 하면 하나의 "이정표"이다. 자기가 먼저 걸으면서 찾아두고 새겨놓고 펼쳐놓은 지혜 신앙의 세계로 우리를 안내한다. 그가 먼저 들은 본문의 세미한 소리를 우리 모두와 나누어보기 위해서이다. 저자는 자신만 이 길을 걷는 것이 아니라 이 땅의 신학자, 성서학자, 목회자, 신학생, 교우 등이 함께 연대하여 이 길을 걸어보자고 소리치고 있다. 그러면서 자기가 미처 찾아놓지 못한, 아니, 일부러 숨겨 놓은 지혜 세상의 풍광을 마음껏 음미해보라고 요청하고 있다.

안근조 교수가 집필한 본서는 우리를 지혜 문학의 세계로 인도한다. 구약성서의 광활한 지평에서 지혜 문학이라는 산맥을 따라 욥기에 오르는 길을 제시하고 있다. 산을 오르는 것은 쉽지 않다. 때로는 고통스럽기까지 하다. 욥기를 향한 여정도 마찬가지다. 그러나 『하나님의 지혜 초청과 욥의 깨달음』을 지팡이 삼아 한 걸음씩 걷다보면 마침내 욥기라는 지혜 문학의 최고봉에 오르게 되는 감격을 누리게 될 것이다. 안근조 교수의 말대로 하면, 내가 여태껏 붙들어왔던 "관습적인 지혜"가 나를 붙잡아 주는 "진정한 지혜"로 전환되는 엄청난 대변화가 일어나게 될 것이다. 이런 감격, 이런 변화가 이 책을 붙드는 독자 모두에게 풍성하게 일어나기를 기도한다.

| 들어가는 말 |

욥기 해설을 시작하며

1. 지혜 코드로 푸는 욥기 해설

욥기는 전통적인 구약성서의 지혜서 가운데 한 책이다. 일반적으로 욥기를 비롯하여 잠언서와 전도서가 지혜서에 해당하며 시편의 일부인 지혜시편들과 아가서가 지혜서에 편입된다. 따라서 욥기서 자체는 지혜 말씀이다.

그러나 필자가 당연시되는 "지혜 코드"를 굳이 부각시키는 이유는 따로 있다. 욥기서 전체를 하나님의 지혜 강화(wisdom lecture)로 보기 때문이다. 욥기는 기존의 의로운 자의 고통을 다루는 신정론적 입장도 아니요, 위대한 신앙인의 시험 극복에 대한 신앙적 승리의 입장도 아니다. 물론, 욥기에는 하나님의 정의에 대한 질문도 있으며 고통 속에서의 위대한 신앙 고백도 들린다. 그러나 욥기 전체를 하나로 묶어주는 포괄적 주제는 될 수 없다.

하나님의 지혜로서의 욥기는 욥을 향한 최고의 현자 하나님의 지혜 초청이 처음부터 들린다. 서론에서 하나님이 의인 욥의 신앙의 신실함에 대하여 사탄과 이야기한다. 욥은 하나님을 경외하고 악에서 떠난 자이다. 그러기에 전통적인 지혜 전승의 관점에서 욥은 지혜자이다. 그러나 그런 욥을 하나님은 새로운 지혜의 세계로 초청하는 일을 사탄을 통하여 하고 계신다. 상황을 풀어서 표현하자면 "관습적 지혜자"인 욥을 "진정한 지혜자"로 이끌고 있다. 고통스런 인생의 여정을 통하여 더욱 깊은 신앙의 세계로 인도하고 있는 것이다.

따라서 욥 1-2장에서 나온 욥의 위대한 신앙 고백은 여전히 관습적인 표현들로 볼 수 있다. 고통 후 즉각적으로 나타난 반응은 신앙적 관성에 의한 것이다. 오히려 욥의 대부분을 차지하는 3-31장의 친구들과의 공방이 실제적 욥의 반응이다. 만일 욥기가 중간 부분 없이 1-2장과 42장의 단편으로 기록된 책이라면 욥의 인내와 위대한 신앙 고백을 다룬 신앙 영웅의 단편 드라마로 압축할 수 있을 것이다. 그러나 실상 욥 이야기의 주제는 3장에서 41장에 이르는 인간의 실존적 고뇌와 초월적 하나님 체험의 대서사시 가운데 펼쳐지고 있음을 잊지 말아야 한다.

『하나님의 지혜 초청과 욥의 깨달음』은 인간과 세상을 향한 하나님의 지혜가 하나님의 종인 욥에게 어떻게 전달되고 있으며 그 실제적인 교훈이 무엇인가를 풀어보려는 노력이다. 의로운 욥의 가정에 하루아침에 들이닥친 재앙의 의미가 무엇이며, 인생의 동반자이었던 아내와 친구들의 저주와 냉소는 어떻게 받아들여야 하며, 신명기사가의 인과응보적 구약의 교리는 욥기 전체와 어떻게 조응하고 있는가? 특별히 욥 38-41장에서 울려 퍼지는 하나님의 폭풍우 언설은 진정한 현자(the Sage)인 하나님의 가르침으로서 욥에게 적절한 응답이 되고 있는가? 우리는 이러한 과제들을 통과하여 하나님의 정의로운 세상 섭리(צְדָקָה: 쩨다카)뿐만 아니라 인간을 향한 하나님의 사랑의 마음(חֶסֶד: 헤세드)을 읽어내고 싶은 것이다.

두 가지 기억해야 할 일이 있다. 한 가지는 욥기에서 충분히 시사된 바

"관습적 지혜자"의 위치로부터 "진정한 지혜자"의 자리로 나아가는 일은 큰 고통이 동반된다는 것이다. 어쩌면 욥의 불행한 고난들을 지켜보면 대부분의 사람들은 관습적 지혜자 또는 관습적 신앙인의 자리에 머무르고 싶을 것이다. 하지만 욥기 1장은 이 상태의 신앙자들의 모습을 다음과 같은 현상으로 묘사해 준다: "혹 나의 자녀들이 부지 중에 하나님을 저주한 일은 없는가…."(1:5b) 기존의 신앙의 자리는 막연한 두려움과 현세적 안정을 지향한다. 그러나 이것이 하나님께서 인생들에게 바라는 모습은 아닌 것 같다. 왜냐하면 그 막연한 종교적 실천이 궁극적인 구원의 상태가 아님을 욥기 이야기의 전개가 드러내고 있기 때문이다.

또 다른 한 가지 기억해야 할 사항은 왜 그렇게 엄청난 고통이 진정한 지혜자로 가는 길에 필요한 것일까 하는 것이다. 다른 말로, 하나님께서는 당신의 사랑하는 종에게 그토록 지독한 불행을 안겨줄 수밖에 없는가에 관한 신적 섭리의 문제이다. 단지 사탄이 그랬다고 말하면 쉽다. 그러나 욥기에서 사탄의 존재는 하나님의 영역 아래에서 활동하는 자에 불과하다. 결국 모든 일은 하나님의 지혜자적 설계하에서 이루어지고 있는 것이다. 현재로서는 성숙을 위한 고통의 차원으로 일단은 이해하도록 하자. 그리고 하나님께서 고통을 인생의 한 부분으로 주셨음을 겸허하게 받아들일 수밖에 없다(cf. 전 1:13). 문제는 그 고통 앞에 선 인간의 반응이다.

2. 발견적 질문하기-방법론적 서론

기존의 기독자의 성경 읽기는 "순종하기"이다. 즉, 하나님의 말씀이 나의 삶에 이야기해 주는 교훈과 훈계를 따르며 순종하는 길이다. 이러한 태도는 주로 QT 등의 개인 경건 시간에 실행되고 있으며 또한 목회자가 설교를 준비할 때도 순종하기의 마음은 기본 전제가 된다. 그러나 순종적 성경 읽기의 단점이 있다. 읽는 자의 관념과 신앙 고백과 관련된 한에서만 성경 말씀이 들어온다. 본인이 가지고 있었던 개념과 다른 것들은 쉽게 눈에 들어오지 않는다. 더군다나 자신의 신앙적 색깔과 다른 본문들은 의식적으로든 무의식적으로든 배제하기 쉽다. 더 심각한 단점이 있으니 무조건적 말씀 순종은 때로는 말씀 본질의 왜곡된 이해를 낳기 쉽다. 본문의 수사적 표현이나 역사적 배경을 주의 깊게 해석함 없이 곧이곧대로 받아들임으로써 본래의 뜻과는 전혀 다른 의미로 받아들이는 과오가 자주 일어난다(ex. חרם: 헤렘 [진멸사상] —하나님의 전쟁 사상에 근거한 아메리카 대륙 초기 청교도들의 인디언 학살).

　이곳에서 성경을 접근하며 취할 방법론적 태도는 "순종하기"보다는 "추구하기"이다. 자신의 기존 관념에 "순응"하는 것이 아니라 본질적인 하나님의 진리를 "추구"하는 일이다. 물론, 하나님의 말씀에 순종하는 태도를 버리라는 의미가 아니다. 오히려 하나님의 말씀 앞에서 자신의 기존 관념이나 신앙 고백을 버린 채 진정으로 순종하는 순수한 태도로 하나님의 계시 앞에 나아가라는 소리이다. 믿음이라는 이름으로 이성을 희생하는 것이 아니라 믿음과 이성의 연합 작전이 하나님의 말씀 추구에 동원되도록 하는 일이다.

　이를 위해 필자가 제시하는 기본 방법론이 바로 "발견적 질문하기"이다. 즉, 본문에서 내 눈에 들어오는 이야기와 교훈만을 받아들이는 것이 아니라 오히려 내게 낯선 것에 관심을 기울이는 접근법이다. 그럴 때 새로운 계시의 장이 열리기 때문이다. 오늘날 미학의 화두가 '익숙한 것을 낯설게 낯선 것은 익숙하게'를 내세우듯 하나님 말씀의 계시성을 찾기 위한 우리의 노력은 오히려 의아심과 질문하기 가운데 놓여야 한다.

　따라서 앞으로 진행될 본문의 해석은 "발견적 질문하기"를 중심으로 이루어질 것이다. 첫 번째 단계로, 주어진 본문에 대한 특징점 발견과 의문점 제기를 시도할 것이다. 더불어 필요한 경우 번역상의 문제점도 다룰 것이다. 이는 본문의 의미 "추구하기"의 첫 번째 관문이다. 두 번째 단계로, 본질적 질문과 지엽적 질문들을 구분하기 위하여 본문의 구조를 살펴보면서 중심 주제의 흐름을 주목할 것이다. 세 번째로, 제기된 질문들에 대한 본격적 대답이 제시될 것이다. 주로 본문과 씨름하는 가운데 해결의 실마리를 발견하는 문학비평적[1] 주석 작업이 수행될 것이다. 물론, 필요하면 배경적 설명이 가미될 것이다. 네 번째 단계로, 가장 본질적인 질문에 대한 해답을 통하여 중심된 신학 주제가 부각될 것이다. 바로 본문의 전체적 주제와 신학적 정리가 실행되는 단계이다. 끝으로, 얻어진 말씀의 진리를 실제적인 우리의 삶 가운데 적용하는 실천적 메시지의 도출 작업이 따를 것이다. 그저 교훈적 말씀이나 깨우침을 주는 이해로 끝나는 것이 아니라 구체적으로 그 진리가 어떻게 적용되는지를 고민할 때 하나님의 말씀은 비로소 우리의 삶 속에서 체현되고 성육화되기 때문이다.

본서가 목적하는 바는 두 가지이다. 무엇보다도 보다 넓은 독자층들의 욥기 이해에 도움이 되길 바란다. 전문적 주석서로서보다는 실질적 성경해석에 다가가려 한다. 각 본문에서 제기되는 질문들을 매 장에서 먼저 일별하여 나열함으로써 처음 본문을 대하는 독자가 가질 수 있는 의문점들과 공감하려고 한다. 또한 그 질문에 본문 자체가 어떻게 응답하고 있는가를 살펴보면서 욥기 해석의 실질적 관점을 제공하고 있다. 또 다른 목적은 성경 말씀 연구의 실천적 방법론을 제시하고자 한다. "순종하기"의 성경 공부나 말씀 묵상의 차원으로부터 "추구하기"의 말씀 연구로의 변화가

---

[1] 오늘날 성서학에서 "문학비평"(LITERARY CRITICISM)의 범주를 구획하는데 어려움이 있다. 이곳에서는 역사비평 이후 본문 중심의 문학적 분석을 시도하는 일련의 비평 방법을 통칭하고 있다. 따라서 수사학적 비평, 구조 분석, 간본문읽기, 정경비평 등의 문학적 제(諸)해석 방법을 포괄한다.

성경 말씀의 본래적 진리에 더 가깝게 나아갈 수 있음을 보여주고 싶은 의도가 있다. 교리나 관습적 교훈 또는 개인적 체험의 장벽들을 넘어서 말씀의 계시를 계시로서 받아들이는 "본문 만남"의 세계로 안내하고자 한다. 본서의 이와 같은 특징 때문에 욥기 자체에 대한 해석을 원하는 독자뿐만 아니라 신앙 공동체의 성경 공부를 위한 참고서로서, 그리고 성서 학도들의 주석 훈련용 교재로서도 두루 사용되기를 기대해 본다.

3. 욥기 연구를 위한 주석 자료

본서에서 참고하는 문헌들은 주로 실제적이고 실천적인 주석서들이다. 특히 신학에 관심 있는 목회자들과 예비 신학도들에게 폭넓은 구약성서의 배경과 주제들을 전해주는 유용한 자료들이다. 소개하면 다음과 같다.

먼저, WBC 주석 시리즈 가운데 영국 셰필드 대학의 클라인즈(David Clines) 교수의 세 권에 걸친 욥기 주석서는 21세기 새로운 천년에 들어서면서 나온 주석서들 가운데 단연 최고이다. 본래 WBC(Word Biblical Commentary) 시리즈 자체가 지나친 역사비평적 주석을 지양하면서 새로운 문학비평적 방법을 도입, 정경비평적 관점에서 본문을 해석하고 있기에 학자들뿐만 아니라 목회자들에게도 환영받는 주석서이다. 게다가 클라인즈 교수의 엄밀한 학문적 소양과 성실한 자료 처리 능력이 탁월하기에 욥기에 관한 한, 이 책 한 권만으로도 여타의 주석집이 필요 없을 정도로 완벽한 정보들을 제공하고 있다.

그러나 지난 20세기를 마감하면서 또 다른 탁월한 주석이 한 권 저술된 바 있는데, 바로 NIB(The New Interpreter's Bible) 시리즈 가운데 미국 에모리 대학의 뉴썸(Carol Newsom) 교수의 욥기 주석서이다. NIB 필진들에게 공히 요구된 편집 의도에 맞추어서 과도한 본문비평적 논의보다는 미국 대부분의 성도들이 읽는 NIV 성경과 NRSV 성경의 본문에 근거해 본문 해설과 적용이 부각되어 있다. 특히, 뉴썸 교수의 예민한 본문 읽기와 날카로운 문학적 분석은 학자들과 목회자들에게 모두 다 깊은 통찰력을 전달해주고 있다. 더욱이 욥기를 단순한 성서학의 대상으로만 보지 않고 예술과 문화 그리고 인간 사회와 영적 삶에 두루 걸친 다방면의 참고 자료로 활용하고 있는 뉴썸 교수의 태도는 욥기 읽기의 다양한 채널의 접근과 풍부한 응용을 가능케 해준다. 매 장 끝 부분에 소개된 신학적 논의는 어쩌면 지루하고 복잡한 주석 작업에서 놓치기 쉬운 실천적 메시지를 상기시켜 주는 점에 있어서 NIB 주석물의 또 다른 강점이다.

그리고 목회 일선 현장의 설교자들에게 가장 선호될 만한 실천적 주석집은 Interpretation 시리즈가 아닐까 생각한다. 부제에서도 드러난 바, "성경 공부와 설교를 위한 주석"(A Commentary for Teaching and Preaching)으로 돋보이는 주석서가 아닐 수 없다. 본 시리즈의 욥기 저자는 인디아나폴리스의 Christian Theological Seminary에서 오랫동안 구약성서를 가르쳤던 잔젠(Gerald Janzen) 교수이다. 본래 Interpretation 시리즈의 성격상, 잔젠 교수의 욥기 주석은 상당히 복음주의적이다. 실제로 신앙생활에 도움이 되고 도전이 되는 말씀 해석이 매 페이지마다 펼쳐져 있다. 기존의 교리나 개인적 체험에 얽매여 말씀 해석의 제한을 받고 있는 설교자들에게 잔젠은 새로운 성서 해석의 흥분된 통찰을 던져 줌으로써 주석 작업의 기쁨을 더해주기에 충분하다.

가장 최근에 나온 주석서로서 잔젠 교수와 같이 성서 해석의 실천적 도전을 주는 자료는 발렌타인 교수의 Smyth & Helwys Bible Commentary 시리즈의 욥기 주석서이다. S & H 성경 주석 시리즈는 엄선된 학자들의 풍성한 학문적 결과물들을 대중적 독자들에게 손쉽게 연결해주기 위한 의

도로 출판되고 있는 주석집이다. 특히 그림이나 사진 자료들이 이해를 돕고 있으며 비전문가들도 친근하게 성경 주석에 접근할 수 있도록 편집되어 있다. 무엇보다도 참여 저자들의 전문성과 복음주의적 성향은 누구라도 안심하고 성경 연구에 참고할 수 있는 자료를 제공한다. 발렌타인 교수는 현재 미국 버지니아에 위치한 유니온 장로교 신학대학교에서 구약학을 강의하고 있다. 그는 구약성서 신학에서의 하나님 이해에 대한 논의를 치밀하게 전개하면서 기독교적 하나님 이해의 폭을 넓혀주고 있다. 발렌타인 교수에 의하면 욥의 하나님 이해는 곧 욥 자신의 의인으로서의 사명 자각으로 이어지고 있다.

국내에서 현재까지 나온 욥기 주석집은 아쉽게도 그리 많지 않다. 그나마 대한성서공회 창립 100주년 기념 주석 시리즈 가운데 이군호 교수의 『욥기』가 최근에 나온 학문적 욥기 연구의 결과물들을 어느 정도 반영해주고 있는 형편이다. 또한 두란노에서 출판된 HOW 주석 시리즈는 실천적 성경 연구가와 설교자들에게 전문적 지식과 신앙적 적용점을 제시해 주는 점에서 큰 공헌을 하고 있다. 특히『욥기』주석은 세 명의 욥기 전문가가 신학자로서뿐만 아니라 목회자적인 관점에서 욥기 연구의 결과들을 효과적으로 제시해줌으로써 주석가들의 새로운 해석과 통찰을 자극하고 있다.

번역물로서 이미 오래전에 한국신학연구소에서 작업한 국제성서주석 시리즈의『욥기』가 있다. 이는 마빈 포프의 역사비평적 관점의 주석서로서 고대근동의 역사적 배경과 편집비평적 설명이 잘 반영되어 있다. 그러나 실천적 설교자들의 관점에서 문서비평적 입장으로 인한 성서 해석의 어려움이 따른다.

물론, 본서에서 소개하고 있는 주석집들 외에도 수많은 신학자들과 목회자들의 욥기 주석서가 있다. 그 많은 주석집들을 필자가 일일이 접할 수 없는 한계로 본서에서는 극히 한정된 자료만을 소개할 뿐이다. 그러나 욥기 전문가로서 그리고 구약성서 신학자로서 욥기 연구에 있어서 참고하는 자료들에 대한 주의가 요구된다고 하는 사실을 덧붙이고 싶다. 즉, 지나친 교리나 신조, 개인 체험 또는 특정한 신앙적 성향에 근거한 주석서나 해설서는 삼가야 할 일이다. 주석이란 성경 속에 파묻힌 무수한 보고의 광맥을 발견하게끔 도와주는 작업이다. 그런데 편향된 해석이 오히려 그 흥분된 성서 해석의 여행을 출발에서부터 차단하게끔 만들기 때문이다. 하나님은 우리의 세계보다도 훨씬 더 크신 분이다. 성경은 계시의 말씀이다. 말 그대로 감추어진 것을 보여주시는(reveal) 은혜의 장(場)이다. 하나님 말씀의 파노라마가 눈앞에 펼쳐지려 하는데 왜 우리의 눈을 교리나 개인적 체험의 가리개로 덮어버리려 하는가? 왜 하나님의 세계를 찾기보다 나의 세계, 인간의 세계만을 고집해 상투적 신조와 선포에 안주하려 하는가? 말씀 안에 씨름하고 고투하는 흔적이 우리의 주석 작업에 반영되어야 한다.

그래서 본서에서 시도하는 "발견적 질문하기"가 중요하다. 비판을 위한 불신앙의 질문이 아니라 계시("감추어진 것을 발견")를 위한 신앙적 질문이다. 이를 주석 작업의 가장 처음 단계로 시도하는 것이다. 위에서 소개한 주석서들은 그 시작에 있어서 어떠한 선입관도 일단은 내려놓고 각 주석자의 입장에서 던질 수 있는 순수한 물음을 먼저 가지고 욥기 본문으로 들어가고 있다. 그리고 철저하게 본문 안에서 해답을 찾으려는 노력들의 결과이다. 그래서 각 자가 발견한 새로운 하나님의 세계, 욥의 세계를 우리에게 소개하고 있다. 본서 또한 그러한 발견적 주석의 의미 있는 대열에 참가하려 한다.

| 목차 |

추천사 4
들어가는 말: 욥기 해설을 시작하며 6

1장 욥의 완벽한 삶?: 욥의 울타리
하나님을 경외하는 자에게 닥친 일 19
본문 연구 1:1–5; 1:6–2:10 21
마무리 36

2장 욥의 침묵과 욥의 독설
욥의 탄식의 의미 39
본문 연구 2:11–3:26 41
마무리 54

3장 엘리바스의 상처내기 설교
지혜 전승을 대표하는 세 친구들 57
본문 연구 4:1–5:27 60
마무리 73

4장 욥의 새로운 언어 찾기
욥의 네 가지 심경 75
본문 연구 6:1–7:21 78
마무리 90

5장 욥의 폭발
빌닷의 정죄와 욥의 변론　93
본문 연구 8:1–22; 9:1–10:22　96
마무리　108

6장 욥의 초청
소발의 발언과 욥의 응답　111
본문 연구 11:1–20; 12:1–13:19; 13:20–14:22　114
마무리　128

7장 울타리 밖과 안
두 번째 싸이클 개관 – 욥 15–21장　131
본문 연구 19:1–29; 21:1–34　135
마무리　149

8장 절망과 소망의 교차점에서
세 번째 싸이클 개관 – 욥 22–27장　151
본문 연구 23:1–17　158
마무리　166

9장 지혜 찬양시
욥기 28장의 정경적 위치와 잠언 8장과의 비교　169
본문 연구 28:1–28　172
마무리　181

10장 욥의 마지막 탄원의 위력

욥의 새로운 윤리　　183
본문 연구 29-31장　　185
마무리　　200

11장 엘리후 발언의 특이점

욥기 전체에서 엘리후 발언의 위치　　203
본문 연구 32-37장　　205
마무리　　219

12장 하나님의 폭풍우 언설 1-창조

폭풍우 가운데 들리는 하나님 응답　　221
본문 연구 38:1-40:5　　226
마무리　　241

13장 하나님의 폭풍우 언설 2-역사

"너 자신을 알라!" - 폭풍우 언설의 주제　　243
본문 연구 40:6-41:34　　246
마무리　　263

14장 욥의 고백

하나님의 초청에 응답하는 욥　　265
본문 연구 42:1-6　　268
마무리　　281

15장 의인 선포와 인과응보 강화
　결론에서 만나는 모순: 인과응보 부정과 긍정　283
　본문 연구 42:7-17　285
　마무리: 욥기 저자와 오늘의 신앙　298

16장 욥기의 재구성: 경계의 상실과 회복
　욥기와 지혜 문학, 그리고 구약성서　301
　욥기의 재구성　303
　욥기의 신학　306
　욥기의 실천적 영성: 울타리 깨기　310
　마무리　311

나오는 말:『하나님의 지혜 초청과 욥의 깨달음』을 마치며　313

참고 문헌　316

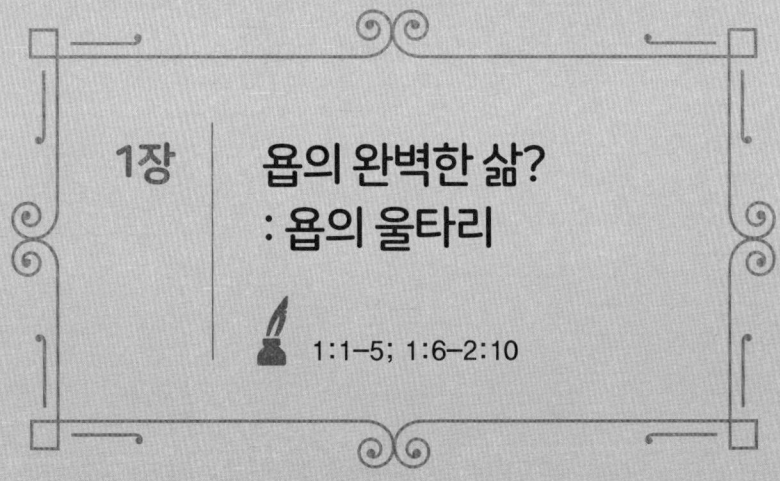

1장 | 욥의 완벽한 삶?
: 욥의 울타리

1:1-5; 1:6-2:10

하나님을 경외하는 자에게 닥친 일

    욥기의 어려운 질문 중 하나는 왜 하나님까지 칭찬했던 욥에게 시련이 닥치는가의 문제이다. 그것도 하늘에서 이루어진 욥의 "신앙의 진정성"에 대한 논쟁의 결과로 땅에서 엄청난 재앙이 일어나고 있는 점은 도무지 이해하기 어려운 점이다. 그런데 욥기 1장은 그저 우리에게 "하나님을 경외하며 악에서 떠난 자"에게 어려운 일이 일어나고 있음을 담담히 전해주고 있다. 이런 면에서 욥기는 오히려 시작부터 이해할 수 없는 일을 말하고 있는 것이 아니라, 하나님을 믿는 자들에게 언제든 일어날 수 있는 일을 말하고 있다. 신앙생활의 이상을 전하는 것이 아니라 현실을 보여주고 있다.

    흥미로운 사실은 본문인 1:1-2:10까지는 이상적인 욥의 응답이 기록되어 있는 점이다. 신앙생활의 현실을 보여주는 사건에 대해 본문은 신앙자의 이상적 반응을 소개하고 있다. 일반적인 신앙인들에게 욥의 신실한 응답은 현실을 뛰어넘은 신앙의 초월로 받아들여진다. 그러나 문학적인 감각이 있는 일반 독자들에게 욥의 반응은 지극히 비현실적이어서 이후 이야기 전개에 관심을 갖게끔 인도한다. 그러기에 욥기의 서론은 시작부터 모든 사람들에게 매력적인 본문으로 다가온다. 만약에 욥의 변함없는 신앙에 만족하는 사람들은 본문에서 의인 욥의 신앙을 본받는 것으로 교훈을 삼을 것이다. 그러나 고통 속에 처한 욥의 인간적이지 않는 모습에 도무지 만족할 수 없는 사람들은 욥의 비현실적 신앙 고백보다는 이후 펼쳐질 그의 독설에 귀 기울이려 할 것이다. 그러나 양자의 경우 모두 본문에서 일어나고 있는 핵심적인 문제에 접근하지 못한 경우이다. 서론에서 일어나고 있는 사건에 대한 근본적 파악이 전제되어 있지 않는다면 욥기 전체에 대한 정당한 이해를 보장할 수 없다.

우리가 이제 살펴볼 욥기의 서론에서의 근원적 문제는 하늘에서 일어나는 일과 땅에서 일어나는 일들이 서로 연결되어 있다는 사실이다. 그리고 하늘의 일의 결과로 벌어진 땅에서의 사건이 이해할 수 없는 고통으로 다가올 때 그 고통을 어떻게 받아들이고 반응해야 하는가에 대하여 되돌아보게 한다. 물론, 본문의 표면적 전개는 재난 속에서도 빛나는 의인 욥의 위대한 신앙 고백이다. 욥기의 서론만을 두고 보다면, 전통적 신앙의 입장에서 욥이 신실하게 반응했으며 하나님과 사탄 사이의 내기에서 하나님이 이긴 것으로 보인다. 그러나 3장 이후의 반항적인 욥의 입장을 보면 도리어 사탄이 내기의 승리자로 역전될 뿐이다. 우리가 다루고 있는 서론의 본문은 욥의 반응보다는 욥에게 닥친 고통의 속사정에 대한 문제이다. 이는 하나님의 섭리의 문제와 관련되어 있으며 하나님을 경외하는 자에게 일어날 수 있는 문제에 대한 것이다. 더 나아가 기존의 "의로운 자"의 "완벽한 삶"에 대한 문제이다.

욥의 완벽한 삶으로부터 모든 것이 붕괴되어 버린 처참한 삶으로의 떨어짐, 그것이 우리의 신앙생활에 무슨 의미를 던져주고 있는가를 고민케

한다. 그 의미에 대한 온전한 이해 없이는 섣부른 관습적 이해의 반복 또는 삶으로부터 동떨어진 비현실적 이해에 그칠 뿐이다. 우리는 아래의 "발견적 질문하기" 중심의 본문 해석에서 하루아침에 무너져 내린 욥의 고통의 핵심적 의미를 고민함으로써 하나님의 고통 허락의 의미와 신앙인의 현실적 고통의 문제와 씨름하려 한다.

본문 연구 1:1-5; 1:6-2:10

발견적 질문하기

〈1:1-5〉
v.1 우스 땅은?
v.5 아들들이 범했을지 모르는 죄에 대하여 매번 번제를 드리는 욥의 행위는 완전한 신앙의 상징인가 아니면 불완전한 신앙의 모습인가?

〈1:6-2:10〉
v.6 하나님의 아들들?
vv.6-7 하나님의 아들들 사이에 있는 사탄의 존재와 기능은?
v.8 하나님께서 굳이 사탄에게 욥을 "주의하여 보게" 하신 이유는?
v.15 스바 사람?; v.17 갈대아 사람?
2:3 하나님께서 사탄과 "까닭 없이" 욥을 치면서까지 내기를 하는 이유는?
2:4 "가죽으로 가죽을 바꾸오니"의 의미는?

2:10 "이 모든 일에 욥이 **입술로** 범죄하지 아니하니라"[2]의 의미는?

본문 구조

1:1-3 서언 1 : 흠이 없고 정직하며 부자인 욥

1:4-5 서언 2 : 종교적 완전성, 자식들에게까지 철저한 속죄의식 행함

1:6-12 **하나님과 사탄과의 대화 1** – 욥의 신앙의 동기를 두고 하나님과 사탄 사이의 내기

1:13-19 **욥이 당하는 환난** – 소떼와 종들; 양떼와 목동들; 낙타떼와 종들; 자녀들 몰살

1:20-21 **욥의 경건한 반응 1** – 벗은 몸으로 왔으니 벗은 몸으로, 주신 분도 가져가신 분도 하나님

2:1-6 **하나님과 사탄과의 대화 2** – "가죽으로 가죽을" – 육체적 고통을 통한 불신앙 기대

2:7-9 **욥이 당하는 환난** – 온 몸에 악성 종기; 아내의 저주

2:10 **욥의 경건한 반응 2** – 복도 재앙도 하나님께로부터

본문으로 주어진 서론 1:1-5과 사건의 발단을 묘사하는 1:6-2:10은 욥기 전체 이야기의 기본적 틀을 제시해 준다는 점에서 중요하다. 이곳에서 주어진 관점을 통해 앞으로 펼쳐질 사건들의 추이를 관찰할 수 있기 때문이다.

무엇보다도, 위의 본문 구조가 알려주는 바, 욥은 서론에서 흠 없는 완

---

[2] 이하의 한글성경 인용은 특별한 명시가 없는 한 개역개정 성경에 준한다.

전한 자로 그려진다. 그의 완전함이 오히려 하나님과 사탄 사이의 내기가 시작되는 동기를 제공해 주고 있다. 우리는 본문 연구에 있어서 이 "완전한"(□n: 탐) 신앙의 뜻에 대하여 진지하게 고민해야 한다. 왜냐하면 1:6 이후에서 펼쳐지는 장면은 바로 그 신앙의 본질에 대한 질문과 관계하고 있기 때문이다. "욥이 어찌 까닭 없이 하나님을 경외하리이까"의 질문은 신앙의 동기 문제를 깊이 파고들고 있다. 그런데 두 번째 하나님과의 대화에서 사탄은 더 이상 "까닭 없이"라는 말을 사용하지 아니하고 "가죽으로 가죽을 바꾼다"라는 뜻이 분명치 않은 당시의 속담을 사용하고 있다. 완전한 신앙의 문제와 관련하여 이 속담의 본래 의미가 궁금하다.

얼핏 주어진 본문에서 하나님과 사탄 사이의 내기는 욥의 훌륭한 신앙 고백들로(1:21; 2:10) 인하여 하나님의 승리로 끝나고 있는 것 같다. 그러나 진정한 욥기 드라마는 이제부터 시작이다. 3장에 들어서자마자 욥은 하나님의 섭리 가운데 태어난 자신의 생일을 저주하고 있기 때문이다.

욥은 진정으로 완전한 삶을 영혼육 간에 소유했던 사람일까? 그의 신앙의 실체는 어떠한 것이었으며 하나님께서 왜 그토록 가혹한 고난을 당신의 종(1:8; 2:3)에게 허락하신 걸까? 사탄이 욥에게 가져왔던 시험의 본래적 성격은 무엇이었을까? 이러한 질문들을 가지고 본문과 씨름하면서 "참된 신앙"에 대한 진지한 고민의 장으로 들어가려 한다.

질문에 답하기-주석

⟨1:1-5⟩

v.1 우스 땅은?

"우스"라는 말은 구약성서에 욥기 본문을 포함하여 6번 나온다.[3] 창 10

---

[3] 창 10:23, 22:21, 36:28, 대상 1:42; 애 4:21, 그리고 욥 1:1.

장과 22장의 인물이름과 관련된 것을 제외하고는 나머지 세 곳에서는 에돔지역과 관련된 곳으로 등장한다. 따라서 욥기의 "우스 땅"은 고대 이스라엘 지역의 유다 산지를 기준으로 했을 때 동남부에 위치한 에돔지역의 한 장소임을 알 수 있다.

v.5 매번 자식들을 위하여 번제를 드리는 욥의 행위는 완전한 신앙의 상징인가 아니면 불완전한 신앙의 모습인가?

서론을 소개해 주고 있는 설화자(narrator)는 "그 사람은 온전하고 정직하여 하나님을 경외하며 악에서 떠난 자더라"(1:1)와 "욥의 행위가 항상 이러하였더라"(1:5c) 등의 설명을 통하여 욥이 완전한 신앙의 소유자임을 보이고 있다. 또한 본문 내의 하나님(יהוה: 야웨) 또한 "그와 같이 온전하고 정직하여 하나님을 경외하며 악에서 떠난 자는 세상에 없느니라"(1:8; 2:3)를 통하여 욥의 신앙을 인정하고 계신다.

그러나 그럼에도 불구하고 전체 이야기의 흐름은 욥을 읽는 독자들로 하여금 욥의 그러한 분명치 않는 동기로서의 속죄 제의가 왠지 시원찮은 느낌으로 다가오게끔 한다. 혹자는 욥의 자녀들의 희생 자체가 욥이 행여나 걱정했던 일들이 사실로 들어난 것이라고 보는 이들도 있으나 이는 여전히 욥을 방문한 친구들의 입장이요, 욥기에서 증언하고 있는 하나님의 섭리와는 거리가 있는 이야기이다.

또 다른 이들은 욥 신앙의 완벽주의(perfectionism)로 해석하려 하기도 한다. 즉, 모든 삶에 있어서 흠이 없는 신앙이 자녀들의 혹시 모르는 죄악의 씨앗까지도 말소하려는 욥의 완벽주의적 신앙을 일컫는다. 본문 "욥의 행위가 항상 이러하였더라"에서 "항상"이라고 번역된 단어인 כל־הימים(콜 하야밈: all the days)이 신앙적 일관성을 드러낸다고 했을 때에는 욥의 완벽주의적 기질로서도 이해할 수 있겠다.

하지만 완벽주의가 완전한 신앙(perfect faith)의 필요조건은 될 수 있으나 충분조건은 될 수 없다. 오히려 완전한 신앙 가운데 모호한("혹시 내 아들들이…") 영역이 있다는 사실이 이상하다. 결국 이 드라마의 끝에서 욥은 "더 이상 귀로만이 아닌 눈으로 보는" 완전한 신앙적 경지를 고백한다. 그렇다면 서론의 시작 부분에서 사실상 설화자는 우리에게 두 가지 사실을 전해 주고 있는 것이다. 앞서 이야기했듯이 욥이라는 사람이 당대에 최고의 의인으로 존재하고 있었다는 것은 사실이지만, 여전히 그의 신앙 자체는 아직 완전한 상태는 아니었다는 것이다.

〈1:6-2:10〉
v.6 하나님의 아들들?

개역개정에서 "하나님의 아들들"로 번역되어 있고 표준역 또한 "하나님의 아들들"로 번역하였다. 반면에 공동번역은 "하늘의 영들"로 되어 있고 칠십인역은 "하나님의 천사들"(ἄγγελοι τοῦ θεοῦ)로 번역되어 있다. 이는 히브리어 원문 בני האלהים(브네이 하엘로힘: sons of God) 곧 하나님의 아들들의 개념을 어떻게 처리할지의 문제와 관련되어 있다.

원래 구약성서에서 자주 등장하는 "천상 회의"(heavenly council) 모티프가 이곳에서 사용되었다. 고대 가나안이나 메소포타미아에서 찾아볼 수 있는 만신전의 신들의 회의가 구약성서의 한 문학 양식으로 들어온 형태이다.[4] 그러나 유일신론적 사상에 입각한 고대 이스라엘의 야웨 종교는 이 다신론적 신들의 모임을 천상의 존재들의 모임으로 보게 한다. 즉, 한 분이신 하나님을 중심으로 천사 또는 천사장들의 모임이 바로 구약성서가 이야기하는 천상 회의가 된다. 이미 히브리어의 "하나님의 아들들"의 개념 자체

---

[4] cf. 창 1:26; 왕상 22:19-23; 욥 1-2장; 시 82편; 사 6:1-8 등.

는 천상적 존재들로서 이해되고 있기에 본문은 칠십인역에서 구체적으로 언급한 바, 여호와 하나님과 하나님의 천사들의 회의 장면으로 이해하면 무리가 없다.

vv. 6-7 사탄의 존재와 기능은?

방금 위에서 설명한 천상 회의 개념에서 파악할 때 사탄(השטן: 하사탄)은 천상의 존재들의 하나로 이해하는 것이 안전하다. 그리고 7절에서 소개된 바에 의하면 사탄의 기능은 땅을 두루 다니며 하나님의 뜻의 실행 여부를 파악하고 보고하는 감찰사와 고발자의 역할을 감당하는 것으로 보인다. 물론, 이 사탄개념의 발전이 후대 헬라 시대를 거쳐서 신약성서의 영적 실체인 악마개념으로 확정되지만 아직은 하나님의 심부름꾼으로서의 여러 천사장들 중 한 존재로 보아야 한다.

v. 8 하나님께서 사탄에게 욥을 "주의하여 보게" 하신 이유는?

욥의 입장에서 보면 하나님이 사탄에게 요청한 이 주목함으로 인하여 비극이 시작되었다. 그렇다면 왜 하나님께서는 굳이 사탄에게 욥을 주목하여 보라고 하셨는가? 우리는 이 장면에서 욥의 고통의 원인을 사탄에게 돌릴 수 없는 이유를 발견한다. 전적으로 하나님의 뜻 안에서 욥의 비극이 시작되고 있는 것이다. 우리는 아직 그 하나님의 뜻을 알 수는 없다. 그러나 욥 이야기의 전개를 통해서, 그리고 그 결론부를 미리 내다본다면 욥에게 향하신 분명한 섭리가 있음을 직감하게 된다. 그 섭리는 욥이 그토록 알고 싶어하는 하나님의 정의에 대한 것도 아니요 오늘날의 독자가 변호하고 싶은 욥의 억울함에 대한 해명도 아니다. 최소한 분명한 것은 욥의 완벽주의적 신앙에 종지부를 찍고 새롭게 펼쳐지는 완전한 신앙으로의 여정이 본절로부터 열리고 있는 점이다. 하나님의 분명한 의도가 있다. 현재는 가혹하지만 그 안에 장차 펼쳐질 섭리가 심겨 있다.

v. 15 스바 사람?; v. 17 갈대아 사람?

스바 사람(Sabeans)은 아라비아 남부의 부유한 영토를 소유한 자들이다. 그러나 욥기에서는 이 지역의 사람들이라기보다는 다른 지역과 더 연관된 것으로 보인다(cf. 6:19 스바와 데마가 병렬되어 유사한 지역으로 나타난다. 이를 통해 보건데 스바는 이스라엘보다 남방 지역 어느 곳의 유목민으로 추정된다; 17절의 갈대아 사람은 주전 9세기 아슈르나시팔 2세(884-859 BCE) 이후 앗시리아 인의 기록에 처음으로 나타난다). 주전 626년에 신바빌론 제국을 창건한 나보폴라살 이전에 이 지역의 주도권을 잡았던 민족을 지칭(구약에서는 갈대아인 = 바빌론인)하는 것 같다. 그러나 이곳 욥기에서는 7세기 이전 반유목민 생활을 하던 약탈자들을 지칭한다.

2:3 하나님과 사탄 사이의 내기?

본문의 이야기를 문자 그대로 받아들인다면 사실상 하나님과 사탄 사이에 벌어지는 대화와 진행되는 사건들은 하늘에서 이루어진 내기로 인하여 땅에 사는 욥이 공연히("까닭 없이") 받게 되는 소름끼치는 비극에 대한 비상식적인 해프닝이다. 과연 하나님이 사탄에게 당신의 종의 순전한 믿음을 과시하기 위하여 이토록 혹독한 시련을 가져오는 내기를 하였을까?

우리가 주목할 단어가 있다. 바로, "까닭 없이"(םנח: 힌남)라는 단어이다. 두 단어가 공히 하나님과 사탄에게서 나타난다(1:9[6]; 2:3b[7]). 먼저 사탄은 1장에서 욥의 완벽한 신앙의 순수한 동기성을 물을 때 이 단어를 사용했다.

---

5 마빈 H. 포프, 『욥기』(국제성서주석 15, 서울:한국신학연구소, 1983), 110.

6 "사탄이 여호와께 대답하여 이르되 욥이 어찌 까닭 없이 하나님을 경외하리이까."

7 "네가 나를 충동하여 까닭 없이 그를 치게 하였어도 그가 여전히 자기의 온전함을 굳게 지켰느니라."

이에 대응하여 하나님은 2장에서 사탄의 주장과 시험이 허망함을 지적하면서 이 단어를 사용하셨다. 욥기 1-2장에서 펼쳐지는 이야기가 욥기서 전체를 읽는 관점을 제공한다고 보았을 때 순수한 신앙의 동기와 완전한 신앙에 대한 시험 자체가 "까닭 없음"과 관련되어 있음을 시사하고 있다. 즉, 하나님을 경외하는 것은 그것 자체로 의미 있는 것이요 그 외에 다른 까닭이 없다는 것이다. 따라서 인간이 지니는 하나님에 대한 신앙이 어떠해야 온전한 것이 되겠는가의 질문 자체는 까닭 없음이요 그러기에 허망한 것일 수밖에 없다는 것이다. 그저 하나님을 의지할 뿐, 그것이 이래야 하며 저래야 한다는 왈가왈부의 탁상공론과 시험은 필요 없는 것이다. 마치 이후 펼쳐지는 욥의 세 친구들의 공허한 주장들과 같이 빈말들일 뿐이다.

하나님과 사탄 사이의 내기는 욥기 이야기의 서두부터 앞으로 전개될 이야기가 "까닭 없음"에 대한 문제들에 관여함을 알려준다. 그 결론으로서 헛된 일임을 안다. 그러나 그 허망하고 까닭 없음의 일들에 대하여 우리가 관심을 가질 수밖에 없는 일들이 인생 가운데 펼쳐진다. 그래서 욥기는 지금 신앙의 동기와 완전한 신앙의 추구를 위한 여정을 시작하고 있는 것이다. 비록 그 결론이 여전히 "까닭 없음"으로 끝날 것을 내다보고 있지만 말이다. 그러나 그 여정은 불필요한 헛바퀴를 돌리는 것으로 끝나지 않음을 우리는 보게 될 것이다. 결국 욥은 모든 것의 열쇠이신 하나님을 뵙게 되기 때문이다.

사탄과의 대화와 내기에서 하나님께서는 분명히 의도하는 바가 계셨다. 그것은 욥에게 향한 하나님의 계획하심의 일부이며 혹독한 교육 과정의 시작이었다.

2:4 "가죽으로 가죽을 바꾸오니"의 의미는?

'가죽으로 가죽을 바꾼다'라는 속담의 의미 파악이 중요하다. 흔히 고대 사회에서 가죽이 물물 교환의 주된 수단으로 사용된 것에 착안해서 무역 또는 상거래상의 교역하는 현상을 인용한 구절로 해석한다. 따라서 지금 두 번째 사탄의 시험 단계에서 그의 건강을 해치려 하는 사탄의 의도를 생각해 본다면 사람들이 최고의 가치를 지닌 가죽은 다른 어떤 것과도 바꾸지 아니하고 가죽 그 자체와 바꾼다는 표현법으로, 사람에게 있어서 자신의 건강에 대한 문제가 가장 큰 문제임을 내포한다. 욥에게 있어서도 그의 재산이나 자녀의 문제에서 끄떡도 아니하지만 결국 자신의 육체의 문제에 있어서는 하나님 경외를 유지하기 힘들 것이라는 논리가 숨어 있다.

그러나 본 구절인 두 번째 시험에서의 사탄의 논리를 첫 번째 시험 때의 사탄의 논리와 비교하면 맥락상 숨어 있는 또 다른 의미가 드러난다. 그것은 בעד(브아드: ~를 위하여, ~둘레에)라는 전치사와 관련된다. 즉, 앞서 욥이 "까닭 없이" 하나님을 경외하겠는가 질문하며 내세운 이야기는 하나님께서 욥과 욥의 집, 그리고 욥의 소유물 둘레 사방에 울타리를 둘러 주셨기에 욥이 안정되고 축복된 가운데 하나님을 잘 섬기는 것이라는 논리를 폈다(1:10a). 이때 בעד 전치사가 세 번 나온다.

해당 본문을 문자 그대로 번역한다면 여호와께서, "그의 둘레에, 그의 집 둘레에, 그리고 그의 소유물 둘레에…"라고 반복적으로 나타난다. 그런데 한 가지 흥미로운 사실은 "가죽으로 가죽을 바꾼다"라는 본 절에서도 בעד 전치사가 또 등장한다. 사실상 문제의 속담은 히브리어 세 단어로 구성되어 있다: עור בעד־עור(오르 브아드 오르). 이를 번역하면, "가죽 둘레에 가죽을"이라는 말이 된다. 이야기의 맥락상 의미를 파고 들어가면 하나님께서 욥의 가죽 둘레에도 하나님의 가죽 곧 울타리를 둘러 주셨기에 욥이 하나님을 경외한다는 것이다.[8]

---

[8] cf. 창 3:21 "여호와 하나님이 아담과 그의 아내를 위하여 가죽옷을 지어 입히시니라."

사탄은 욥이 까닭없이 하나님을 신앙하는 것이 아니라 욥 주변에 쳐 주신 건강의 울타리, 자녀 축복의 울타리, 재산의 울타리가 안정되고 풍족하기 때문이라 주장하는 것이다. 욥의 시험은 가장 밖의 경계들에서부터 오고 있다. 처음에 그의 재산인 가축들과 종들이 한 순간에 사라졌다. 그 다음에는 그의 집의 자녀들이 몰살당하였다. 마지막으로 이제 욥의 건강의 울타리까지 파괴되었다. 이렇게 본다면 우리는 욥의 고통의 본질을 통찰하게 된다. 그의 비극은 단지 현상적인 환난, 즉 가족과 재산을 잃고 자신의 몸의 건강을 잃은 것의 차원으로 끝나는 것이 아니다. **자신의 정체성을 담고 삶의 근본이 들어 있는 바운더리, 울타리, 경계들을 잃어가고 있기에 더 고통스러운 것이다.**

자신의 경계가 무너질 때에 오는 공황 현상 또는 두려움과 불안정을 우리는 자주 경험한다. 예를 들어, 이제껏 믿어온 부모가 자신의 친부모가 아닌 것이 밝혀질 때에, 또는 이제껏 성서문자주의의 울타리를 쳐놓고 있다가 신학과에 입학해 성서학 개론 시간에 경험하는 역사비평들의 파괴적인 공격, 또는 비근한 예로, 딱히 정해진 자리가 없어도 늘 예배 시간에 앉는 자리를 다른 사람이 침범했을 때 느끼는 성도들의 순간적 당혹감 등이 그렇다. 그러나 이런 경계 파괴의 경험은 또 다른 새로운 경계의 구축을 가져다준다. 그리고 그 새로운 경계는 오히려 더욱 넓은 지평으로 인도한다.

우리는 위에서 "까닭 없는" 하나님과 사탄 사이의 내기에 대하여 그럼에도 불구하고 하나님의 의도하는 바, 즉 교육 과정의 시작으로 묘사한 바 있다. 그 교육 과정의 중요한 수단이 바로 울타리 깨기인 것이다. 안주하고 있는 울타리, 본성을 둘러싸고 있는 허울들, 사방으로 쌓아올려 서로서로 소외되어 있는 마음의 담들… 지혜자 하나님은 인간을 교육하시되 먼저 인간 본성으로 집중해 들어오신다. 이를 위한 본성 주변의 현상적 울타리들은 허물어지고 높이 올려진 보호막들은 내려져야 한다. 이럴 경우 어느 정도의 고통이 동반된다. 때로는 절대로 양보할 수 없는 울타리 또한 우리에게 있다. 그래서 고통 또한 더해진다. 그러나 우리가 볼 때에 "까닭 없이" 일어나는 이 모든 일들 사이에 하나님의 "까닭 있음"이 있다. 도도한 섭리가 인생의 기저에 흘러간다. 그 섭리의 흐름에 과감히 뛰어든다면 어느 순간 새로운 지평에 서게 된다. 마치 욥이 최종적으로 섰던 그 새로운 경험의 세계 말이다: "내가 주께 대하여 귀로 듣기만 하였사오나 이제는 눈으로 주를 뵈옵나이다"(42:5).

2:10 "이 모든 일에 욥이 입술로 범죄하지 아니하니라"의 의미는?

첫 번째 시험에 대한 욥의 입장을 설화자는 "이 모든 일에 욥이 범죄하지 아니하고 하나님을 향하여 원망하지 아니하니라"(1:22)로 정리하였다. 그러나 두 번째 시험 후에는 본 절과 같이 "입술로"는 범죄하지 아니하였음을 단서로 부치고 있다.

구약성경에서 입술은 두 가지 의미로 나타난다. 하나는, 지혜로운 자의 기준으로서 입술로 악을 내지 않는 것을 강조한다. 특히 지혜서인 잠언서에서 많이 나타난다.[9] 그 중 대표적인 구절을 보면 다음과 같다: "입을 지키는 자는 자기의 생명을 보전하나 입술을 크게 벌리는 자에게는 멸망이 오느니라"(잠 13:3); "미련한 자는 교만하여 입으로 매를 자청하고 지혜로운 자의 입술은 자기를 보전하느니라"(잠 14:3). 따라서 지혜서 전승을 이어받은 욥기의 설화자는 욥이 입술로 범죄하지 아니하는 지혜자의 면모를 지키고 있음을 보여주고 있다.

그러나 같은 잠언서의 후반부로 가면 입술에 대한 또 다른 의미가 부각되는데 그것은 입술과 마음이 각기 다르게 작용하는 것에 대한 지적이다[10]:

9　잠 2:6, 4:24, 5:2, 13:3, 14:3, 15:7, 16:23 등.
10　잠 23:16, 24:2, 8; 26:23-25.

"온유한 입술에 악한 마음은 낮은 은을 입힌 토기니라 감정 있는 자는 입술로는 꾸미고 속에는 궤휼을 품나니"(26:23-24). 결정적으로 이사야서에는 다음과 같이 입술과 마음 사이의 괴리를 고발한다: "주께서 가라사대 이 백성이 입으로는 나를 가까이하며 입술로는 나를 존경하나 그 마음은 내게서 멀리 떠났나니"(사 29:13a). 따라서 욥기 설화자는 기존의 지혜자적 풍모를 욥에게 허락하면서도 동시에 욥의 마음에는 그의 입술의 경외적 발언과는 다른 것이 있을 수 있음을 시사하고 있다.

이러한 우리의 추측은 3장부터 이어지는 욥의 자신의 생일 저주와 이어 친구들과의 대화를 통하여 기존의 인과응보 교리에 대한 공격, 그리고 더 나아가 하나님 앞에서 자신의 의로운 주장과 무죄 증명을 위한 법정 공방 요구까지 거침없이 나오는 그의 진정한 토로에서 증명된다. 욥이 두 번에 걸친 혹독한 시련들 가운데에서도 끝까지 신앙의 지조를 지킨 채 의인의 모습을 흩트리지 않았음을 본문의 끝 절인 2:10은 언급하면서도 동시에 그의 내면에서 소용돌이치고 있는 탄식과 항변의 여운을 떨쳐버릴 수 없게 한다.

신학적 주제

하나님에 관하여

주어진 본문에서 드러나는 하나님의 품성은 지켜보시는 하나님, 그리고 설계하시는 하나님이다. 무엇보다도 그 시대의 땅의 감찰자 사탄(הׂשָּטָן: 하사탄)보다도 먼저 하나님께서는 욥의 의로운 신앙에 대하여 이미 잘 알고 계셨다. 그리고 그 욥에 대한 새로운 계획을 사탄과의 대화를 통하여 시작하고 계신다. 여호와의 음성은 이 서론적 이야기 이후에는 한동안 들리지 않는다. 욥의 탄식과 항변이 극대화되는 이유가 바로 여기에 있다. 욥에게 있어서 고통의 순간순간들, 그리고 친구들과의 억울한 대화와 애절한 기도들 가운데에 그 어디에서도 하나님은 계시지 않는 것 같았다. 그러나 욥기의 서론은 분명히 우리에게 알려준다. 하나님께서는 언제나 당신의 "종"(1:8, 2:3)을 지켜보고 계심을. 욥이 홀로 고투하며 아내까지 떠난 그 외로운 자리에 하나님은 여전히 욥의 소리에 귀를 기울이고 계심을 알려준다. 그리고 그 하나님께서는 마침내 욥에게 지혜의 소리로 응답하신다(38-41장). 우리는 하나님의 지혜 교훈에 이르러서야 욥에게 향하신 하나님의 뜻을 깨닫게 된다. 그러나 현재로서는 관습적 신앙의 울타리를 해체하기 원하시는 하나님의 마음을 아는 정도에 만족해야 한다.

사람에 관하여

신앙의 동기에 대하여 본문은 "까닭 없이" 믿는 자들이 없음을 알려준다. 사람들의 종교심이 일반적으로 자기중심의 실용주의적 신앙으로 흘러가고 있음을 지적하고 있다. 그러나 이는 사탄의 고발 내용이다. 정작 하나님께서는 욥의 신앙이 순수함을 믿고 싶어 하신다. 인간 일반의 하나님 경외가 하나님만 향한 것임을 언제든 인정하려 하시는 측면을 볼 수 있다. 문제는 이렇게 신실하신 하나님 앞에 사람은 한눈을 판다. 다른 목적이 신앙생활 가운데 끼어든다. 여호와 하나님이 이스라엘 백성을 당신의 계약 백성으로 삼은 이후에 계속해서 배신당하셨듯이 교회 2000년의 역사와 오늘날의 우리의 믿음 생활은 오로지 하나님만을 위한 순수한 신앙을 견지하지 못하고 있다.

그런데 본문은 단지 인간의 믿음의 동기에 대한 물음을 넘어서서 또 다른 차원의 하나님 경외에 대한 문제를 말한다. 그것은 바로 "까닭 없는" 일들이 우리의 신앙이나 기대와는 상관없이 일어난다는 사실이다. 그것이 주로 고통의 문제로 다가오는데 사람의 입장에서 그 원인을 알 수는 없으나 하늘에서는 그 원인이 따로 있음을 알려준다. 사람이 그 고통의 의미와 그 안에 담긴 하늘의 뜻을 당장은 모른다. 그러나 어느 시기가 지나면 그 고통이 자신에게 가져다 준 변화와 하나님의 섭리를 깨닫게 된다. 문제는 그 참기 어려운 시기를 어떻게 지내느냐에 달려 있다. 오늘의 본문에 한정하여 보면 욥은 전통적 신앙인의 모습 가운데 의연하게 고통을 감내하고 있다(1:20-22; 2:8-10). 그리고 그 다음 단계로서 침묵의 기간이 2:11-13에 나타나 있다. 그러나 욥이 결국에 도달한 그의 고통 대처법은 하나님께 대한 직접적 항변이다(3장 이후). 이러한 욥의 모습을 통하여 사람이 같은 고통의 상황 속에서 다양하게 반응하게 됨을 발견할 수 있다. 그래서 욥기에서 다르게 드러나는 욥의 두 얼굴은 상이한 문학 작품(i.e. 1-2장은 산문체, 순종하는 욥; 3장 이하는 운문체, 항변하는 욥)의 합성으로 인한 모순적 이야기 전개가 아니라 오히려 자연스런 인간의 다양한 모습을 나타내는 것을 나타내는 것으로서 설명될 수 있다.

세상에 관하여

하늘에서 일어난 일을 이 땅은 알 수 없다. 독자들에게 분명히 알려진 하나님의 천상 회의의 결과가 욥에게는 전혀 알 도리 없는 비극으로 다가왔다. 그렇다면 이 세상은 하나님의 일방적인 통치 아래 무방비 상태로 놓여 있는가? 욥기는 그렇지 않음을 역설해 준다. 우리의 해석 작업이 이후의 장들로 확대되어 가면서 분명해지겠지만 하늘의 뜻은 땅의 역사와 긴밀하게 관련되어 있다. 본문에서는 지혜자 하나님의 교육 의도가 이야기의 서론에서 흘러가고 있다. 그 하나님의 교육의 필요성이 이전 욥의 삶 속에서 노출되어 있다. 즉, 모호한 욥의 자녀들을 위한 번제의식이 어떻게 보면 기존의 관습적 신앙의 울타리 안에 갇혀 있는 모습을 대변한다. 하나님께서는 이제 모든 울타리들을 걷어낸 상황 가운데 새로운 신앙의 세계로 욥을 초대하고 있는 것이다. 그렇기 때문에 이 땅은, 인간들은 그러한 하늘의 초대에 여러 가지 모습으로 응답하게 된다. 중요한 것은 어떻게 하늘의 섭리와 통하는가이다. 어떻게 보면 이 세상에서 하늘의 뜻과 만나는 일이 지혜자 하나님의 교육 의도임을 욥기는 우리에게 가르쳐 주는 것이 아닐까?

실천적 메시지: 까닭 없는 일들에 대하여

한 인간이 태어나 살아가면서 어느 순간부터 일어나는 사건들의 원인을 찾기 시작한다. 그리고 점차로 결과를 통제하기 위하여 원인들의 대한 깊은 탐구를 감행한다. 그러나 어느 시점에 이르면 다시금 이해할 수 없고 해석 불능의 상황이 인생에 수다함을 인정하게 된다.

욥기는 욥의 고난의 여정 가운데 어떻게 인생과 세계를 하나님의 눈으로 바라볼 수 있는가에 대하여 인간의 고투와 다양한 목소리, 그리고 궁극적인 하나님의 계시적 출현을 통하여 이야기한다. 하나님의 눈으로 바라본다는 것은 어떤 시점에서 인간의 이유와 까닭을 버리는 일이다. 그저 하나님의 섭리에 합치하려는 부단한 노력이 순전한 신앙인의 삶이다.

욥기의 서론은 인간의 "까닭 있는" 신앙의 약점을 지적한다. 때로는 우리의 인생 가운데 이유를 알 수 없는 일들이 더 많이 일어나고 있다. 그것이 현실임을 이 땅의 사람들은 받아들일 수밖에 없다.

물론, "예" 할 것은 "예" 하며 "아니오" 할 것은 "아니오" 하는 분명한 신앙적 판단과 선택의 삶은 요청된다. 그러나 우리의 신앙의 척도와 행동 기준을 넘어선 일들이 닥쳤을 때 우리는 더 이상 까닭 찾기를 멈추어야 할 때가 있음을 욥기의 서론은 밝혀준다. 왜냐하면 그 일이 하늘에서 그렇게 일어나도록 결정되었기 때문이다. 앞에서도 밝혔듯이 이때 중요한 것은 이해할 수 없는 일들 앞에 선 우리의 태도이다. 일찍이 남미의 해방신학자 구띠에레즈는 욥기의 주제를 "고통의 상황 속에서 어떻게 하나님을 이야기(God-talk)하는가?"로 주장한 바 있다.[11] 여전히 기존의 관습적 신앙 가운데 백 마디의 신앙적 언급과 선포로 자신의 허물어진 울타리를 임시방편으로 다시 세우려 할 것인가 아니면 모든 것의 열쇠인 절대자 앞에 자신의 모든 삶을 기탁하며 섭리적 흐름을 따라 새로운 지평에 서겠는가의 문제가 모든 인생들 앞에 놓여 있다.

마무리

욥기의 도입으로부터(욥 1–2장) 전체 이야기의 중심 코드가 감지되고 있다. 그것은 바로 "바운더리/경계"의 문제이다. 경계 파괴와 새로운 지평 확장의 주제가 욥기에 담겨있다. 그에 따른 고통과 통찰의 드라마가 단락 간 상호 팽팽한 긴장과 긴밀한 관계 속에 펼쳐진다. 실제로 문학 전승사적인 관점에서도 욥기는 기존의 전형적인 문학 양식과 표현들의 경계를 과감히 부서뜨리는 반전(twist)과 전복(reversal)의 표현들을 도입한다. 지혜서 전승인 욥기에서 예언서 전승의 하나님의 직접적인 계시선포의 쓰임이 낯설며, 시편에서 하나님의 은혜로운 인간 돌보심을(시 8편) 지나친 간섭과 감시로 돌리기조차 한다(욥 7:17). 또한 하나님의 돌아오심을 기도하는 탄식자의 외침(시 6편 등)을 하나님의 떠나가심에 대한 간구로(욥 7:18–19) 전복시켜 놓는 장면은 충격적이다.

내용과 형식에 있어서도 욥기는 기존의 지평들을 뒤흔들어 놓음으로써 새로운 경지로 우리를 인도한다. 그런데 이것이 설교자의 일이다. 교회의 성도들을 기존의 타성에 젖은 관습적 신앙의 울타리로부터 말씀을 통하여

---

11 Gustavo Gutiérrez, *On Job: God-Talk and the Suffering of the Innocent* (trans. Matthew J. O'Connell; Maryland: Orbis, 1987).

구조해 내는 것이 설교자의 사명이다. 다람쥐 쳇바퀴 돌듯 매여 있던 인생의 굴레로부터 과감히 탈출하여 자신의 모습을 반성하며 인생을 되돌아볼 때에 새로운 자기발견이 하나님 앞에서 이루어진다. 이를 위하여 설교자 자신이 자신을 둘러싼 울타리들을 깨뜨리는 노력이 필요하다. 하나님의 섭리와 잇닿기 위한 필수적인 과제이다. 타성에 젖은 관습의 울타리를 넘어서 하늘의 계시와 연결됨 없이 진정한 말씀 사건이 우리의 삶에 일어나기 어렵기 때문이다.

앞으로 펼쳐질 지혜 코드로 푸는 욥기 해설을 통하여 우리는 울타리 깨기와 경계 확장을 연습하려 한다. 하나님이신 예수 그리스도의 육화 사건이 최대의 울타리 깨기요 바운더리 확장의 사건임을 기억한다면 우리 또한 하나님의 말씀 앞에서 우리 자신을 내어드려야 하는 것이 크리스챤 성서 해석자의 가장 우선적 과제가 아닌가 한다. 그것이 때로는 여러 가지 의미의 고통을 수반하지만 말이다. 고통이 따를 때 기뻐할 일은 우리가 지금 하나님의 교육 과정 중에 있다는 사실 때문이다.

Sapiential Interpretation of the Book of Job

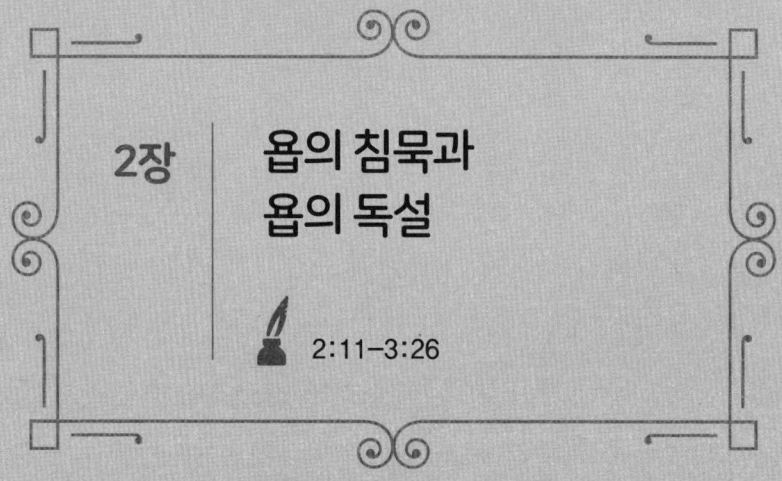

2장 | 욥의 침묵과 욥의 독설

2:11-3:26

욥의 탄식의 의미

욥기를 이야기할 때 어려운 점들 중 하나는 "두 얼굴"의 욥의 모습이다. 한 얼굴은 1:1-2:10까지의 의롭고 신실한 신앙적 영웅의 모습이며 또 다른 얼굴은 3:1-31:40까지의 탄식하고 항변하는 지극히 인간적인 고뇌자의 모습이다. 따라서 기존의 역사비평적 관점에서 본문을 접근하는 학자들은 욥기 자체가 두 개의 다른 전승 또는 별개의 이야기의 합성물로 이루어졌음을 주장해 왔다. 즉, 산문체(narrative)로 이루어진 1-2장과 운문체(poetry)로 이루어진 3-31장은 문학적 장르뿐만 아니라 그 내용에 있어서도 상이한 두 개의 작품이라는 것이다.[12] 구전 전승으로부터 단편들의 기록, 그리고 단편들의 결합과 편집을 통한 최종적인 문서의 집대성이라는 구약성서의 형성과정을 전제하는 한, 위의 학자들의 견해는 이론(異論)의

---

12 H. H. Rowley, "The Book of Job and Its Meaning," in *From Moses to Qumran* (London: Lutterworth, 1963), 151-161; Marvin Pope, *Job* (Garden City, N.Y.: Doubleday, 1979), xxiii-xxx; John E, Hartley, *The Book of Job* (Grand Rapids: Eerdmans, 1988), 20-33.

여지없이 받아들일 수 있다. 그러나 교회 공동체를 위한 성서 해석자의 입장에서 우리는 현재 정경으로 주어진 본문의 최종적인 형태와 대결해야 한다. 욥의 "두 얼굴"은 학자들의 자료비평이나 전승사비평으로 간편하게 해결하고 넘어갈 수 있는 성질의 것이 아니다. 우리 눈앞에 펼쳐진 성경의 본문은 형성사가 어떠했든지 간에 모순된 욥의 모습과 대결할 것을 주석자들에게 요청하고 있기 때문이다.

아래 2:11-3:26의 주석은 신실하고 의로운 신앙자 욥의 갑작스런 생일 저주와 독설에 가까운 탄식들을 앞선 1-2장과의 관계에서 어떻게 이해할 수 있을지를 보여주고 있다. 하지만 구체적 주석 작업에 앞서 이곳에서는 먼저 욥기에서 대부분의 내용을 차지하는 욥의 탄식에 대한 문학적이고 신학적인 의미를 언급할 필요가 있다.

주지하는 바, 욥기 3장에서부터 나타나는 탄식이나 불평은 불신앙자의 모습이 아니다. 오히려 하나님을 의지하는 자의 진지한 간구이다. 우리는 이미 시편을 통하여 욥기에서 발견되는 탄식시들을 익히 듣고 묵상해 왔다. 시편이 "선한 목자 여호와"를 어떤 상황 속에서도 고백하는 기도임을 알고 있다면 욥의 탄식 또한 욥의 모순된 다른 목소리가 아니라 여전히 하나님만을 바라보는 신앙자의 부르짖음임을 알 수 있을 것이다. 그리고 그 탄식이라는 전통적 문학 형태를 이루는 요소들 가운데 '하나님의 숨으심에 대한 불평', '자신의 생일 저주', '원수 저주', '악인들의 형통에 대한 원망' 등의 모티프들이 있는 것이다. 3장에서부터 시작되는 욥의 탄식들은 기존 시가서 문학 전승이 지닌 탄식 요소들을 총망라한 것이라고 해도 과언이 아닐 것이다. 중요한 것은 우리의 해석 작업이 장별로 계속 진행되면서 분명해지겠지만 단순한 탄식시 장르의 사용뿐만 아니라 더 나아가 그 문학적 요소들을 변형하거나 전복시키는 장면들을 자주 목격할 수 있을 것이다. 기존의 문학 전승의 보존과 변혁을 통하여 욥기의 저자 또는 편집자는 전달하고자 하는 메시지의 표현력과 설득력을 극대화하고 있다.

욥의 탄식은 단순한 신앙적 간구일 뿐만 아니라 신학적으로 욥의 하나님 이해에 대한 변화를 동반한다. 세 친구들과의 계속된 대화를 통해서 도저히 수용할 수 없는 친구들의 인과응보적 신앙의 기존 세계관을 탈피한다. 자신에게 닥친 현실과의 괴리감 때문이다. 따라서 욥은 탄식할 수밖에 없었으며 궁극적인 해결자이신 하나님을 직접 만나는 자리로 나아갈 수밖에 없다. 그러나 폭풍우 가운데 현현하신 하나님을 만나기까지 욥은 오랫동안 친구들의 억울한 누명과 혹독한 고발에 시달려야 했다. 그럴수록 욥 자신은 이전에 친구들처럼 그 자신도 가지고 있었던 관습적 신앙관과 세계관이 허물어지는 경험을 감수할 수밖에 없었다. 그러므로 욥의 탄식은 기존의 가치와 믿음의 세계가 허물어진 상황 속에서 새로운 하나님 이해와 신앙적 세계를 열어가기 위한 변화의 몸부림이었다. 욥의 탄식은 성숙한 변화를 향한 치열하고도 창조적인 외침으로 이해할 수 있을 것이다.

본문 연구 2:11-3:26

발견적 질문하기

〈2:11-13〉
v.1 데만과 수아, 그리고 나아마 지역은?

〈3:1-26〉
v.1 "자기의 생일을 저주"하는 관습이 고대 이스라엘의 신앙생활에 자주 있었는가?
v.3b "사내아이를 배었다 하던 그 밤"에서 어떻게 아이를 잉태한 밤

을 알 수 있는가?

v.8 "날을 저주하는 자들"; "리워야단을 격동하는 데 익숙한 자들"?

v.12 무릎이 아이를 받는다?

v.14 "자기를 위하여 폐허를 일으킨 세상 임금들"?

vv.17-19 "거기서는" 어디를 가리키는가?

v.23 "하나님에게 둘러싸여"의 의미는?

v.25 "내가 두려워하는 그것"은 무엇을 일컫는가? 욥은 이러한 환난을 이미 예기하고 있었는가?

본문 구조

2:11-13 세 친구의 방문과 칠 주야의 침묵

3:1 설화자의 서론 – 욥이 자기 생일을 저주
3:2 이야기의 서론 – "욥이 입을 열어 이르되"
3:3-9 자신의 시간을 저주
   3:3 자신의 날과 밤의 멸망을 기원
   3:4-5 자신이 태어난 "날" 저주
   3:6-9 자신이 잉태된 "밤" 저주
3:10-12 자신이 태어난 운명을 한탄
3:13-19 자신의 공간을 저주(죽음의 공간을 사모)
   3:13-16 사자(死者)들과의 동거를 사모
   3:17-19 음부에서의 안식을 사모
3:20-24 죽음을 갈망
3:25-26 두려워하던 불안의 실체

욥기 2장의 끝 부분은 욥 이야기의 새로운 국면을 준비한다. 방문한 친구들과 말없이 지낸 밤낮 칠일 동안 무슨 일이 있었을까? 욥은 평소에 친밀하게 지냈던 친구들 앞에 자신의 몰골이 드러나게 되었을 때 수치심과 한탄과 포기와 분노 등의 만감이 교차했을 것이다. 친구들은 동방의 의인으로, 최고의 유력자로 지냈던 욥의 몰락 앞에 할 말을 잃은 채 그저 그의 고통을 함께하려고 노력하고 있었다.

그런데 그 칠 주야의 침묵이 지난 후 비로소 욥의 입이 열렸다. 그리고 그의 처음 일설은 친구들뿐만 아니라 이야기를 읽는 독자들에게도 충격적인 내용이 담겨 있었다. 자신의 생일 저주와 더 나아가 빛과 생명의 주인인 하나님의 창조에 대한 심각한 도전이었다. 독설을 뿜는 욥의 모습은 확실히 앞서 1-2장에서 보았던 의로운 신앙의 영웅적인 모습은 찾아볼 수 없었다. 이전과는 다른 항변하는 도전자이며 비관적인 냉소주의자의 모습을 드러냈다. 사실상 이제부터 욥에게 닥친 혹독한 일련의 고통들에 대한 지극히 인간적이고 솔직한 반응이 비로소 시작되고 있는 것이다.

질문에 답하기-주석

⟨2:11-13⟩

v. 11 데만과 수아, 그리고 나아마 지역?

11절 욥 친구들의 출신지로서 엘리바스는 데만 사람, 빌닷은 수아 사람, 그리고 소발은 나아마 사람으로 소개되어 있다. 우선, 데만은 에돔의 남부 지역으로서 예레미야 49:7에 의하면 지혜의 고장으로 유명했던 곳으로 알려져 있음을 확인할 수 있다. 엘리바스라는 이름은 창세기 36:4에서 에서의 아들로도 등장하고 있다. 수아는 창세기 25:2에 따르면 그두라가 아브라함에게 낳은 아들 중 하나의 이름으로 나타나는데, 그 지역은 동방의 어느 부분으로 추정되고 있다. 나아마는 에덴의 동쪽에 거주했던 가인(창

4:16)의 여자 후손 가운데 같은 이름이 등장하고 있다(창 4:22). 이 세 지역은 다 에돔 지역을 일컫는 것으로 보이며 따라서 욥의 친구들은 소위 "동방의 욥"과 같은 인근 지역의 사람들로서 보인다.[13]

〈3:1-26〉
v.1 "자기의 생일을 저주"?

구약성서에서 생일 저주는 탄식의 가장 극한 표현이다. 욥기 3장 외에 예레미야 20장 14-18절에서도 발견된다. 예레미야 20장은 예언자의 유명한 5개의 고백록[14] 가운데 절정이라 할 수 있는 탄식시를 담고 있다. 그리고 그 가운데 마지막 부분인 14-18절이 바로 생일 저주에 대한 탄식으로 마쳐진다. 내용은 예언자 자신의 생일날을 저주하며(14절), 득남의 소식을 전한 사람을 저주하고 있으며(15-16), 하나님께서 자신을 사산토록 내버려두지 않은 사실을 원망하며(17), 끝으로 태로부터 살아나와 고통의 인생을 살아가는 슬픔을 한탄하고 있다(18). 그만큼 예레미야는 유다 왕국 말기 "북으로부터 오는 심판"에 대한 하나님의 경고의 말씀을 감당할 때의 고통스러운 정황을 피끓는 탄식으로 표현하고 있는 것이다.

이런 점에서 욥 또한 자기의 생일을 저주하는 문학 형식을 빌려 자신의 고통스러운 정황을 그대로 노출시키고 있다. 그러나 예레미야의 저주문에서 나오지 않는 보다 더 심도 있는 저주문이 본문에서 발견된다.

첫째, 어머니가 자신을 난 "날"(יוֹם: 욤)에 대한 저주뿐만 아니라 자신이 잉태된 "밤"(לַיְלָה: 라일라)까지도 저주하고 있다. 하나님께서 자신을 태어나게 하신 생일의 때에 대한 전면적 부정이다. 낮과 밤을 통틀어 자신의 탄생과 더 나아가 인생과 관련된 모든 시간적 순간들을 한꺼번에 씻어버리

---

13 Carol A. Newsom, *The Book of Job* (NIB Ⅳ; Nashville: Abingdon Press, 1996), 357.
14 렘 11:18-12:6; 15:10-21; 17:14-18; 18:18-23; 20:7-18.

고자 하는 애달픈 사연이 베어 나오는 장면이다. 둘째, 자신의 삶에 대한 시간적 부정뿐만 아니라 공간적 부정까지 담고 있다. 예레미야의 생일 저주에서는 어머니의 배가 자신의 무덤이 되지 않은 것에 대한 표현을 하고 있는 반면, 욥은 본문에서 아예 죽음 가운데 묻혀 버리는 음부의 세계를 구체적으로 묘사하고 있다. 본문 3:13-16에서는 음부 세계에 누워 있는 먼저 죽은 자들을 일일이 부르며 그들의 죽음을 부러워한다. 이어 3:17-19에서는 음부 세계가 차라리 생명 있는 현실 세계보다 안식이 보장되어 있으며 더군다나 악인이나 의인, 갇힌 자나 감독자, 작은 자나 큰 자나 다 평등한 쉼을 얻게 됨을 파격적으로 선포하고 있다. 단순한 시간적 생일 저주가 아닌 현세의 삶의 공간과 상황을 전폭적으로 부정하는 극도의 비관적 수사학이 동원되고 있는 것이다. 셋째, 본문 3:20-24에서 보듯이 직접적인 죽음 간구를 피력하고 있다. 예레미야에서는 생일 저주(태어난 삶에 대한 한탄)만 이루어졌지 구체적 죽음에 대한 자살 기도(自殺企圖)는 없다. 그러나 욥은 본문에서 "죽기를 바라고", "죽음을 구하고" 있다(21). 지금 살아 있는 삶에서(24) 어떻게든 사라지고 싶은 심정이 사무쳐 있다.

이상에서 볼 때 욥의 생일 저주는 기존의 예레미야에서 목격되던 일종의 극심한 탄식시의 차원을 넘어서서 자신의 죽음을 바라는 자살 기도에까지 이르고 있음을 보게 된다. 따라서 욥기 3장은 단순한 탄식이 아닌 독설이다. 칠 주야를 함께 땅에 앉아서 고통을 나누려 했던(2:13) 세 친구들이 욥에게 견책의 말을 건네지 않을 수 없었던 이유가 여기에 있다.

v. 3b "사내아이를 배었다 하던 그 밤"을 어떻게 알 수 있는가?

NIV 영어 성경은 이 문제를 해결하기 위하여 다음과 같이 번역하였다: "May the day of my birth perish, and the night it was said, 'A boy is born!'" 즉 "'사내아이가 태어났다'라고 외친 그 밤"으로 의미를 변경하였

다. 그러나 히브리어 원문은 분명히 사내아이를 밴(הרה: *하라*, pregnant) 즉 잉태한 밤으로 되어 있다. 그렇다면 이 밤은 욥의 아버지와 어머니가 처음 잠자리를 함께 한 날 즉 결혼한 첫 날, 초야를 치룬 밤으로 상정할 수 있다. "사내아이"로 선포하는 것은 아들을 기원하는 가부장적 사회의 관습 때문일 것이다. 만약 이 추측이 맞다면 욥의 생일 저주문의 의미는 한층 더 강도가 심화된다. 기존의 생일 저주문이 단지 태어난 날에 대한 부정으로 그치고 있는 데 반해 욥은 아예 생명이 태 중에 잉태된 그날조차 부정하고 있는 것이다.[15] 또한 태어난 날(יום: *욤*)뿐만 아니라 잉태된 밤(לילה: *라일라*)까지 낮과 밤의 모든 시간적 개념을 동원하여 그의 존재의 기원 자체를 전면적으로 무화시켜 버릴 정도로 욥의 지독한 고통이 반증되는 대목이다.

v.8 *"날을 저주하는 자들"; "리워야단을 격동하는 데 익숙한 자들"?*

고대 마법술에서 날을 좋게 하거나 또는 나쁘게 하는 주문자들의 존재를 상정하는 것으로 보는 학자들도 있으나[16] 실제로 고대 이스라엘에는 이러한 마술사들이 존재했다는 증거는 찾아보기 힘들다. 그러나 말로써 저주하는 관습은 고대 종교 세계에서 흔히 있는 일이었음을 감안할 때 지금 욥은 리워야단과 같은 혼돈의 세력을 불러일으켜서 그의 생일과 잉태된 날을 부정하고자 함을 알 수 있다. 더군다나 "날"(יום: *욤*)을 본문비평적 관점으로 학자들이 지적하는 것처럼 "바다"(ים: *얌*)로 고쳐 읽는다면 바다 또한 가나안 신화에서 혼돈의 세력을 상징하므로 욥은 모든 가능한 무질서의 힘을 동원하여 자신의 존재를 무화시켜 버리려고 함을 볼 수 있다.

하지만 히브리 마소라 본문은 *얌*이 아닌 *욤*으로 분명히 표기하고 있

---

15 Carol A. Newsom, *The Book of Job*, 367.

16 마빈 H. 포프, 『욥기』, 126.

기에 "날을 저주"하며 "리워야단을 격동한다"고 했을 때에는 과거 일식현상을 지칭하고 있는 것으로 보인다.[17] 즉, 과학 이전의 세계에서 일식현상을 해를 잡아먹는 혼돈의 짐승의 존재를 상정하였기에 광명한 날이 갑자기 어둠으로 변하는 현상을 표현하고 있는 것으로 볼 수 있다.

v. 12a 무릎이 아이를 받는다?

고대 로마 사회에서는 아버지가 갓난아이를 자신의 무릎에 앉힘으로써 부권을 입증하였다. 창세기 50:23에서도 요셉의 무릎에서 증손들이 태어남(ילדו: 유레두, born)을 증언하고 있다.[18] 그러나 본문에서는 아버지의 무릎보다는 어머니의 무릎을 의미한다. 12b절을 통하여 보건데 어머니의 무릎에서 젖을 빠는 아이의 모습을 형상화한 것으로 보인다.

v. 14 "자기를 위하여 폐허를 일으킨 세상 임금들"?

고대 근동의 왕들은 폐허더미의 옛 성읍이나 성전을 재건하는 일을 큰 공적으로 간주하곤 했다(cf. 스 6:1-5; 사 44:26-28).[19] 이는 위대한 왕들의 존재를 의미한다.

vv. 17-19 "거기서는" 어디를 가리키는가?

이는 앞서 설명되어 왔듯이 죽음의 세계 곧 음부를 가리킨다. 한 가지 주목할 만한 사실은 "거기서는"(שם: 샴)이라는 장소가 계속해서 반복하여 나타나고 있다는 것이다. 이는 앞선 3-9절까지 "날"이나 "밤"의 시간이 부각된 것과 대구를 이루면서 욥의 생일 저주와 탄식이 시간적인 차원뿐만 아니

---

17 David J. A. Clines, *Job 1-20* (Word: Dallas, 1989), 86.
18 David J. A. Clines, *Job 1-20*, 90.
19 Carol A. Newsom, *The Book of Job*, 369.

라 공간적인 차원에 이르기까지 전면적으로 이루어지고 있음을 가리킨다.

v.23 "하나님에게 둘러싸여"의 의미는?

"하나님에게 둘러싸여 길이 아득한 사람"이라고 욥은 자신을 묘사하고 있다. 흥미로운 것은 우리가 욥기 1-2장에서 욥의 고통의 본질적 원인을 "바운더리"의 해체로 정의하였을 때 다루었던 핵심 개념이 "-주변에(בעד: 브아드) 둘러싸는" 것이었다. 욥에게 둘러싸여 있었던 하나님의 물질 축복의 울타리와 자녀다복의 울타리, 그리고 건강의 울타리가 하루아침에 허물어져 내린 경험이 욥에게 말할 수 없는 큰 고통을 가져다 준 근본 이유로 앞 장에서 설명한 바 있다. 그런데 막상 하나님과 사탄 사이의 욥과 관계된 "주변" 모든 울타리를 파괴하기로 한 것에 대하여 전혀 모르는 욥이 자신을 가리켜 "하나님에게 둘러싸여" 있다고 묘사한 것은 주목할 만한 부분이다.

특히 이 구절에서도 "-주변에"라는 בעד 전치사가 사용되고 있다. 해당 구절의 원문을 그대로 직역하면 "하나님께서 그의 주변을 뒤덮은 사람"으로 번역할 수 있다. 즉, 하나님의 그림자가 욥을 온통 가려서 자신이 나가야 할 길이 완전히 감추어져 버린 상황을 토로하고 있다.

우리가 독자로서 본문을 처음부터 읽어 알고 있는 한 욥의 상황은 주변의 모든 울타리들이 파괴되어 버렸기에 보호망 없이 혼돈된 삶의 자리 한 가운데서 처절히 떨고 있는 형편이다. 그런데 정작 본인은 오히려 하나님의 큰 울타리가 자신을 겹겹이 둘러싸 버려서 아무것도 볼 수 없다는 정반대의 상황을 탄식하고 있다. 역설적 표현이 아닐 수 없다. 그러나 욥의 자기표현은 다음의 두 가지 사실에서 또한 정확한 고백이다.

첫째, 모든 것에 복되고 의롭게 살던 욥의 길을 막고 계신 분은 하나님 이시기 때문이다. 욥에게 향한 특별한 계획이 현재 상태로서는 욥 본인에게는 큰 벽으로 느껴질 수밖에 없는 것이다. 둘째, 인간의 주변을 둘러싸고 있었던 모든 물질적, 사회적 경계들이 해체되는 순간 우리는 신적 경계를 접할 수 있음을 알 수 있다. 그리고 그 경계는 처음에는 공포요, 알 수 없음으로 다가올 수밖에 없다. 그러나 욥은 마침내 그 하나님에게 둘러싸여 있는 것들을 분명히 알고 넘어서는 경험을 하게 될 것이다(38-41장).

v.25 "내가 두려워하는 그것"은 무엇을 일컫는가? 욥은 이러한 환난을 이미 예기하고 있었는가?

서론 부분인 1:5의 잔치 석상의 자녀들이 혹 무지 중에 하나님을 저주할지도 모른다는 그 두려운 상상을 의미하는 것일 수도 있다. 그러나 본문 바로 다음 구절인 26절이 그가 두려워하는 것이 무엇이었는지를 알려준다: "나에게는 평온도 없고 안일도 없고 휴식도 없고 다만 불안만이 있구나"; I have no peace, no quietness; I have no rest, but only turmoil. (NIV)[20] 욥이 두려워하는 것은 turmoil(רגז: 로게즈) 곧 혼돈이었다. 그의 모든 질서와 안녕, 신뢰의 울타리는 철저히 파괴되었다. 이것이 바로 욥이 두려워했던 무질서의 실체이다. 욥의 관습적 신앙은 사람들에게 일어나는 고통과 혼돈의 사정을 애써 외면하려 하였다. 그러나 향후 욥이 도달하게 될 실존적 지혜자의 신앙은 무질서의 현실까지 아우르게 된다.

신학적 주제
하나님에 관하여

본문에서 하나님은 갑자기 자취를 감추어 버린다. 물론 사탄의 목소리도 더 이상 들리지 않는다. 2:11-13의 욥과 세 친구의 침묵에 묻혀서 천

---

[20] cf. I am not at ease, nor am I quiet; I have no rest; but trouble comes.(NRS); I had no repose, no quiet, no rest, and trouble came.(TNK)

상의 소리들은 온데간데없이 사라진 것 같다. 그리고 이윽고 3장 이후부터 들리는 소리는 오직 욥과 세 친구의 목소리, 즉 지상의 소리들이다.

우리는 본문 가운데 한 가지 하나님에 대하여 깨닫는 것이 있다. 하나님께서는 인간들의 목소리 뒤로 사라져 버리는 경우가 많다는 것이다. 3장으로부터 38장에 이르기까지 하나님은 한동안 무대 밖에 머물러 계신다. 그러나 이는 여전히 하나님의 하나님 되심을 우리에게 다음의 세 가지 측면에서 알려준다. 첫째, 하나님은 무관심하게 떠나가신 것이 아니라 여전히 무대 바로 뒤에서 듣고 계신다는 사실이다. 욥과 세 친구들의 모든 이야기는 줄곧 하나님에 의해서 경청되고 급기야 판단된다(42:7). 둘째, 하나님 부재의 현실이 하나님 능력의 상실을 의미하는 것은 아니다. 아무리 하나님의 창조와 빛과 생명에 대해 욥이 자신의 생일 저주를 통해 부정하고 무화시켜 버리려고 해도 하나님의 창조 세계는 여전하다. 굳이 욥의 불평이나 항변에 일일이 응대하지 않으시는 모습은 하나님의 전능성을 반증한다. 셋째, 그럼에도 불구하고 하나님께서는 침묵 가운데 기다리고 계신다. 욥의 친구와의 토론이 세 번의 싸이클에 걸쳐서 완전히 이루어지기까지, 그리고 욥의 마지막 독백 후 엘리후의 이야기가 끝날 때까지 하나님은 기다리셨다. 그리고 욥이 하나님의 음성을 온전히 들을 수 있을 만할 때에 비로소 감추어졌던 목소리를 천둥과 같이 내셨다. 그 기다림은 욥이 그러했듯이 하나님께도 고통의 순간들이었을 것이다.

사람에 관하여

욥의 생일 저주에서 나타나는 창조 모티브를 통한 탄식은 개인의 고난 상황을 전 우주론적 통찰로 확장시키는 창조 신학의 모티프가 주재료로 사용되고 있다. 원래 창조 모티프는 하나님의 창조 세계의 찬양과 신적 구원행위의 찬양에 도입된다. 그러나 욥에게 와서 이 창조 모티프는 개인의 탄식 상황을 효과적으로 표현해 내는 도구로 사용되고 있다.[21] 다시 말하면, 인간은 자신의 처해진 상황에 따라 하나님을 찬양하는 자리에 있기도 하며 반대로 하나님을 부정하는 자리에 있기도 한다는 것이다. 사탄이 지적하는 것처럼 신앙의 기준이 하나님이기보다는 자신의 상태와 환경인 것이다.

인간 일반은 신앙인이든 비신앙인이든 조물주의 존재를 인정하기 마련이다. 이 세상은 신적 개념 없이 인간적인 것으로만 풀어내기에는 너무도 많은 물음들이 있기 때문이다. 문제는 그럼에도 불구하고 사람들은 하나님을 부정하고 떠나려 한다. 비신앙인은 말할 것도 없고 신앙인 중에 신앙인이었던 욥과 같은 이도 전우주적 차원의 창조주 부정을 시도하지 않는가?

주목할 만한 점은 욥의 생일 저주의 처음 문구인 3절과 4절이다. 우선 3절에 보면 위의 주석에서도 언급한 바, 욥의 태어난 날뿐만 아니라 욥의 잉태된 밤까지 멸망하기를 바라고 있는 장면이다. 날과 밤의 조합뿐만 아니라 잉태되어 탄생하기까지의 모든 생명형성의 시기까지 완전한 창조 질서의 부정을 꾀하고 있다.

4절에 이르면, 하나님의 창조 세계에 대한 욥의 부정은 절정에 이른다. 바로 "그 날이 캄캄하였더라면"이라는 표현이 "빛이 있으라"(창 1:3) 하신 하나님의 창조 세계의 시작을 알리는 음성에 정면으로 배치되는 저주문이기 때문이다.[22] 다음의 히브리어 원문을 비교해 보라:

יהי אור (창 1:3a; *예히 오르*, 빛이 있으라)

יהי חשך (욥 3:4a; *예히 호섹*, 어둠이 있으라)

---

21 하경택, "욥 발언의 창조 모티브 고찰," *구약논단* 18(2005), 109-110.
22 Carol A. Newsom, *The Book of Job*, 367.

욥은 자신의 생일 저주를 통해 자신의 존재만을 부정한 것으로 끝나지 않는다(3:3). 더 나아가 하나님의 창조 세계 전체를 그 뿌리에서부터 송두리째 부정하려는 시도를 감행하고 있는 사람이다.

그러나 이러한 모습은 단지 욥뿐만 아니라 모든 사람들의 모습에서 등장한다. 자신이 없으면 세상도 없는 것이다. 자신의 몸이 아프면 세상의 아름답고 건강한 것이 보일 수가 없다. 자신이 힘들고 어려우면 아무리 좋은 것이 주어진들 행복할 수가 없다. 그만큼 인간은 자기중심적인 존재이다. 이런 면에서 욥기는 어떻게 해야 인간이 자기 자신으로부터 탈피할 수 있는가의 근원적 인간론의 문제 또한 다루고 있다 하겠다.

본문에 의하면 욥은 이 근원적 인간의 질문에 대하여 자살을 떠올리고 있는 것 같다(3:21-22). 그러나 결국 욥은 자살보다는 항변의 길을 택한다. 그 길로 접어들게 한 것은 오히려 세 친구들의 반박과 고발이었다.

세상에 관하여

욥의 생일 저주문을 통해서 알 수 있는 세상에 관한 정보는 사람이 없으면 세상도 없다는 사실이다. 엄연히 인간의 삶과는 별개로 존재하는(자연) 세계이건만 욥은 자신에게 닥친 모든 환난의 상황으로 인하여 결국 존재 세계 전체를 무화시켜 버리는 저주문을 발설하기에 이른다.

특별히, 음부에 있는 세상 임금들과 모사들, 그리고 고관들을 아예 세상에 낳지도 않고 낙태된 아이들과 비교하면서 그들의 세상에서의 삶이 아무리 유력했고 위대한 일들을 행했다 할지라도 죽음에 이르면 결국은 아무것도 없었던 것처럼 되고 마는 사실을 부각시키고 있다(3:14-16). 그리고는 더 나아가 오히려 죽음의 세계를 생명의 세계보다도 더 있을 만한 곳으로 강조한다(3:17-19). 이는 전형적인 허무주의적 세계관이다.

그러나 욥기 후반부 하나님의 폭풍우 언설에서 앞으로 밝혀질 세계에 대한 근본적 태도는 자연 세계를 있는 그대로 인정하는 일이다. 인간의 어떠함에 의해서 세계의 존재 유무가 결정되기보다 하나님의 창조 섭리 가운데 인간 사회와는 동떨어진 객관적 자연 세계가 운용되고 있음을 분명히 한다. 인간 중심의 착취 대상으로서의 세계가 아닌 생태 중심의 동반 대상으로서의 세계가 욥기를 읽어가면서 열린다.

실천적 메시지: 침묵에서 독설로 – 고통자의 치유의 여정

비록 욥은 자신이 닥친 개인적 고통으로 인하여 창조 세계 전체를 부정하는 생일 저주문을 내뿜고 있지만 고통을 경험하는 사람들을 연구한 결과 침묵보다는 내면에 있는 분노를 표출하는 것이 고통자에게는 더욱 바람직한 것으로 이야기한다. 다음의 도로티 죌레의 고통의 3단계를 귀 기울여 볼 필요가 있다:

[고통의 단계(Dorothee Soelle)][23]
1. 무언의 단계(아무 말도 할 수 없는 상태) – 극도의 고통, 철저한 고독, 고립의 상태. 뉴썸(Newsom)에 의하면 욥 1-2장에서 욥은 자신에게 닥친 무지막지한 큰 고통의 현실을 제대로 감당할 수 있는 방법을 찾기 전에 너무 빨리 그의 고통의 문제를 기존의 관습적인 답변으로 해결해 버리려 했기에(우리는 심방하면서 너무 쉽게 '기도 합시다', '회개해야죠' 라는 말을 하지 않는가?) 오히려 자신의 고통의 문제를 여전히 안고서 욥기 3장으로 넘어가고 있음을 이야기한다. 이런 상태는 도리어 더욱 깊은 무언의 고통의 심연으로 빠져들 수밖에 없게 한다.[24]
2. 탄식의 단계(고통을 표현할 수 있는 언어를 발견하는 상태) – 고통을 담아낼 수 있

---

23 Dorothee Soelle, *Suffering*, trans. E. Kalin (Philadelphia: Fortress, 1975), 68-74.
24 Carol A. Newsom, 371.

는 탄식과 분노[25]의 언어를 발견, 표현하는 상태. 이 단계에서는 고통을 표현할 수록 고통과 분노가 더욱 강화되고 신랄해진다. 그러나 이렇게라도 고통이 표현되지 않으면 그 해결도 없기에 오히려 탄식이나 생일에 대한 저주 등은 동시에 소망의 징조가 된다. 예를 들어, 시편의 탄식시들이 그렇다. 고대 이스라엘인들은 분노와 슬픔을 담아낼 수 있는 종교적 언어를 소유한 자들이다.[26] 이 단계에서 탄식자는 일반인들과의 소통적인 언어를 가지고 무언에서 유언으로, 고립에서 연결로 나아간다.

3. 변화의 단계(적극적인 행동이 가능한 상태) – 분명한 목적 설정, 사람들과의 연대감 생성. 새로운 삶의 방식으로 나아간다. 이는 삶의 태도와 체계가 전적으로 새롭게 건설되는 상태이다. 기존의 붕괴된 삶의 구조에 더 이상 연연할 필요가 없는 것은 대안적 구조가 옛구조를 대체하기에 이르기 때문이다. 욥에게 있어서 이 변화, 곧 치유 여정의 시작은 이제까지의 믿음 체계, 종교적인 관습으로부터 벗어나 궁극적인 관점의 변화로 이행한다. 따라서 관습적 신앙의 세 친구들과의 충돌은 불가피하다. 그러나 이러한 관점의 변화를 통해 나타나는 그의 에너지는 고통의 상황을 극복케 하는 힘으로 작용한다.[27]

마무리

해당 본문의 주석에 있어서 주안점은 2:11-13의 침묵과 3:1-26의 독설을 하나로 읽는 일이다. 심리적 고통의 단계들을 통하여 아무런 말도 할 수 없는

---

25 뭔가 내게 일어나서는 안 될 일이 일어난 것, 뭔가 잘못되어 가고 있다는 느낌, 일어나지 말았어야 하는 일이 일어난 것 – Why me? Why this thing has happened to us?

26 Walter Brueggemann, *The Message of the Psalms* (Minneapolis: Augsburg Publishing House, 1984), 52-53.

27 Carol A. Newsom, 372.

상태에서 몸부림치는 독설로 나아가는 욥의 모습을 설명해 보았다. 그리고 이후 욥의 변화의 단계에 이르기까지의 설명이 가능하다.

그러나 성서학적인 차원에서 수사비평적 욥기 읽기는(בעד: 브아드 전치사를 중심으로 한) 울타리 개념을 통하여 욥의 관습적 고백으로부터 침묵, 그리고 독설에 이르기까지 하나로 통할 수 있는 길을 열어준다. 즉, 2:11-13의 침묵이전의 욥의 고백은 그의 물질에 대한 울타리와 자녀의 울타리, 그리고 건강의 울타리가 허물어진 후의 고백이다. 아직 욥에게 있어서 무너지지 않았던 울타리가 있었으니 그것은 신앙의 울타리이다. 하나님께도 인정받는 의인 욥의 신앙의 울타리는 하루 아침에 쉽사리 파괴되지는 않았다.

그러나 세 친구들 앞에서 침묵하고 있던 칠일 간의 시간 동안 욥은 비로소 신앙의 경계마저 녹아내리는 경험을 한 것이다. 처음에는 신실한 친구들의 방문과 말없이 고통을 분담하는 그들의 함께함이 감사한 일이었지만 아무런 죄악도 없이 그렇게 위로받는 신세가 된 자신의 삶과 믿음에 대하여 의심하지 않을 수 없었을 것이다. 어느 순간부터 분노는 쌓여갔고 더 이상 친구들의 방문은 측은지심이 아닌 동정심으로 느껴졌을 것이다.

욥기 3장의 생일 저주문은 이러한 신앙의 울타리까지 허물어진 가운데 발현된 것이다. 욥은 이제 그동안 자신의 삶의 수단이었던 모든 물질과 건강, 사회생활, 그리고 신앙까지 몰수당했다. 존재수단의 전면적 무장 해제 상태의 욥은 탄식할 수밖에 없다.

그러나 우리에게 놀라운 것은 욥의 모든 영역에서의 경계파괴는 욥으로 하여금 새로운 경계로 나아가게 하고 있다는 점이다. 즉, 하나님에게 둘러싸인 경계이다(3:23a). 비록 현재 상태로서는 어둠이요 막막함이 그를 지배하고 있다(3:23b). 그러나 그의 인간 수단의 무방비 상태는 결국 하나님의 새로운 울타리를 요청한다. 그 신적 울타리는 기존의 모든 경계들을 초월할 것이다. 본문에서 욥은 바야흐로 새로운 울타리 건설을 위한 위험하지만 담대한 첫 걸음을 내딛고 있다.

Sapiential Interpretation of the Book of Job

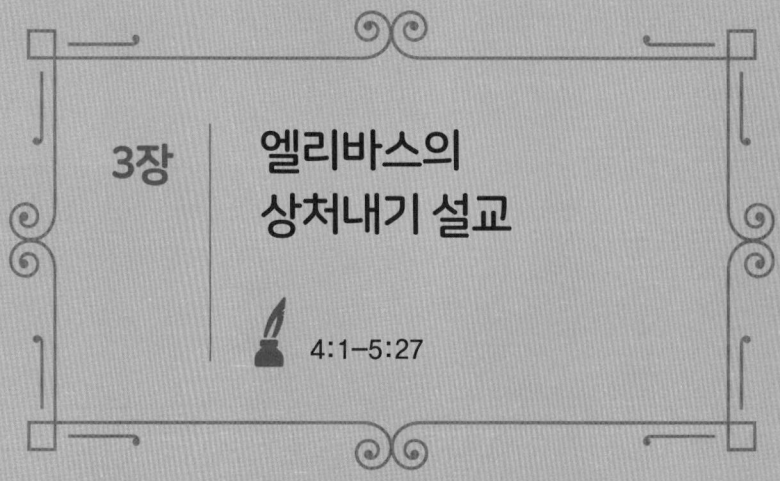

지혜 전승을 대표하는 세 친구들

엘리바스를 필두로 하는 세 친구들의 음성이 들리기 시작한다. 욥기가 주의깊게 기록되었다는 사실은 엘리바스로부터 빌닷, 그리고 소발의 세 친구들이 차례차례로 등장하면서 매번 욥이 대답하고 있는 규칙적인 구성에서 찾아볼 수 있다. 더군다나 이러한 패턴으로 세 번의 싸이클이 돌아간다. 이를 장별로 요약하면 다음과 같다:

〈첫 번째 싸이클〉

4-5장 엘리바스의 첫 번째 말   8장 빌닷의 첫 번째 말   11장 소발의 첫 번째 말
6-7장 욥의 대답   9-10장 욥의 대답   12-14장 욥의 대답

〈두 번째 싸이클〉

15장 엘리바스의 두 번째 말   18장 빌닷의 두 번째 말   20장 소발의 두 번째 말
16-17장 욥의 대답   19장 욥의 대답   21장 욥의 대답

〈세 번째 싸이클〉
22장 엘리바스의 세 번째 말   25장 빌닷의 세 번째 말   ? 소발의 세 번째 말 없음
23-24장 욥의 대답   26-27장 욥의 대답

고대 메소포타미아의 지혜 문헌들에서 이와 유사한 문학적 구성으로 신의 뜻을 이야기하는 글들이 있다. 대표적인 예로, 주전 1,000년 경의 작품으로서 의인의 고통과 하나님의 정의 문제를 극명하게 다루고 있는 *바빌론 신정론*(The Babylonian Theodicy)[28]이라는 작품이 있다. 형식적으로는 욥기처럼 주인공과 주인공의 친구 사이의 대화체로 글이 진행되고 있는 점에서 매우 흡사하다. 내용적으로는 신 앞에서 거침없이 자신의 의의 문제를 둘러싸고 항변(protestation)하고 있는 점이다. 주목할 만한 것은 시 119편처럼 규칙적으로 문자들이 배열되어 있는 사실이다(semi-acrostic).[29] 11줄씩 27행[30]으로서 총 297줄로 구성되어 있다(cf. 시 119편은 8절씩 22연 → 총 176절).

이와 같이 주인공과 주인공의 친구 사이에 이루어지는 대화를 통해 본문의 메시지를 전달하고자 하는 문학적 표현 형태는 고대 세계의 지혜 문헌에서 흔히 있는 일이었다.[31] 욥기에서는 지혜 문학의 표현 형식을 빌려서 본문을 전개함으로써 이곳에 등장하는 인물들이 하나같이 지혜 전승의 선

---

28 Benjamin R. Foster, *Before the Muses: An Anthology of Akkadian Literature, Vol. II* (Bethesda: CDL 1996), 790-798; W. G. Lambert, *Babylonian Wisdom Literature* (Oxford: Clarendon, 1960), 63-91.
29 고대 메소포타미아 지역의 문자인 쐐기 문자에는 알파벳 체계가 없었음을 기억하라!
30 실제로 일어난 사건의 보도나 전개보다는 문학적이고 지적인 관심의 작품임을 암시!
31 이외에도 고대 이집트에서는 *자살에 대한 논의*(A Dispute over Suicide)(ANET, 405-07)에서는 한 탄식자와 그의 영혼과의 대화가 진행되며, 고대 메소포타미아에서는 *탄식자와 그의 하나님*(Man and His God)(Sumerian Job), *인간과 신과의 대화*(Dialogue between Man and His God)(Old Babylonian Tablet AO 4462), "나는 지혜의 주를 찬양하리"(*Ludlul bēl nēmeqi*) 등의 문학이 존재한다. 이에 대한 자세한 논의는 다음을 참조하라: 안근조 『지혜 말씀으로 읽는 욥기』 (서울: 한들출판사, 2007).

상에 놓여 있음을 증명해 주고 있다. 특별히 엘리바스의 고장인 데만은 에돔의 남부 지역으로서 예레미야 49:7에 의하면 지혜의 고장으로 유명했던 곳으로 알려져 있다.

엘리바스를 필두로 하여 빌닷과 소발은 하나같이 당대의 지혜 전통의 대표자들이다. 각 친구들의 특징을 살펴본다면 엘리바스는 자신이 체험한 영의 가르침을 자신의 주장의 근거로 삼는다(4:12-16). 빌닷의 경우 옛 선인들의 가르침을 붙들고 있다(8:8-10). 소발은 하나님의 지혜의 심오함을 자신의 주장의 발판으로 삼는다(11:5-9). 우리가 전후 내용의 맥락없이 각 친구들의 발언들을 대한다면 그대로 받아들일 수 있는 위대한 종교적 진리와 훈계가 담겨 있다. 욥기의 매력은 이곳에 있다. 그렇게 위대한 지혜 전승의 가르침들이 부정되고 있기 때문이다. 욥은 그 친구들의 이야기를 수용할 수가 없다. 자신이 경험하는 실존의 상황이 기존의 전통적 가르침들과 단순히 조화될 수 없음을 체험하고 있기 때문이다. 욥은 지금 지혜 전승에서 무엇이 진정으로 가장 중요한 것임을 역설하고 있다. 전통이나 교리는 이차적이다. 실존적 경험이 지혜의 궁극적 근거이다.

세 친구들은 전통과 경험 사이의 긴장 관계에서 떠나 있다. 그들이 주장하고 있는 지혜 전통의 가르침은 어떻게 보면 현재 욥 앞에서는 화석화된 교리이다. 현실의 상황에 적용할 수 없는 죽은 전통이다. 그러나 그들은 영향력 없는 가르침들을 끝까지 주장한다. 욥의 실존적 상황과 친구들의 지혜 교리는 영원한 평행선을 그을 수밖에 없는 운명이다. 친구들의 이야기는 다음의 세 가지 주제로 요약된다: 인과응보 교리, 악인의 운명, 회개 촉구.

첫 번째로, 인과응보 교리는 잠언서에서 대표적으로 가르치는 지혜의 길이다. 분명한 두 길이 모든 인생 앞에 놓여 있다. 하나는 지혜 여인의 음성을 따르는 길이요, 또 다른 하나는 어리석은 여인 또는 음란한 여인의 유혹에 들어서는 길이다. 지혜를 따르는 삶의 결국은 생명과 축복이요 어리석음을 따르는 삶의 끝은 저주와 멸망이다. 따라서 한 인생의 결과가 번영과 화평이면 지혜자의 길에 서 있는 것이요, 고통과 재앙이면 어리석은 자의 길에 서 있는 증거가 된다. 두 번째로, 선인은 지혜의 길을 악인은 어리석음의 길을 가기에 결국 악인의 운명은 쇠퇴요 죽음이다. 친구들은 인과응보의 교리에 서서 욥을 악인으로 판단하고 그의 비극적 종말을 경고하고 있는 것이다. 세 번째로, 악인의 길에서 돌이켜서 지혜자의 길 곧 선한 삶으로 나아올 때 다시금 생명의 삶을 보장받게 된다. 회개 촉구를 통하여 욥의 범죄함을 인정케 하고 의인의 삶으로 초청하면서도 동시에 친구들은 자신들의 전통적 교리의 진리성을 증명하려 한다.

욥의 세 친구들은 지혜 전승의 전형적 가르침 위에 서 있다. 이제 친구들의 전통적 지혜 교리와 욥의 체험적 실존 사이의 갈등이 첨예하게 대립하고 충돌하게 된다. 그러나 양자 사이에는 차이가 있다. 친구들은 교리적 주장에 갇혀서 고통의 현장과 대화하지 않는다. 반면에 욥은 계속해서 친구들을 자신의 삶의 처지로 초청하면서 기존의 종교적 가르침을 실제적 경험 가운데 적용하고 변혁하려 한다.

본문 연구 4:1-5:27

발견적 질문하기
〈본문 전체〉
4-5장의 엘리바스의 연설은 위로인가 아니면 조롱인가?

〈4:1-21〉

v.2 "누가 네게 말하면 네가 싫증을 내겠느냐 누가 참고 말하지 아니하겠느냐"라는 발언은 엘리바스가 지금 어떠한 심정으로 욥에게 이야기를 꺼내고 있음을 말해주는가?

vv.12-16에서 이야기하는 엘리바스의 종교적 체험의 성격은?

v.21b 그들은 지혜가 없이 죽는다/지혜를 찾지 못하고 죽는다(표준새번역)? 무슨 지혜를 의미하는가? 하나님 경외? 아니면 인간 일반의 유한함을 의미하는가? 또는 불신앙을 말함인가?

⟨5:1-27⟩

v.1b "거룩한 자 중에 네가 누구에게로 향하겠느냐"에서 '거룩한 자'는?

v.7 "사람은 고생을 위하여 났으니 불꽃이 위로 날아가는 것 같으니라"의 의미는?

v.8 "나라면 하나님을 찾겠고 내 일을 하나님께 의탁하리라"("But if it were I, I would appeal to God; I would lay my cause before him" [NIV])는 욥이 지금 하나님을 찾는다는 의미에서는 궁극적으로 같은 맥락이 아닌가? 그렇다면 욥은 지금 엘리바스의 충고를 따르는 것인가?

v.23a "들에 있는 돌이 너와 언약을 맺겠고"의 의미는?

본문 구조

4:1 설화자

2-6 고통 앞에 어쩔수 없는 욥의 모습 지적('너도 별반 다를 게 없다')
– *조롱조*

7-11 죄가 있어 이런 일을 당하는 것이 아닌가?(**인과응보**) – *단죄/정죄와 풍자*

12-21 엘리바스의 영적 경험

　12-16 한 영의 체험 – 어떤 소리, 어떤 형상

　17-21 체험의 내용 – 하나님과 인간의 근본적 차이(인간의 유한성) – *타이름*(가르침과 교훈)

5:1 부르짖어 보아라! – *조롱과 비난조*

2-7 악인의 멸망과 고난을 타고난 **인간의 운명** – *가르침과 교훈*

8-16 나라면 하나님을 찾겠다 – 하나님의 섭리를 의지 – *충고*

17-21 고난 받는 것을 복된 것으로 알고 달게 받으라 – *설교/충고*

22-26 구원의 약속 – '~ 될 것이다' – *예언/소망*

27 마무리: '잘 듣고 명심하라' – *권위적 타이름*

　　엘리바스는 어떤 면에서는 조롱조로 자신의 이야기를 시작하고 있다. 전에는 여러 사람을 도와주는 입장에 있던 이가 정작 본인이 어려움을 당하게 되니까 하나님께 불평을 털어놓는 모습의 부당함을 주장하면서 말이다. 그러나 엘리바스만을 탓할 일은 아니다. 사실상, 엘리바스와 두 친구들은 욥의 고난을 칠 주야 동안 함께 할 정도로 신실하고 이해심 깊은 사람들이었다. 문제는 욥기 3장에서 터진 욥의 자기 생일에 대한 저주가 세 친구들에게 '신성 모독'에 가까운 언설들로 충격을 주었던 것이다. 이러한 친구들의 심정이 엘리바스의 가장 처음 발언에서 분명하게 드러난다: "누가 네게 말하면 네가 싫증을 내겠느냐, 누가 참고 말하지 아니하겠느냐". 곧 욥이 지금 당한 처지에서 누가 무엇을 이야기하더라도 욥은 싫증을 낼 것이라는 사실은 이미 엘리바스는 잘 알고 있다. 이 때문에 세 친구들은 칠일 간을 조용히 있었다. 그러나 그럼에도 불구하고 엘리바스는 선포한다: "누가 참고 말하지 아니하겠느냐"(4:2b). 참으려 해도 참을 수 없는 상황이 지금 빚어진 것이다. 그러기에 욥이 받아들이기 힘든 상황이라도 엘리바스는 본인이 욥에게 이야기하지 않으면 안 되겠기에 지금 자신의 이야기를 꺼낸다고 선포하면서 자신의 발언을 시작하고 있다.

엘리바스의 이야기의 주제는 다음의 네 가지이다: 1. 현재의 고통은 욥의 죄값이다; 2. 어리석은 불평을 그치고 범죄함을 인정하라; 3. 유한한 인간으로서 하나님의 섭리를 의지할 수밖에 없다; 4. 회개하면 회복해 주실 것이다. 이상의 내용은 전통적인 지혜 전승의 사상이면서 동시에 신명기사가의 중심 사상과 그 맥을 같이한다. 곧 하나님의 율법을 준행 시 의인으로서 축복의 삶을 허락받으나 불순종 시 범죄함으로 멸망을 당할 수밖에 없다는 상선벌악의 인과응보적 사상이다.

그러나 욥기는 기존의 신명기사가적 가르침에 정면으로 반기를 들고 나온다. 바로 포로기 이후 모세 오경과 신명기사가의 역사서가 대답해 주지 못하는 현실적 정황 가운데 욥기와 전도서와 같은 지혜서가 출현하지 않았는가를 역설해 주는 대목이다. 우리는 본문의 연구가 진행될수록 욥이 사실상 신명기사가의 여호와 신앙이 보존됨과 동시에 개혁됨을 관찰할 수 있게 될 것이다. 그러나 이곳에서는 먼저 엘리바스를 통하여 기존의 고대 이스라엘 신앙의 강조점을 관찰하면서 이것이 어떻게 욥의 실존적 경험과 불협화음을 일으키는지 살펴볼 필요가 있다.

질문에 답하기-주석

〈본문 전체〉

4-5장의 엘리바스의 연설의 성격은? 위로인가 아니면 조롱인가?

많은 주석가들은 엘리바스의 첫 번째 발언에 대하여 다양한 견해를 보인다. 어떤 이들은 고난이 유익이라는 가르침으로 해석한다(5:17 이하). 다른 이들은 전통적인 현자의 가르침에 따를 것을 종용하는 명령으로 보기도 한다(5:27). 또 다른 이들은 조롱조의 비판으로 보기도 하고(4:2-6; 5:1) 또 다른 이들은 직접적으로 표현되어 있지는 않지만 회개 종용(5:8)과 타이름(5:8-17)으로 보기도 한다.

그러나 엘리바스 발언의 성격은 정작 엘리바스의 이야기를 듣고 응답하는 욥의 언설에서 유추하여 규정할 수 있다. 특별히 6:25-26을 통하여 우리는 욥이 엘리바스의 충고를 책망과 비난으로서 받아들이고 있음을 확인할 수 있다: "옳은 말이 어찌 그리 고통스러운고, 너희의 책망은 무엇을 책망함이냐 너희가 남의 말을 꾸짖을 생각을 하나 실망한 자의 말은 바람에 날아가느니라."

〈4:1-21〉
v.2 "누가 네게 말하면 네가 싫증을 내겠느냐 누가 참고 말하지 아니하겠느냐" 라는 발언?

욥이 듣기 싫어하더라도 엘리바스 자신은 더 이상 참을 수가 없어서 말할 수밖에 없음을 주장한다. 한 가지 흥미로운 사실은 엘리바스가 후에 15장에서 두 번째 발언을 시작하면서 욥을 가리켜 다음과 같은 표현을 사용한다: "지혜롭다는 사람이 어찌하여 열을 올리며 궤변을 말하느냐"(15:2). 이는 지혜 전통의 상투적 표현법으로 어리석은 자를 가리킬 때 열과 분으로 말을 성급하게 내는 사람을 가리킬 때 등장한다.[32] 아이러니컬하게도 엘리바스는 자신의 발언 자체가 도저히 참을 수 없는 상황 가운데 시작된 것으로 말함으로써 의식하지 못하는 가운데 자신을 어리석은 자중의 하나로 드러내고 있다.

---

32 잠 15:28, 18:6, 21:23; 전 5:2.

vv. 12-16에서 이야기하는 엘리바스의 종교적 체험의 성격은?

12절의 꿈 가운데 일어난 경험[33]은 기존의 지혜 문학(요셉설화, 다니엘서)의 영향으로 볼 수 있다.[34] 즉, 전통적인 현자들의 지혜 탐구에 있어서 "어떤 말씀"(12), "소리"(12, 16), "환상"(13), "영"(15, 16) 등은 신적 지혜 습득의 수단으로 등장한다. 실제로 엘리바스는 어떤 특정한 신적 계시를 받은 체험을 기록하고 있다기보다는 기존의 현자들의 지혜 탐구의 도구들을 나열하는 방식으로 총동원하고 있을 뿐이다. 엘리바스의 발언을 듣고 난 욥의 반응은 어떠한 전통적 신지식의 통로로서의 꿈과 환상을 거부하고 있다(7:14). 이전의 방법이 아닌 새로운 하나님 체험을 욥은 기대하고 있는 것이다.[35]

v. 21b 그들은 지혜가 없이 죽는다/지혜를 찾지 못하고 죽는다(표준새번역)?

인간의 유한성을 말하면서 결국 인간은 지혜가 없이 죽는다고 선포한다. 특히 표준새번역의 번역은 욥기 28장의 지혜시를 연상케 한다. 즉, 사람이 지혜를 찾는다고 하나 결국 하나님의 지혜를 발견할 수 없다는 것이다(28:1-28). 따라서 이곳 엘리바스의 언급은 전통적인 지혜 가르침에 대한 정확한 표현이다. 사람으로서는 지혜 터득이 불가능하다. 그저 지혜 없이 죽음에 이를 수밖에 없는 운명이다. 하나님과 인간 사이의 극복할 수 없는 간극을 선포한 것으로서 이곳에서 지혜는 하나님의 궁극적인 뜻 내지는 섭리("하나님의 하나님 되심")를 의미한다고 볼 수 있다.

---

33 어떤 소리, 어떤 말을 듣는 경험 → 궁극적으로 21절의 "지혜" 찾기.
34 이군호, 『욥기』(서울: 대한기독교서회, 1998), 136.
35 cf. "새 포도주는 새 부대에!"

⟨5:1-27⟩

v.1b "거룩한 자"는?

천상 회의의 장면을 여전히 떠올릴 수 있다. 사실상, 하나님과 사탄 사이의 이야기의 배경이 되는 서론의 천상 회의 장면은 1-2장 후 사라진 것이 아니다. 계속해서 욥과 친구들과의 대화 가운데에서 하늘의 거룩한 존재들의 등장이 전제되어 있다. 본문의 5:1을 필두로 가장 대표적인 하늘의 존재들의 현존은 9:33(arbitrator: 중재자), 16:18(witness: 증인), 17:3(보증자), 19:25(redeemer: 구속자) 등에서 발견된다.

v.7 "사람은 고생을 위하여 났으니 불꽃이 위로 날아가는 것 같으니라"의 의미는?

불꽃이 아래로 내려갈 수 없고 위로 오르는 것이 자연의 이치인 것처럼 사람에게 주어진 고생은 그대로 불변하는 진리임을 역설하는 이야기이다.

v.8 "나라면 하나님을 찾겠고 내 일을 하나님께 의탁하리라"?

이 구절을 간접적 회개 촉구로 본다면 욥은 실제로 친구들과의 논쟁 가운데 회개의 자리로 간 적이 있는가? 그렇지 않다. 본 절의 영문 표현은 다음과 같다: "But if it were I, I would appeal to God; I would lay my cause before him"(NIV). 엘리바스는 절대적으로 하나님을 의지하도록 욥에게 충고하고 있다. 그러나 욥 자신은 엘리바스의 충고대로 전통적 관점에서 '회개'하기보다는 오히려 지혜 전승에서처럼 '항변'하고 있는 것이다. 돌이켜 하나님의 섭리를 온전히 의지하라는 엘리바스를 비롯한 친구들 앞에서 욥은 순종적 의지보다는 자신의 억울함을 하나님 앞에 직접 아뢰는 항변하는 신앙의 길을 택한다.

v. 23a "들에 있는 돌이 너와 언약을 맺겠고"?

5:22-26은 만약 욥이 다시금 온전한 길에 서게 된다면 어떠한 구원이 임하게 되리라 하는 예언적 선포를 담고 있다. 고통 가운데 있는 욥에게 주는 소망의 말씀이 될 수도 있다. 놀랍게도 23절은 자연과의 회복의 문제를 다루고 있다. 23a절의 들에 있는 돌이 언약을 맺는다는 소리는 23b절의 들짐승과 화목할 것이라는 구절에 비추어 해석할 수 있다. 목축에 위협이 되는 들짐승과 오히려 화목할 수 있게 된다. 마찬가지로 농사에 위협거리가 되는 들의 돌과 언약을 맺게 되면 들에서의 농작물 재배의 어려움이 사라지게 될 것이다. 앞서 22a절의 "기근"은 농사와의 관계를 22b절의 "들짐승"은 목축과의 관계를 여전히 보여주고 있다. 또한 바로 뒤에 나오는 24a절의 "네 장막의 편안함"은 곡식의 풍요를, 24b절의 "네 우리를 살펴도 잃은 것이 없을 것이며"는 가축의 풍부를 의미한다.

■ 신학적 주제
하나님에 관하여

본문의 5장에서 우리는 엘리바스를 통하여 하나님의 본성 세 가지를 소개받고 있다. 첫째는 5:10에서 창조자로서 이 땅에 질서를 부여하시며 돌보시는 하나님을 만난다.[36] 둘째는 5:11-16을 통하여 통치자로서 사회에 정의를 부여하시는 공평한 하나님을 소개한다.[37] 셋째는 5:18-21에서 구원자로서 모든 환난에서 구원하시고 지키시는 은혜의 하나님을 고백한다.[38] 고대 이스라엘이 신앙하는 야웨 하나님을 이렇게 완벽하게 설명하는 지혜자가 없을 정도로 엘리바스는 욥에게 하나님을 훌륭하게 소개하고 있

---

36 "비를 땅에 내리시고 물을 밭에 보내시며."
37 "낮은 자를 높이 드시고 애곡하는 자를 일으키사 구원에 이르게 하시니라"(11).
38 "기근 때에 죽음에서 전쟁 때에 칼의 위협에서 너를 구원하실 터인즉"(20).

다. 더군다나 그 하나님의 지혜를 특별한 꿈과 환상을 통하여 본인이 체험하였음을 밝히고 있다(4:12-16).

그러나 본문에서 엘리바스의 하나님 이야기는 욥에게 더 이상 유효하지 않았음을 기억하여야 한다. 창조자 하나님께서 불과 거친 바람으로 그의 소유를 빼앗고 자녀들을 몰살시켰기 때문이다. 통치자 하나님께서 마치 교활한 자를 꺾으시듯 욥을 넘어뜨리셨기 때문이다.[39] 구원자 하나님께서 모든 환난을 욥에게 허락하셨기 때문이다.

욥이 엘리바스의 하나님을 모르겠는가? 그 하나님은 이제껏 "알고"(지적으로) 있었던 하나님이다. 그러나 지금 욥이 "체험하고"(실존적으로) 있는 하나님은 전혀 다르다. 오히려 알고 있었던 하나님으로 인하여 그의 고통의 의미는 가중된다. 어떻게 창조와 통치와 구원의 하나님께서 이렇듯 몰인정할 수 있는가? 그렇다면 이제껏 알고 있었던 하나님은 잘못된 하나님인가? 아니면, 우리가 알고 있는 하나님이 전부가 아니고 또 다른 하나님의 모습이 있는가?

엘리바스가 소개하고 또 이후 친구들이 소개하는 하나님이 위대하고 훌륭할수록 욥은, 그리고 독자인 우리는 하나님에 대한 새로운 문제제기와 의문을 갖지 아니할 수 없다. 도대체 그 하나님께서 지금 무슨 일을 하고 계신가?

어떻게 보면 "처절하게" 고통하고 있는 욥 앞에서 "완벽하게" 하나님을 이야기하는 엘리바스의 모습으로부터 우리는 이론적 신학의 맹점을 발견하면서 동시에 무엇이 진정한 신앙이며 신학인 줄을 깨닫게 된다. 더 이상 지식적으로 체계화된 하나님 만을 이야기해서는 안된다. 현실과 유리된 지적 하나님은 도리어 우리를 더 아프게 한다. 진정한 신앙은 우리의 삶의

---

39 cf. 5:12.

한가운데 놓여 있다. 진정한 신학은 우리의 실존적 현실과 전통적 하나님 선포 사이의 끊임없는 대화를 통해 가능하다. 따라서 신학이란 교리적 반복에 그쳐서는 안 된다. 하나님의 말씀과 인간의 상황이 만나고 대결하는 곳에서 우리의 신학은 진정으로 인생을 변화시키게 된다.

사람에 관하여

인간에 관하여 엘리바스는 두 가지를 지적하고 있다. 하나는 하나님 앞에서 한없이 부정하고 미련한 존재라는 사실이요(4:17-21), 또 다른 하나는 사람은 고생을 위하여 태어난 존재라는 사실이다(5:7). 따라서 욥은 하나님 앞에 자신의 의로움을 내세울 수도 없고 다만 회개하는 심정으로 하나님을 의뢰하고 소망할 수밖에 없음을 엘리바스는 권고하고 있다.

특별히 엘리바스가 이러한 인간론을 바탕으로 지금 고통하고 있는 욥에게 소망과 위로를 주려한 것은 고통이 오히려 사람에게 복된 과정임을 알리는 일이다: "볼지어다 하나님께 징계받는 자에게는 복이 있나니 그런즉 너는 전능자의 징계를 업신여기지 말지니라 하나님은 아프게 하시다가 싸매시며 상하게 하시다가 그의 손으로 고치시나니"(5:17-18).

이 사실 또한 욥이 모르는 바는 더더욱 아니다. 고난이 유익이라는 사상은 꼭 신앙자가 아니더라도 누구나 인생의 인고의 과정을 겪어 성공에 이른 사람들에게 교훈이 되는 이야기이다. 문제는 기존의 하나님 이해가 깨져 있는 욥에게 이러한 상식적 수준의 교훈은 욥에게 너무나 동떨어져 있다는 사실이다. 다시 말하면 자신의 상황 속에서 설명이 안되는 하나님과 세상 이해는 더 이상 우리의 삶을 바꿀 수 없다.

인간에게 제일 중요한 것은 자신에게 이해가 되는 일이다. 이해할 수 없을 때 아무리 좋은 것을 앞에 가져다 주어도 자신과는 상관없는 일이 된다. 내게 의미로 다가오는 것만이 내 것이 된다. 지금 욥에게 의미있게 다가는 것은 아무것도 없다. 모든 삶의 경계가 한꺼번에 무너져 내렸기 때문이다. 그에게 새로운 의미 세계의 구축은, 새로운 경계의 건설은 한동안 후에 일어날 일이다. 그 기간 전까지 욥은 탄식할 수밖에 없다. 차라리 친구들은 탄식하는 욥을 있는 모습 그대로 받아주는 것이 더 나을 뻔했다. 인간에게 의미만 있다면 고통 또한 달게 받을 수 있는 일이다. 그러나 의미가 없다면 아무리 위대한 가르침도 어떠한 변화를 동반하지 못한다.

세계에 관하여

우리가 살아가는 세계는 내가 알고 있는 지식과 내가 체험하는 경험을 통해 구성된다. 만약에 지식과 경험 사이에 괴리가 생긴다면 더 이상 내가 알고 있었던 세계는 의미가 없어지게 된다. 그런데 더 중요한 사실은 우리의 지식과 경험이 어떠하든지 간에 나와 내 주변에는 객관적 실재가 존재한다는 사실이다. 바로 하나님께서 우리에게 허락하신 세계이다.

엘리바스를 비롯한 친구들의 경우, 지식 또는 교리만을 가지고 세계를 이해하려 한다. 욥의 경우, 자신의 체험만이 크게 부각되어 있는 상태이다. 양자에게 유일하게 동일한 점이 있다면 바로 친구들과 욥은 공히 자신들의 교리와 상황에 묻혀서 하나님의 객관적 세계를 보지 못하고 있는 점이다.

앞으로 본문이 전개되면서 확인하게 되겠지만, 그럼에도 불구하고 친구들에 비하여 욥이 갖는 위대한 점은 그가 점차로 객관적 세계를 인지하게 된다는 사실이다. 반면에 친구들은 교리적 세계에 갇혀서 현실의 실재를 감지하지 못하고 있다. 욥은 그동안 누렸던 사회적 지위에서 철저히 떨어지고 낮아져서 가난하고 다스림을 받는 자들의 심정을 이해할 수 있게 된다. 자신이 직접 붙들고 가르쳤던 교리가 통하지 않는 실존적 세계를 경험함으로써 교리 이전의 세상과 하나님 이해를 요청하게 된다. 마침내 폭풍우 가운데 말씀하시는 하나님의 음성을 통하여 욥은 하나님의 창조 세계를 있는 그대로 바라볼 수 있게 된다.

　세계 이해에 대한 최대 이슈는 자신으로부터의 탈피라 말할 수 있다. 자신의 지식이나 경험 또는 생각에 집착하면 할수록 있는 그대로의 세계는 나로부터 멀어진다. 그러나 자아가 아니라 실재를 더 신앙적으로 이야기하자면 자신의 눈이 아니라 하나님의 눈으로 바라본다면 세계는 더욱 풍부한 내용과 기쁨, 그리고 사랑을 우리에게 가져다 줄 것이다. 그 안에서 우리는 자유를 누리게 된다: "진리를 알찌니 진리가 너희를 자유롭게 하리라"(요 8:32). 진정한 세계 이해는 바로 하나님의 말씀에 거하는 일(요 8:31b), 곧 자기중심으로부터 하나님의 뜻 중심으로 중심 이동을 할 때 가능하다.

실천적 메시지: 엘리바스의 자기중심적 상처내기 설교

　어떻게 사람들을 위로할 것인가? 1주일에 한 번씩 설교를 들으러 나오는 성도들에게, 어려운 문제로 고민하는 가정을 심방할 때에, 극복하기 어려운 고통을 당하는 자들에게 어떻게 다가갈 수 있을까? 오늘의 본문 말씀은 최소한 자기중심적 생각으로부터 탈피하기를 권고하고 있다. 내가 가지고 있는 것으로 어떻게 무엇을 일러주거나 도와주려고 하기보다는 내가 그 사람의 입장에서 먼저 그를 이해하려 하는 마음이 얼마나 중요한가를 알려준다.

　특별히 우리가 가지고 있는 교리적 믿음이나 신앙적 체험은 워낙 우리 삶 전체를 붙들어주는 근본적 이슈들이기에 쉽게 포기될 일도 아니고 교리나 체험 없이 사건을 대하고 사람을 만나는 일은 쉬운 일이 아니다. 그러나 한 가지 기억할 일은 진정한 위로는 "함께하는" 일이다. 어떻게 함께 할 수 있을까? 내가 가지고 있는 것으로는 힘들다. 나를 내려놓지 않으면 불가능하다. 열려 있는 마음, 그 상황 속에 함께 들어가려고 하는 발걸음이 중요하다.

그렇지 않다면 우리는 엘리바스의 전철을 밟을 수밖에 없다. 그는 5:3-4을 통해 잔인할 정도로 욥의 집안과 욥의 자식들을 비난하였다. 물론 엘리바스는 그럴 의도가 전혀 없었을 것이다. 그러나 현실과 괴리된 그의 교리적 주장은 사실상 욥에게는 씻을 수 없는 상처를 가져다 준 결과를 낳았다. 사실, 엘리바스나 친구들은 욥과 아무 말 없이 함께했던 칠 주야를 통하여 충분히 욥의 상황을 이해하였을 것으로 판단할 수 있다. 그럼에도 불구하고 이렇듯 무정한 판단을 내리는 것은 그만큼 교리적 냉소주의가 갖는 위험성을 알려주고 있는 것이다.

교리주의에 빠진다는 것은 관습적 경향을 띤다는 말이다. 현실의 무상한 상황 속에서 빠르게 대처하기보다는 기존의 법칙과 절차들을 고집하는 것이 안전하며 진리에 가까운 것으로 생각하기 때문이다. 물론 중심잡힌 기준 없이 시류에 편승하는 신앙이나 신학은 아무런 능력도 발휘할 수 없는 한계를 지닌다. 그러나 말씀의 가르침이 현실의 상황과 연결되지 않는다면 삶의 아무런 변화를 가져다 줄 수 없게 되고 그렇게 되면 신앙생활은 종교화되고 율법화 될 수밖에 없다. 지금 우리는 엘리바스의 교조화되고 화석화된 훈계들을 본문을 통하여 듣고 있는 것이다. 그것이 아무리 진리성을 내포하고 있더라도 현재 욥에게는 일말의 소망의 빛도 주지 못하고 있다.

"상처받은 치유자"의 명제는 예수 그리스도의 십자가를 항상 연상케 한다. 진정한 위로자가 되고 구원자가 되기 위해서는 우리 또한 모든 것을 내려놓고 함께 아파하고 함께 고통을 통과하는 희생이 요구된다. 그러므로 우리는 함부로 위로자로서 자기 정체성을 규정하는 데 주의해야 할 것이다. 나의 희생과 헌신이 투자되지 않는다면 우리의 설교와 사역은 치유는커녕 상처만 더 안겨주기 십상이기 때문이다.

마무리

드디어 욥과 친구들의 제 1라운드가 펼쳐지고 있다. 의인의 고통의 문제와 하나님의 정의의 문제를 둘러싼 열띤 공방이 앞으로 3라운드에 걸쳐서 전개될 것이다. 욥기서 전체에서 친구들과의 대화 부분은 절대적인 분량을 차지하고 있다(총 42장 중 29장). 그러나 더 중요한 것은 분량에 비하여 다루어지는 내용들이다. 기존의 신명기사가로 대표되는 인과응보적 사상과 잠언서의 지혜 교훈으로 대표되는 선인의 길과 악인의 길의 대조가 욥기에서는 부정되거나 최소한 의문이 제기되기에 이른다. 이는 욥기가 정리될 무렵 포로 후기 공동체가 치열하게 씨름한 신앙적 문제들 즉, 하나님과 세계에 대한 이해, 그리고 인간 자신에 대한 이해의 문제들을 격변하는 당시의 상황 속에서 고민하고 기도하고 새로운 계시를 받고 이를 통한 기존의 신앙을 변혁하는 등의 일련의 신학적 과정을 통과한 고백들이다.

여전히 현실과 신앙 사이의 모순은 사회가 변화되고 시대정신이 바뀌어 가는 요즘에도 우리가 체험하는 일이다. 우리는 욥기를 통하여 오늘 우리의 삶에서 어떻게 고민하며 어떻게 신앙해야 하는지를 깨닫게 된다. 아니 최소한 엘리바스는 우리가 취하지 말아야 할 태도를 알려준다. 그것은 바로 교리중심적 태도이다. 교리는 신앙을 설명하는 데 필수적인 요소이다. 그러나 그것 자체가 하나님의 뜻도 구원의 능력도 될 수 없다. 제일 나쁜 것은 교조주의적 태도가 현실과의 대화의 장을 끊는 일이다. 종교개혁자들의 신앙적 교리 자체가 당시의 시대상을 통해 형성되었고 변화되었다. 오늘 우리의 삶에 정황에 대한 솔직하고 성실한 고민이 하나님의 말씀을 말씀되게 하며 영향력 있는 교리의 보존과 갱신을 위해서 오늘의 설교자들에게 필수적인 항목이 아닐까?

Sapiential Interpretation of the Book of Job

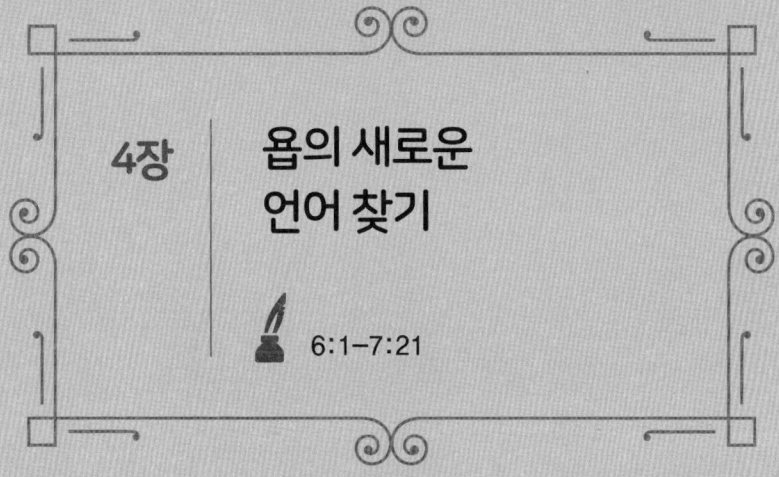

4장 욥의 새로운 언어 찾기

6:1-7:21

욥의 네 가지 심경

친구들 가운데 대표격인 엘리바스의 이야기를 처음 들은 욥은 만감이 교차했을 것이다. 불과 얼마 전까지만 하더라도 본인이 어려움을 당한 이들에게 그런 말을 했고 그 지혜 교리들은 하나도 그름이 없음을 본인이 누구보다도 더 잘 알고 있었다. 그러나 그럼에도 불구하고 현재 자신이 당한 상황에서 이제 그 말들은 하나도 도움이 되지 못한다. 오히려 자신의 상처를 더 깊이 파헤치는 혹독한 말들뿐임을 알게 된다. 동시에 자신이 당한 고난을 당해보지 않는 친구들이 어떻게 자신을 이해할 수 있을까 하는 생각도 들었을 것이다. 그렇다면 그는 궁극적인 위로와 구원의 간구를 하나님 앞에 드릴 수밖에 없다. 그러나 이것도 문제인 것은 현재 욥에게 하나님은 구원자가 아닌 혹독한 심판자 또는 감시자로 부각되기 때문이다. 왜냐하면 고통의 원인이 자신의 범죄함이 아님을 누구보다도 더 잘 알기에 결국 그렇듯 막대한 고통을 가져다 줄 자는 하나님밖에 없다고 확신하고 있기 때문이다.

이렇게 복잡한 심리적 상태의 욥의 심정을 다음의 네 가지로 정리해 볼 수 있을 것이다: 1. 자신의 의로움 항변; 2. 친구들 원망; 3. 새로운 말 추구; 4. 구원 간구. 첫째, 욥은 엘리바스의 "너의 고난에는 이유가 있다"[40](인과응보, 관습적 교리)에 대하여 "나의 항변에는 이유가 있다"[41](실존적 경험)로 응대하고 있다. 그렇다고 욥이 현재 상태에서 인과응보 교리를 부정하고 있는 것은 아니다. 단지 인과응보 교리를 대하는 시각이 친구들은 여전히 관습적 입장에서 말한다면, 욥은 자신의 경험으로부터 새롭게 바라보게 되었음을 알 수 있다. 자신이 부르짖고 있는 것은 기존의 교리를 못 받아들여서가 아니라 그 교리가 자신의 실존적 경험을 전혀 설명해 줄 수 없기에 그러함을 밝히고 있다. 이렇듯 현실성이 없는 말들은 "싱거운 것"으로 "흰자위만" 있는 달걀로(6:6) 규정하고 있다. 한마디로 욥이 닥친 상황에서는 유효하지 않다는 것이다. 현재로서 가장 확실한 것은 자신이 하나님의 말씀을 거역한 사실이 없다는 욥 자신의 의로움, 그 사실 하나뿐이다(6:10, 29).

둘째, 욥은 친구들을 원망하고 있다. 낙심한 자가 비록 하나님을 경외하지 않는 일이 있을지라도 으레 친구들은 동정하기 마련인데(6:14) 지금 엘리바스는 동정은커녕 욥의 범죄함을 전제하고 회개를 일방적으로 선포하고 있기 때문이다. 힘든 일을 당하게 되면 주변 사람들의 위로가 필요하고 가장 가까운 사람들의 격려가 절실한데 그러한 친구들의 동정심은 온데간데없이 사라졌다(6:15). 오히려 친구들로부터 의심과 조소의 눈초리를 받고 있기에 욥은 현실의 상황을 한탄한다. 차라리 아무 말도 하지 않았으면 좋으련만 그들은 고통스럽게 책망하고 꾸짖고 있다(6:25-26).

셋째, 욥은 엘리바스의 첫 번째 말을 듣고 난 다음에 이렇게 탄식한다:

---

40 4:7-11.
41 6:5-7.

"그러므로 나의 말이 경솔하였구나"(6:3b). 자신의 생일 저주에(3장) 대한 엘리바스의 반응이 뜻하지 않는 고발과 책망으로 돌아오는 현실 앞에서 욥은 자신의 말이 친구들에게 적절치 못한 것이었음을 발견하고 있는 것이다. 즉, 친구들과의 의사소통의 한계를 처음 느끼고 있다. 근본적인 이유는 욥과 친구들이 처해 있는 상황의 차이이다.[42] 그럼에도 불구하고 욥은 처음에는 친구들과의 대화를 계속해서 시도한다. 그러나 욥의 시도는 오래가지 못한 채 곧 하나님에게 직접적으로 간구하는 쪽을 택하게 된다. 본문에서 이미 욥은 엘리바스와 이야기하다가 어느 사이엔가 하나님에게 직접 자신의 상황을 토로하고 있음을 확인할 수 있다(7:7 이하).

넷째, 친구에게 이야기하다가 별안간 하나님께 기도를 드리는 장면은 본문뿐만 아니라 이후 친구들과의 대화에서 줄곧 목격될 것이다. 이곳 엘리바스와의 첫 번째 대화 가운데 특이한 것은 하나님 앞에 자신의 구원을 간구하면서 시편의 탄식시 가운데 자주 나타나는 "음부로 내려가는 의인"의 모티프를 사용한다.[43] 즉, 자신과 같이 하나님을 경외하는 자가 음부로 내려가면 도대체 어떤 이가 하나님을 예배할 수 있느냐 하는 사실을 부각시킨다. 따라서 하나님께서 음부로 내려가는 의인을 구원하실 수밖에 없음을 도출시키는 것이다. 이러한 스올 모티프는 전통적인 시편 시인의 하나님 설득의 용법이며 구원을 간절히 바라는 의인 간구의 대표적인 예이다. 지금 욥기의 저자는 전형적인 문학적 모티프를 사용하면서 욥이 얼마나 간절하게 자신의 구원을 하나님 앞에 간구하고 있는가를 보여주고 있다.

한 가지 본문 6-7장에서 주의스럽게 파악해야 할 부분은 전통적인 시가문학의 보존뿐만 아니라 변형 또한 관찰된다는 점이다. 제일 대표적인 예로서, 시편 8:4의 "사람이 무엇이기에 주께서 그를 생각하시며 인자가

---

42 삶의 울타리의 무너짐과 견고함의 차이. 본서 1장 참조!
43 Walter Brueggemann, *The Message of the Psalms*, 79.

무엇이기에 주께서 그를 돌보시나이까"의 표현이 본문 7:17[44]에서도 사용되고 있지만 그 내포하는 의미는 정반대라는 사실이다. 즉, 시 8편의 시인은 하나님의 보살피시고 인도하시는 내재적 은혜를 찬양하고 있으나 본문에서는 지나칠 정도로 간섭하시고 감시하시는 하나님의 일로 인해 견디기 어려움을 토로하고 있다(7:18).[45] 기존의 친숙한 문학적 표현을 사용하면서도 그것을 살짝 뒤집어 놓음(twist)으로써 실제로 저자가 전달하고자 하는 내용의 극적 효과를 거두고 있다. 이만큼 욥기의 저자는 기존의 지혜 전통뿐만 아니라 구약성서의 문학적 다양한 전통들을 두루 알고 있다. 또한 각각의 표현들을 자신의 의도대로 변형시킬 수 있는 뛰어난 능력의 문학적 소양자요 전통 사상의 해박한 지식의 소유자임을 알 수 있다. 이와 같은 기존의 표현에 대한 뒤집어놓음 즉, 전복 내지 반전은 욥기 전체에 걸쳐서 일관되게 등장한다.

본문 연구 6:1-7:21

발견적 질문하기

[6:1-30]

v.7 "내 마음이 이런 것을 만지기도 싫어하나니…."에서 이런 것이란? 만약 앞 6절의 "싱거운 것"이라면 무엇을 지칭하는가?

v.8 "나의 간구, 나의 소원"은?

v.9 "나를 멸하시기를…끊어 버리실 것이라"의 의미는? 이미 욥은 철저히 부숴진 상태가 아닌가? 혹 욥의 자살/죽음 소원인가?

---

44 "사람이 무엇이기에 주께서 그를 크게 만드사 그에게 마음을 두시고."

45 "아침마다 권징하시며 순간마다 단련하시나이까."

v.26 "실망한 자의 말은 바람에 날아가느니라"에서 '실망한 자'는? 욥 자신인가 아니면 친구를 가리키는가?

[7:1-21]
v.3 "여러 달째 고통을 받으니"? 지금 욥은 고난을 당한 지 7일(2:13) 되었는데 왜 '여러 달'을 운운하는가?
v.12 욥 자신을 바다 또는 바다 괴물로 묘사한 이유는?
v.21 "주께서 어찌하여 내 허물을 사하여 주지 아니하시며 내 죄악을 제거하여 버리지 아니하시나이까?" 욥의 범죄함 인정?

본문 구조
〈탄식〉
6:1 설화자의 도입부
2-4[46] 자신의 변명 – 자신이 당하는 고통의 극심함
5-7 자기 정당화 – 자신의 불평과 항변에는 이유가 있다 ↔ 엘리바스의 '너의 고통에는 이유가 있다'(4:7-11)에 대한 안티테제!
→ 자신의 죄 없음 주장 (무고함)
〈불평〉
8-10a 하나님께 불평 – "나의 소원을 들어 주시지 않으실 것이다"
10b **self-innocence(무고함)**; "나는 거룩하신 분의 말씀을 거역하지 않았다"
11-13 절망적 탄식

---

46 2절에서 자신의 고통의 극도성을 이야기하면서 그 이유를 3절과 4절에 각각 כִּי로서 도입하고 있다. 그 고통은 바다의 모래보다 더 무겁기 때문이며(3절) 그 고통은 전능하신 분의 독화살과 공포로 인한 것이기 때문이다.

14-23 친구들에 대한 불평(Wadi [נחל] 에 비유)

⟨호소⟩

24-30 친구들에게 자신의 의로움 호소

→ 본격적인 토론 돌입(29b self-innocence 무고함)[47]

⟨탄식⟩

7:1-6 욥 자신의 상황을 친구들에게 토로

7-10 *하나님에게* 직접적 탄식(스올 모티프)

⟨불평⟩

11-21 하나님에게 본격적 불평과 항변

엘리바스의 첫 번째 발언에 대한 욥의 대답의 주제는 다음의 세 가지이다. 첫째, 자신의 무고함 주장이다. 엘리바스가 고발한 것처럼 자신은 "악을 밭 갈고 독을 뿌리는 자"(4:8)가 아님을 역설한다. 도리어 하나님의 말씀을 불순종한 적이 한 번도 없음을 기쁘게 여기며 선포하고 있다(6:10b). 둘째, 친구들에게 호소하고 있다. 자신이 힘들 때 막상 도움이 되지 못하는 친구들을 원망하면서도(6:15) 자신을 있는 그대로 받아주고 이해해 달라고 요청한다(6:28). 그리고는 자신을 죄인시 하지 말고 본래의 믿어주는 친구들로 돌아와 달라고 호소한다(6:29). 욥의 외로움과 안타까움의 정서가 속속들이 스며들어 있는 장면이다. 끝으로, 욥은 하나님께 자신을 놓아 달라고 탄원한다. 더 이상 하나님은 그에게 따스한 돌봄과 은혜의 구원자로서 비쳐지지 않는다. 오히려 하나님은 욥을 대적자로 삼으신 듯하다(7:12). 전통적인 하나님 계시의 수단인 꿈과 환상은 더 이상 그에게 유효하지 않다.[48] 대신에 마음에 전율과 공포만을 더할 뿐이다(7:13-14). "침을 삼킬 동

---

47 עוד צדקי־בה – I am still in the right! (TNK)
48 엘리바스의 밤에 본 환상(4:12-15)에 대한 안티테제.

안도"(7:19) 욥을 주시하고 감시하시는 하나님 앞에 이제는 자신을 내버려 놓아달라고 간구한다.

본문에서 흥미로운 특징은 탄원의 수혜자가 어느 사이엔가 달라진다는 점이다. 처음에는 친구들에게 욥이 이야기하고 있었다(6:1-30). 그것이 7장 초반에까지 이어지는 듯하다가, 7절 이후에는 하나님에게 직접적으로 자신의 구원 간구를 드리고 있다(7:7-21). 욥과 친구들 간의 대화는 순간순간 의사소통의 한계 상황에 부딪칠 때마다 욥과 하나님 사이의 대화로 변화되고 있음을 관찰할 수 있다. 물론, 하나님께서는 38장에 이르러서야 폭풍우 언설을 통하여 본격적인 욥과의 대화의 장을 여셨다. 그러나 엄밀한 의미에서 하나님과의 대화는 친구들과의 대화 가운데에서 이미 시작되고 있다.

질문에 답하기-주석

[6:1-30]

v. 7 "내 마음이 이런 것을 만지기도 싫어 하나니…"에서 이런 것이란? 만약 앞 6절의 "싱거운 것"이라면 무엇을 지칭하는가?

6:5-7에 대한 주석가들의 다양한 견해: 1) 포프(Pope) - 5절의 욥이 불평할 만한 이유가 있음을 이야기하면서 6-7절은 엘리바스의 의견이 무미건조함을 지적하고 이를 거절하는 것으로 읽는다.[49]

2) 뉴썸(Newsom) - 5절을 욥 불평의 정당화로, 그리고 6절은 자신의 인생이 아무 맛없는 음식과 같이 되었음을, 그리고 7절의 식욕은 사라지고 구역질나는 것은 자신의 인생을 살아보려고 하는 의지가 다 사라졌음을 의미 곧 죽음을 간구하게 됨의 도입부로서 본다. 실제로 다음의 8절 이하

---

49 마빈 포프, 『욥기』, 147-149.

는 죽음을 소원하고 있다.[50]

3) 하벨(Habel) – 적절한 위로가 친구로부터 주어지지 않았기에 들나귀와 소처럼 울 수밖에 없으며 지금 친구의 이야기는 다 구역질나는 음식에 불과함을 주장한 것으로 해석한다. 시 69:20-21[51]과 관련하여 읽는다.[52]

이상을 종합하여 보건데 욥이 혐오하는 "이런 것"은 욥 자신의 상황을 전혀 설명하지 못하는 틀에 박힌 엘리바스의 교리를 이야기한다고 볼 수 있다. 실존적 현실의 문제를 간과한 형식적 교리는 구역질나고 냄새나는 음식물 같다는 것이다(6:7). 따라서 욥은 자신의 생일 저주와 항변에 대하여 친구들이 귀를 기울여 줄 것을 요청한다(6:28-29).

사실상, 본문 6:5-7에서 진행되고 있는 중요한 주장은 자신의 상황을 표현하거나 또는 설명할 수 있는 적절한 말 또는 언어가 없다는 욥의 항변이다. 현재의 인과응보 교리와 관련된 언어들(6:6-7)은 구역질나는 언어들[53]로 전락하였다. 아무런 위로도 될 수 없으며 상처만을 깊게 해 준다. 그렇기 때문에 욥은 울고 항변할 수밖에 없다. 향후 욥의 항변은 적절한 언어를 발견할 때까지 계속될 것이다. 곧 자신의 무고한 고통의 이유가 밝혀질 때까지 말이다. 언어가 정신을 대변하고 세계관을 드러낸다면 욥의 새로운 언어 찾기는 새로운 하나님 정신과 세계관을 향하고 있다고 볼 수 있다.

v.8 "나의 간구, 나의 소원"은?

지금 욥은 죽음을 간구하고 있다. 그만큼 지금 당하고 있는 고통의 극심

---

50 Carol Newsom, *The Book of Job*, 387.
51 20 "훼방이 내 마음을 상하여 근심이 충만하니 긍휼히 여길 자를 바라나 없고 안위할 자를 바라나 찾지 못하였나이다 21 저희가 쓸개를 나의 식물로 주며 갈할 때에 초로 마시웠사오니"(개역한글판).
52 Norman C. Habel, *The Book of Job* (Philadelphia: Westminster Press, 1985), 145-146.
53 cf. Norman C. Habel – 6-7절은 친구들의 말이 위로가 아니라 구역질나는 언어들로서 욥이 판단을 내리고 있다!

함을 반증하고 있는 것이다. 현재의 상황 가운데 유일한 탈출구를 죽음으로 보기 때문이다. 이는 앞서 엘리바스가 "네 소망이 온전한 길"(4:6)이라고 한 것에 대한 안티테제이다. "자신의 소망은 죽음"이라는 것이다.[54] 이런 의미에서 3장의 생일 저주가 구체적인 죽음에 대한 간구로 드러나 있음을 보게 된다.

v.9 "나를 멸하시기를…끊어 버리실 것이라"의 의미는? 이미 욥은 철저히 부숴진 상태가 아닌가?

8절과 함께 파악한다면 욥 자신의 죽음을 의미한다. "손을 들어 끊어버리는" 일은 하나님께서 생명을 끊고 자유롭게 놓아주어 죽게 하시면 고통 가운데에서도 위안을 받을 수 있게 될 것이라고 믿고 있는 장면이다.[55]

v.26 "실망한 자의 말은 바람에 날아가느니라"에서 '실망한 자'는?

욥 자신을 가리킨다. 그렇다면 욥 자신의 말이 바람에 날아간다는 것은 무엇을 의미하는가? 그것은 26a절과 대조를 이루어 생각해 보면 풀린다:

너희는 남의 말을 꾸짖을 생각을 하나
너희는 남의 말 꼬투리나 잡으려는 것이 아니냐?
실망한 자의 말은 바람에 날아가느니라
절망에 빠진 사람의 말이란, 바람과 같을 뿐이 아니냐?[56]

즉, 엘리바스를 비롯한 욥의 친구들은 꾸짖는 말 내지는 꼬투리 잡는

54　David J. A. Clines, *Job 1-20*, 172.
55　이군호, 『욥기』 147.
56　표준새번역. 이하 표준새번역을 명시할 때에는 표준으로 약술하여 표기함.

말을 한다. 다시 말하여 기존의 교리를 통하여 욥의 탄식을 판단하고 잘못된 것으로 꾸짖으려 한다. 그들의 말은 확정되어 있다. 그러나 욥의 말은 열려있다. 바람에 날아가듯 확정되지 않고 공중에서 이리저리 떠다니는 형국이다. 이는 욥의 말이 부질없다는 이야기로 해석될 수도 있다. 그러나 더욱 중심적인 내용은 친구들의 닫혀진 말의 체계보다 실존적 경험을 통한 새로운 개념의 세계로 열려있음을 의미한다고 볼 수 있다. 친구들의 꾸짖는 것은 이성적 행위이다. 그러나 욥의 실망한 상태는 감정적 표현이다.[57] 친구들이 말하는 것(say)과 욥이 느끼는 것(feel)은 지금 따로 가고 있다. 바로 형식적 교리와 실존적 경험의 차이로 인한 인식과 언어 체계의 차이이다.

[7:1-21]
v.3 "여러 달째 고통을 받으니"? 왜 '여러 달'인가?

인생 일반에 대한 고찰로서 7:1-2을 본다면 욥 본인도 이전에 그런 힘든 노동과 품꾼의 날을 보냈다는 이야기인가? 그렇다면 욥도 하나님으로부터 '온전한 사람'이라 칭찬 받은 그 시절에도 인생 일반의 경험과 같은 허무함과 무상함이 있었다는 이야기가 아닌가?(이와 같이 내가 여러 달째 고통을 받으니 고달픈 밤이 내게 작정되었구나[3절]). 그러나 3절의 고통은 그 이하 4-5절에 전개되듯이 분명히 욥이 고통 당한 상황 이후를 이야기한다. 그렇다면 우리는 욥의 고통이 사탄에 의해 시험 받은 후 여러 달 지나고 있음을 상정해야 한다. 이를 어떻게 본문 가운데 이해할 수 있을까? 그것은 바로, 욥의 첫 번째 고통(욥 1장)과 두 번째 고통(욥 2장) 사이에 긴 기간이 있었음을 감안한다면 이해 가능하다.

---

57 David J. A. Clines, *Job 1-20*, 181.

그러나 이 문제의 해답은 사실상 번역의 문제이다. 3절 전반절은 과거 시제로 해석할 것이 아니라 3절 후반절처럼 현재 완료 시제로 보아야 한다.[58] 곧, "이와 같이 내가 여러 달째 고통을 받게 되었구나(받으니), 고달픈 밤이 내게 작정되었구나", 곧 현재 눈앞에 닥친 고난으로 인해 장차 벌어진 혼돈과 무질서의 날들에 대한 염려와 탄식이다.

v.12 욥 자신을 바다 또는 바다 괴물로 묘사한 이유는?

첫째로, 욥은 자신이 하나님의 직접적 공격을 받고 있는 것으로 상정하고 있기 때문이다. 구약성서의 창조 전승은 바다(ים: 얌) 또는 바다 괴물(תנין: 타닌, רהב: 라합)을 하나님의 창조 질서를 위협하는 무질서의 세력으로 규정하고 하나님의 치심으로 인해 잠잠하게 되는 존재로 규정하고 있다. 또한 그 혼돈의 세력은 하나님의 경계 정하심으로 갇혀 있게 되는데 언제든지 경계를 넘어서서 질서의 세계를 무너뜨릴 수 있는 위협적인 존재로서 부각된다.[59] 따라서 하나님께서 늘 "지키시는"(7:12b) 것으로 묘사된다.

둘째로, 하나님께서 마침내 폭풍우 가운데 응답하실 때 바다 괴물을 가리키는 리워야단(41:1)의 존재가 실제로 언급된다. 그리고 그 리워야단은 앞서서 나타난 베헤못(40:15)과 더불어 욥과 비견되는 존재들로서 등장한다.[60] 따라서 욥은 고통 가운데 자신을 바다와 같은 비극적이면서도 혹독한 하나님의 단속을 받는 존재로 비유하고 있으나 아이러니컬하게도 하나님의 음성을 통하여 뜻하지 않는 차원에서 욥 자신의 "바다" 됨을 듣게 된다.[61]

---

58 양자의 동사는(נחה 할당되다; מנה 작정되다) 둘 다 완료형임.

59 Jon D. Levenson, *Sinai and Zion: An Entry into the Jewish Bible*(New York: Harper Collins, 1985).

60 안근조, 『지혜 말씀으로 읽는 욥기』, 252-257.

61 이후, 하나님의 폭풍우 언설(욥 38-41장)에 대한 주석을 참조하시오!

v.21 "주께서 어찌하여 내 허물을 사하여 주지 아니하시며 내 죄악을 제거하여 버리지 아니하시나이까?" 욥의 범죄함 인정?

그렇지는 않다. 여기서는 단순한 가정으로 보아도 무방하다. 즉, 설사 죄를 지었다고 하여도 이렇듯 무지막지한 벌을 내리는 것에 대한 강변이다. '이 정도면 용서할 때도 되지 않았습니까?' '하물며 죄가 없는데도 이러한 재앙을 주시는 것은 있을 수 없는 일입니다!' 실제로 20절에서는 자신이 죄를 지었을 상황에 대한 가정을 담고 있다: "내가 범죄하였던들 주께 무슨 해가 되오리이까".

신학적 주제
하나님에 관하여

인간이 당하는 처절한 고통의 한가운데에서 하나님은 어떻게 느껴질까? 우리는 욥을 통하여 간접적인 경험을 하게 된다. 욥이 고백하듯 하나님은 화살을 쏘시고 독을 내시는 두려운 하나님으로 비쳐진다(6:4). 멸하시고 생명을 끊어버리시는 하나님으로 부각된다(6:9). 고통당하는 자를 대적자로 삼아 감시하고(7:12) 수시로 징계를 내리고 단련하며(7:18) 과녁으로 삼고 무거운 짐으로 삼으신다(7:20). 그러나 욥이 하나님에 대하여 가장 고통스럽게 묘사하는 장면은 바로 7:19이다: "주께서 내게서 눈을 돌이키지 아니하시며 내가 침을 삼킬 동안도 나를 놓지 아니하시기를 어느 때까지 하시리이까."

그런데 이렇게 고백할 수 있는 욥은 말 그대로 위대한 믿음의 사람이 아닐 수 없다. 하나님의 간섭과 징계가 "침을 삼키는" 그 짧은 순간에도 계속된다는 고백은 그만큼 욥은 삶 속에 일어나는 모든 일들을 하나님의 주관하심 안에 두고 있음을 증거한다. 만약에 고통으로 인하여 "하나님 없음"을 선포했다면 이러한 하나님의 중단 없는 임재의 현실에 대한 애가도 들리지 않았을 것이다.

사실 오늘 우리의 문제는 고통과 시련의 순간에도 이것이 하나님으로부터 온 것임을 인식하지 못하는 데 있다. 인간의 자율권이 가동되고 과학의 인과론이 부각되기만 했지 내 주변에 일어나는 정황 속에서 하나님의 뜻을 발견하는 데는 무디어져 있다.

욥이 고통 속에 표현한 하나님 고백은 여전히 살아계신 하나님의 주권에 대한 순종적 고백이다. 모든 것이 하나님의 손에 달려 있다. 좋은 것도 하나님께 받았으니, 나쁜 것 또한 하나님께 받는 것은(2:10) 지극히 당연한 이치다. 문제는 그 속에서 하나님의 섭리를 깨닫는 일이다.

만약에 욥이 자신이 만난 재앙들을 하나님이 아닌 다른 것에 원인을 돌렸다면 그의 탄식은 들리지 않았을 것이요, 지루한 친구들과의 대화도 있지 않았을 것이요, 결국 하나님의 폭풍우 언설도 듣지 못했을 것이다. 그러므로 욥의 탄식과 항변은 진정한 이유가 있고 가치가 있다. 모든 것이 하나님의 주권 하에 달려 있음을 인정하는 것이다. 동시에 더 나아가 그 고난의 건너편에 숨어 있는 하나님 섭리의 발견을 위한 몸부림이다. 새로운 하나님의 세계로 욥은 모험적인 여정을 벌써 시작한 것이다.

사람에 관하여

친구들은 미덥지 못한 이들로 부각된다. 반면에 욥은 하나님 이해를 위한 새로운 언어 찾기의 사람으로 부각된다. 먼저 친구들은 팔레스틴 지역의 개울(נחל: 와디)처럼 비가 올 때에는 잠깐 흘렀다가 해가 내리쬐면 금방 사라져버리는 변덕스럽고 신뢰할 수 없는 사람들이다. 사막을 지나 다니는 약대상들이나 데마[62]의 그룹이나 스바[63]의 행인들이 예전에 있었던 개울

---

[62] 아라비안 반도 북쪽에 위치한 오아시스 지역으로 메디나로부터 다마스커스로 향하는 길 중간에 위치한 무역 요충지이다. 구약성서에는 사 21:14과 렘 25:23에서 언급되어 있다.

[63] 아라비안 남서쪽에 위치한 더욱 잘 알려진 무역의 중심지로서 금이나 유향의 거래지로서 특히 유명하

을 기억하고 찾아오나 온데간데없이 사라져 버린 시냇물에 실망한다. 마찬가지로 욥이 이전에 함께 친밀하게 지내던 친구들이 이제 막상 그에게 타는 듯한 햇볕이 내리쬐듯 고통이 찾아올 때에는 그들에게 듣고 싶은 따뜻한 위로와 이해를 못 받는 심정을 욥은 비유적으로 탄식한다.

이와 같이 친구들의 미덥지 못함을 욥은 친구들이 동정(חסד: 헤세드)을 베풀지 않는 것으로 표현한다. 바위처럼 한결같이 그곳에 있어주는 친구가 필요한데 욥의 친구들은 불성실하였다. 이전에는 함께 즐기고 동행해 주었는데 정작 필요로 하는 시기가 찾아왔을 때에는 고통을 나누기는커녕 오히려 고통을 주는 쪽에 서서 무거운 짐만을 더해 주고 있다. 신실치 못한 사람들 간의 관계가 그렇다.

친구들로부터 소망이 없을 때 욥은 하나님께로 향한다. 그로부터 우리는 하나님에 대한 새로운 언어를 찾는 신앙자 인간의 모습을 읽는다. 욥은 자신이 "거룩하신 이의 말씀을 거역하지 아니하였음"(6:10)을 주장한다. "거역하다"는 כחד(카하드: 감추다, 희미하게 하다)라는 동사로서 "~을 숨기거나 헛되게 한다"는 의미가 있다. 즉 욥은 하나님을 부정하거나 신성 모독의 말과 행위는 전혀 없었음을 밝힌다. 그러나 그렇게 자신의 탄식이 친구들에게 비쳐진 것에 대하여 "나의 말이 경솔하였구나"(6:3b)라고 인정한다. 이후 6:24-26에서는 친구들과 상호 새로운 말로 소통할 것을 제안하고 있다. 그리고 6:30에서 자신의 말에 불의함도 없으며 속임 또한 없음을, 즉 옳지 않은 말이나 분별없이 떠든 일이 없음을 주장하면서 자신의 말의 통전성(integrity)을 강조한다. 이후 7:11에 이르러 자신이 새로운 언어를 추구할 수밖에 없음을 천명한다: "그런즉 내가 내 입을 금하지 아니하고 내 영혼의 아픔 때문에 말하며 내 마음의 괴로움 때문에 불평하리이

다. cf. 욥 1:15; 시 72:10, 15; 사 60:6; 렘 6:20; 겔 27:22-23, 38:13.

다". 욥은 말을 하지 않을 수 없다. 기존의 친구들의 말을 통해서는 자신의 실존적 경험을 이해할 수 없기 때문이다. 그러기에 욥은 아직은 정확히 모르지만 무언가 말을 해야만 한다. 새로운 언어를 찾는 길은 지금 욥에게는 구원에 이르는 길과 동일하다.

세계에 관하여

우리가 살고 있는 세계는 경험과 교리 사이의 괴리를 경험하는 현장이다. 욥 또한 하나님이 어떠한 분이고 그분 앞에 인간은 어찌할 수 없는 존재임을 잘 안다. 그럼에도 불구하고 세상의 현실 속에서 자신이 지금 당하는 고난은 분명히 자신이 익히 알고 있는 신앙적 고백과는 거리가 있다. 그러나 욥의 모순된 세계 경험은 그에게 새로운 도전을 주고 한 단계 도약하는 계기를 준다.

무엇보다도 이 세계는 기존의 전통적 언어에 머물러 있지 않는다. 항상 변화하는 세계는 이를 인식하는 자들의 새로운 언어로써 포착될 수밖에 없다. 따라서 욥의 불평이나 항변은 세계와의 관련성 상에서는 욥의 새로운 세계 이해의 통로이다. 기존의 신앙적 상투 언어를 넘어선 새 언어의 발견은 세계와의 새로운 만남으로의 초청이다. 지금, 욥은 무질서와 혼돈 가운데 모든 것이 파괴된 현장에서 새로운 꿈틀거림, 새로운 건설을 시작하고 있다. 새 언어로써 말이다. 급기야 그는 시편의 찬양시들과 마찬가지로 세계에 대한 새 노래를 부르게 될 것이다.

실천적 메시지: 탄식하지 않는 세대

오늘 우리는 탄식하지 않는 세대에 살고 있다. 기뻐할 때 기뻐하고 슬퍼할 때 슬퍼해야 하는데 애써 슬픔을 외면하고 있으며 탄식할 일을 합리화하려 하고 있다. 막상 눈앞에 이해할 수 없는 일이 닥치면 부지런히 자신의 방어 기제를 총동원하여 이해하고 정당화하려 한다. 물론 설명할 수 있는 모든 과학성과 논리성, 인과론과 사회 법칙을 가지고 해석하고 이해해야 할 것은 그렇게 해야 한다. 그러나 우리가 이해하려 하면 할수록 탄식의 기회를 놓친다. 그리고 탄식하지 않을수록 반대급부인 경탄의 순간도 줄어들게 된다.

무엇보다도 하나님의 주권을 인정하지 않는 것이 문제이다. 환경 생태계의 파괴는 아무리 많은 과학적 입장을 피력한다 해도 그 원인을 피조물의 세계와 함께 아파하지 않았던 인간의 무감각성에 둘 수밖에 없기 때문이다.

욥은 지금 자신에게 닥쳐 온 모든 종류의 환난을 있는 그대로 받아 아파하고 동시에 있는 그대로 표현하며 발산한다: 때로는 탄식으로 때로는 항변으로 때로는 불평으로. 그리고 그의 부르짖음의 기저에는 모든 것의 주인이 되시는 하나님의 섭리에 대한 대전제가 놓여 있다. 복도 화도 하나님께 달려 있으며 세상에 일어나는 일은 우연이란 없다는 것이다. 철저히 현실의 지평 위에 서서 함께 슬퍼하며 함께 기뻐하면서, 생사화복 모두를 하나님의 주권으로 인정하는 고백이 이루어질 때 우리는 비로소 우리 시대의 새로운 하나님 경험을 하게 될 것이다.

마무리

욥은 처음부터 끝까지 자신의 실존적 경험이 우선시된다: "나의 괴로움," "나의 파멸"(6:2). 피부로 와닿은 현실에서의 신앙적 부르짖음이 생생히 기록되어 있기에 욥기서는 경험을 계시의 수단으로 중시하는 지혜 전승의 전형적 문학 형태와 내용을 담고 있다. 그러나 우리는 본문의 연구를 통해서 욥기서가 단지 기존의 문학 형태만을 붙들고 있지 않음을 관찰할 수 있었다. 기존의 표현을 넘어가기도 한다. 뒤틀기나 전복 또는 반전을 통하여 새로운 표현의 극적 효과를 얻기도 한다.[64]

   이와 같은 현상은 단지 문학적인 형태에서만 일어나는 것이 아니다. 문학적인 내용에서도 일어난다. 특히, 욥기서에서 다루는 인과응보 교리에 대한 도전과 응답은 지혜서 일반, 그리고 특별히 욥기에서 기존의 신앙 고백이 대답해 줄 수 없는 새로운 상황에 대한 폭넓은 이해를 촉발한다. 그리고 그 내용에 있어서 최대 관심사는 하나님의 세상 섭리 곧 신정론에 대한 주제이다. 욥의 새로운 언어 찾기는 바로 하나님의 세상 다스리심이 어떻게 이 땅 위에 펼쳐지는가를 깨닫기 위한 첫 번째 발걸음으로 의미 있다고 할 것이다.

---

64 예를 들어, 시 8:4과 욥 7:17.

Sapiential Interpretation of the Book of Job

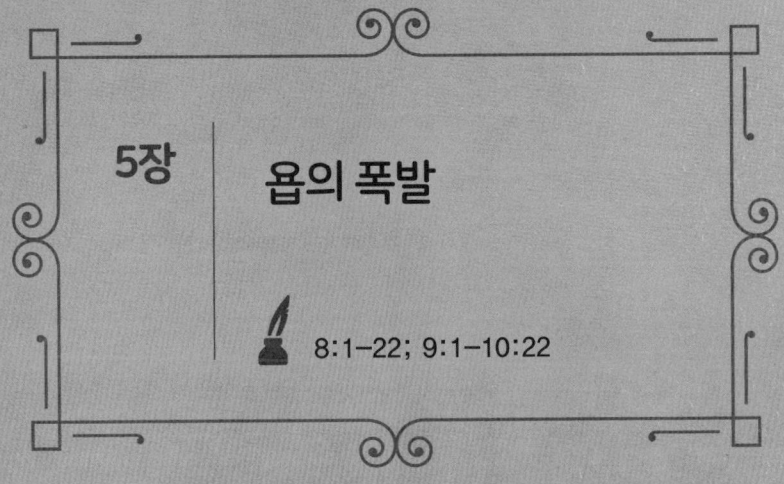

5장 | 욥의 폭발

8:1-22; 9:1-10:22

빌닷의 정죄와 욥의 변론

빌닷의 첫 번째 발언은 앞선 엘리바스와는 여러 측면에서 차이가 있다. 무엇보다도 빌닷은 직선적이다. 엘리바스의 경우에는 인과응보 교리를 간접적으로 욥에게 적용하였지만(4:7-11) 빌닷은 직접적으로 욥의 심장을 후벼파는 언급을 한다: "네 자녀들이 주께 죄를 지었으므로 주께서 그들을 그 죄에 버려두셨나니"(8:4). 욥이 지금 당하는 상황은 정의의 하나님께서 응당 내리시는 대가라고 주장하고 있다(8:3). 둘째, 인과응보 교리를 자연 세계의 현상을 통하여 전개하는 것이 특이하다. 8:11 이하에 보면 왕골이나 갈대와 같은 식물이 물이 없는 곳에서 자랄 수 없음을 언급하면서 자연의 이치와 똑같이 인간 사회에서도 이유 없는 결과가 없음을 강조한다. 또한 악인에 대해서도 거미줄에 의지하는 자와 같다고 말한다(8:14). 빌닷은 당시의 현자 가운데에서도 자연 현상에 정통한 자로서 그려지고 있다. 셋째, 무엇보다도 빌닷은 선인과 악인에 대한 분명한 대조를 강조한다. 엘리바스의 경우, 악인의 결국과 보편적 인간의 유한함, 그리고 징계받는 자의 유익 등 일반론을 담담히 펴고 있지만 빌닷은 전형적인 선악의 대조로써 자신의 논리를 날카롭게 진행하였다: "하나님은 순전한 사람을 버리지 아니하시고 악한 자를 붙들어 주지 아니하시므로"(8:20).[65] 끝으로, 빌닷은 자신의 주장의 근거를 조상들의 지혜 전통에 둔다. 이로써 자신을 지혜자들의 전통을 충실히 따르는 대변자로서 부각시킨다.

물론, 엘리바스와 빌닷의 유사점 또한 발견된다. 악인의 결국을 선포하면서 동시에 회개를 촉구하는 방식은 후에 나오는 소발의 경우까지 포함하여 세 친구들의 일관적인 논리전개이다. 또한 양자의 언설 마무리는 전통적 구원의 하나님에 대한 약속/소망 제시가 나타난다(5:18-27; 8:20-22). 그러나 친구들의 한계는 계속해서 지적되듯이 인과응보 교리에 갇혀있다는 것이요 그 결과 그들이 의도했든 의도하지 않았든 고통 속에 있는 욥을 정죄하는 상황으로 치달을 수밖에 없다는 사실이다.

빌닷의 정죄함에 대하여 욥은 9장에서 조목조목 반박하고 있다. 첫째, 욥의 가정에 내려진 혹독한 정죄와 심판에 대하여 욥 자신은 여전히 온전하고 죄가 없음을 분명히 하고 있다(9:20-21).[66] 둘째, 자연 현상을 이용한 빌닷의 고발에 대하여 욥은 자연 세계의 창조자요 운행자인 하나님의 본성을 힘찬 필치로 그려낸다(9:5-10). 하나님의 창조 질서와 섭리에 능통한 자는 정작 빌닷이 아니라 자신임을 분명히 하고 있다.[67] 더군다나 어머니의 태로부터 태아가 조성되는 장면의 묘사(10:8-12)는 오늘날 과학이 발달한 세계에서도 따를 수 없는 뛰어난 객관적 관찰에 따른 표현임을 부인할 수

---

65 의인: 5-7, 20a, 21절; 악인: 13-15, 20b, 22.

66 "가령 내가 의로울지라도 내 입이 나를 정죄하리니 가령 내가 온전할지라도 나를 정죄하시리라 나는 온전하다마는 내가 나를 돌아보지 아니하고 내 생명을 천히 여기는구나."

67 실제로 욥기 전체에서 자연 세계에 대한 객관적 관찰의 중요성이 인간 세계에 매몰된 주관적이고 편협한 관점과 대조되어 부각된다. 특별히, 하나님의 폭풍우 언설에서 가장 많이 강조되는 메시지는 하나님께서 창조하신 자연 세계 그대로에 대한 존중이다.

없다. 셋째, 빌닷의 전형적인 선인-악인의 대결 구도에 대하여 욥은 하나님께서 뜻하신다면 의인이나 악인이나 다 하나같이 멸망하고 만다고 응대한다(9:22). 심지어는 아무리 선한 자라도 갑작스레 닥쳐오는 재난 앞에서는 오히려 그가 지켜왔던 의로움이 무색해지고 결국 절망으로 변화될 수밖에 없는 것이 인간사의 이치임을 지적하고 있다(9:23). 오히려 작금의 세상사가 악인의 손에 넘겨졌고 부정한 재판관이 심판하는 현실이 되었음을 고발하면서 이와 같이 된 것 또한 하나님의 허락하신 바가 아니면 무엇인가(9:24)라고 반문한다. 지금 욥은 하나님의 부정의를 이야기하는 것이 아니다. 빌닷이 화두로 꺼냈던 하나님께서 당신의 "정의"와 "공의"를 굽게 하실 수 없음(8:3)에 대한 안티테제이다. 우리가 보기에 정의이든 부정의이든 간에 하나님의 주권 앞에서는 우리는 묵묵히 그의 섭리를 쫓을 수밖에 없다는 이야기다.

그러나 욥은 여기서 그치지 아니하고 한 발 더 나아가려 한다. 그렇게 섭리하시는 하나님 앞에 자신의 무고함을 변론하고자 한다. 이는 10장에 가서 이루어진다. 도대체 무엇 때문에 하나님께서 자신을 정죄하시는지(10:2), 왜 전능하신 분께서 무익한 인간의 죄를 들추어내려 하시는지(10:4-6), 그러실 바에는 왜 태에서 출생하게 하셨는지(10:18-19).

어떤 면에서 빌닷의 신랄한 비판과 정죄는 욥으로 하여금 하나님 앞에서 자신을 정죄하심에 대한 본격적 항변의 물꼬를 튼 사건으로 볼 수 있다. 앞서 엘리바스의 점잖은 충고는 욥에게 새로운 언어의 필요성을 자각케 하였다. 그러나 그렇게 긴급하지 않았다. 하지만 빌닷의 심판적 선포에 직면하게 될 때 욥은 참을 수 없게 되었다. 그리고는 새로운 언어의 발견을 통해 자신의 무고함에 대한 주장이 폭발한다. 욥이 획득했던 새로운 용어는 바로 법정 용어이다. 본문 10장은 전무후무한 사람과 하나님 사이의 법정 공방이 본격적으로 시작되고 있는 장이다: "내가 하나님께 아뢰오리니 나를 정죄하지 마시옵고 무슨 까닭으로 나와 더불어 변론하시는지 내게 알게 하옵소서"(10:2).

본문 연구 8:1-22; 9:1-10:22

발견적 질문하기

[8:1-22]
v.11 속담의 의미? "왕골이 진펄 아닌 데서 크게 자라겠으며 갈대가 물 없는 데서 크게 자라겠느냐? 지금 욥의 상황과 무슨 연관이 있는가?

[9:1-35]
vv.2-4 하나님과 인간의 질적 차이를 강조하는 친구들의 논조와 그 맥을 같이한다. 왜 욥은 본인이 하나님 앞에 의롭다 주장하고 있으면서 이 사실을 받아들이는 것처럼 들리는가? 욥은 지금 친구들의 의견에 동조하는가?
v.13 "라합을 돕는 자들"은?
v.17a "그가 폭풍으로 나를 치시고"에서의 폭풍과 후에 38장에서 나오는 폭풍 가운데 나타나신 하나님의 계시 사건과의 관계성은?
vv.34-35a 35a절의 "두려움 없이 말하리라"의 전제가 34절의 주의 막대기와 위엄을 제거하는 것으로 나오는 의미는?
v.35b "나는 본래 그렇게 할 수 있는 자가 아니니라"의 번역은 분명치 않다. 무엇을 의미하는가?

[10:1-22]

v.17 "주께서 자주자주 증거하는 자를 바꾸어 나를 치시며"?

v.21 "내가 돌아오지 못할 땅 곧 어둡고 죽음의 그늘진 땅으로 가기 전에 그리하옵소서"에서 음부의 세계에 대한 욥의 관점 변화는?

본문 구조
8:1 설화자
2   빌닷의 도입 – "언제까지 이런 말을 하겠느냐?"
3-7 하나님의 정의와 인과응보
8-10 주장의 근거: 조상들의 경험 & 인간 지식의 빈약성
11-15 하나님을 잊고 불신하는 자의 운명; 인과응보
16-19 인생무상; 절대강자 없음
20-22 전통적 하나님 고백[68]

빌닷은 먼저 하나님에 대하여 언급하며(3-7), 둘째로 인간에 대하여(9), 셋째로, 인과응보에 대하여(11-12) 이야기한다. 이는 앞서 엘리바스의 경우에도 마찬가지이다.[69]

9:1 설화자
2-4 욥의 응답 도입부 – 칭의: **"사람이 하나님 앞에 어떻게 의롭다 함을 얻겠느냐?"**

---

[68] 엘리바스의 언설 마무리도 하나님에 대한 전통적 고백 – 유사점.

[69] cf. 엘리바스의 첫 번째 언설: 하나님에 대하여-만물의 질서 유지자(5:8-16); 인간에 대하여-고난을 타고난 자 (5:2-7); 인과응보-죄가 있어 이런 고통을 당하는 것 아닌가?(4:7-11)

5-13 칭의를 얻을 수 없는 형편에 대한 탄식[70]
   5-10 하나님 행사의 위대하심(만물을 측량할 수 없게 치리하심)
   5-7 역창조 - **무질서와 혼돈**
   8-10 순창조 - **질서와 기이한 일**
   11-13 하나님의 전지와 인간의 무지로 인한 욥의 실망, 탄식[71]
14-24 하나님과의 대화 또는 법정 공방(litigation)의 불가능성에 대한 탄식[72]
25-31 욥의 독백: 무상함과 소망의 교차
32-35 **법정 공방에 대한 가능성 재타진**[73]

10:1-7 하나님께 항변 - 실제 법정 공방; 무슨 까닭으로 나와 더불어 변론하시는지 내게 알게 하옵소서(2b), 주께서는 내가 악하지 않은 줄을 아시나이다(7a)
   8-17 하나님을 고소함의 근거
   8-12 나를 만들어 놓으시고는
   13-17 사실상 나를 감시하고 헤치려 하십니다
   18-22 소송의 마무리 탄원 - 그치시고 나를 그대로 놔주소서

---

70 결국, 하나님 앞에 자신이 의로움을 표현하는 새로운 언어의 발견에 대한 노력의 어려움과 불가능성.
71 무질서/혼돈을 설명할 수 없기에.
72 마찬가지로 새로운 언어를 발견하는데 따르는 어려움(새 언어 = 새 이해 = 새 세상).
73 그러나 부적함을 안다. 왜냐하면 1)하나님이 나와 같은 사람 아님; 2)중재할 이 없음(하나님은 피고이면서 동시에 재판관이시기에)…, 그럼에도 불구하고 마침내는 피함을 역설(35절) – "이제 내가 말하겠다. 나는 그를 두려워하지 않겠다. 왜냐하면 내 안에는(나 자신은) 두려워할 이유가 없기 때문이다"(필자직역) cf. "that I might speak without being afraid of him. Since this is not the case with me" (*NAB*); 클라인스는 감히 본 절이 하나님과의 법정 공방에 대한 가능성을 언급하는 부분으로 본다: David J. A. Clines, *Job 1-20*, 220.

새로운 언어를 찾으려는 욥의 노력이 8-10장에 이르러 전무후무한 법정 공방의 상황으로 치닫고 있음을 확인할 수 있다. 이는 곧 하나님 앞에 의로움을 증명키 위한 방법을 찾는 과정이다.[74] 빌닷의 정죄함이 촉발점이 되어 욥은 사법적 용어를 빌려오기에 이르렀고 법정 용어의 발견은 그에게 자신의 불평과 항변을 담아낼 수 있는 도구를 제공해 줄 수 있었다. 따라서 이를 통하여 그의 마음은 폭발한다. 중심에 쌓였던 불만과 갈등을 쏟아내기 시작한 것이다. 그의 요지는 두 가지이다. 하나님에 대한 물음(10:2)과 자신에 대한 물음이다(10:7).

질문에 답하기-주석

[8:1-22]

v.11 *"왕골이 진펄 아닌 데서 크게 자라겠으며 갈대가 물 없는 데서 크게 자라겠느냐"? 속담의 의미는?*

이는 인과 관계를 밝히는 속담이다. 그렇다면 12-13절과 함께 욥을 식물로 비유하여 금방 시든 이유는 욥이 하나님을 의지하지 않았기에(13절의 "하나님을 잊어버리는 자"[75]와 "저속한 자"[76]) 물이 공급되지 않는 식물처럼 말라버렸다는 주장이다. 곧 인과응보적 결과를 강조하고 있다.

---

74 하나님 앞에서의 의로움. 이는 어떻게 보면 모든 신앙인들의 관심사 아닌가? 곧 "하나님의 뜻"을 깨닫는 차원과 통한다. 고통의 한 가운데에서 새로운 언어의 발견은 도리어 궁극적인 신앙의 핵심문제와 잇닿고 있다.

75 שכח: 샤카흐 "to forget God" – 단지 기억 못함이 아니라 '하나님이 없는 것처럼' 사는 사람을 일컫는다.

76 חנף: 하네프 "profane, irreligious, godless" – 비종교적이고 경건치 않은 자로서 이 또한 '하나님이 없는 것처럼' 사는 자를 말한다.

[9:1-10:22]

vv.2-4 하나님과 인간의 질적 차이를 강조하는 친구들의 논조와 그 맥을 같이한다. 욥은 지금 친구들의 의견에 동조하는가?

그렇지 않다. 일단 반어적인 표현으로 이해할 수 있다. 즉 '의롭다 주장할 수 있겠느냐?'라고 하면서 동시에 역설적으로 그럼에도 불구하고 욥 자신은 하나님 앞에 자신의 의로움을 주장하겠다는 취지가 담겨 있다. 그러나 의로움의 주장 불가능성과 또한 하나님의 전지전능성(5-10절), 그리고 계속되는 하나님 앞에서의 인간 불평의 불가능성(11-16절)은 욥에게 더욱 크나큰 탄식과 절망을 가져다준다. 전통적인 신앙 안에서 도저히 용납될 수 없는 하나님 앞에서의 자신의 무고함 주장을 욥은 감히 실행한다. 하나님과의 관계에서 새로운 법정 소송의 언어 도입이 이를 가능케 한다(10장 이후).

v.13 "라합을 돕는 자들"?

라합(רהב)은 혼돈을 상징하는 괴물로서 리워야단과 대동소이한 존재이다. 라합이 돕는 자들을 동반하고 있다는 사실은 마치 고대 메소포타미아의 창조 신화에서 혼돈의 신인 티아맛(Tiamat)이 돕는 무리들과 연합하고 있는 장면을 연상케 한다. 하나님께 대항한 궁극적 적대자인 혼돈의 전체 세력 또한 하나님의 권세 아래에 굴복한다는 의미를 내포한다. 흥미로운 것은 앞선 7장에서 욥이 자신에 대하여 "바다" 또는 "바다 괴물"로서 지칭한 것과 관련하여 본문에서는 자신을 라합을 돕는 혼돈의 세력과 비교하고 있다.

v.17a "그가 폭풍으로 나를 치시고"에서의 폭풍과 하나님의 응답 (38장)에서의 폭풍과의 관련성은?

먼저 17a절의 번역은 개역개정과 더불어 개역성경이 바람직하다("그가 폭풍으로 나를 꺾으시고"). 그러나 표준새번역의 번역은("그분께서 한 오라기만한 하찮은 일로도 나를 이렇게 짓눌러 부수시고") 문제가 있다. 욥이 한창 자신의 무고함을 항변하려는 무대에서 반대로 자신의 죄악을 조금이나마 인정하고 있는 것으로 여겨지기 때문에 그렇다. 본문의 맥락상 그는 이유 없이 하나님의 정죄함(꺾으심, 치심)을 받은 것이다(20-21).[77]

여기에서 폭풍으로 하나님께서 욥을 치시고 계신다는 표현은 흥미롭다. 왜냐하면 이 "꺾으시는" 폭풍(שׂערה) 모티프가 오히려 하나님께서 등장하시는 38장에서는 "계시하시는" 폭풍우(סערה)로 역전되어 사용되고 있기 때문이다. 욥기에서 자주 등장하는 중심 표현의 반전(twist) 또는 역전(reversal)의 대표적인 예이다. 하나님께서는 욥을 סערה(세아라) 폭풍으로 '짓눌러 부수신' 것이 아니다. 오히려 그를 '높이 올려' 세상 만물을 다 보여주신다(38-39장). 우리의 고통은 우리를 좌절시킨다. 그러나 포기하지 않는 자는 마침내 그 고통으로 인하여 고양된다.

vv. 34-35a "두려움 없이 말하리라"의 전제로서 막대기와 위엄을 제거하는 의미는?

하나님께 대한 두려움을 상징하는 단어들이다. 13:21에서도 비슷한 구절이 나온다: "곧 주의 손을 내게 대지 마시오며 주의 위엄으로 나를 두렵게 하지 마실 것이니이다." 이 가운데 "위엄"이라는 단어는 양절에서 אימה (에이마: 두려움, 위엄)로서 동일하다. 두 구절이 사용된 문맥을 파악하면 욥

---

[77] cf. NIV Job 9:17 He would crush me with a storm and multiply my wounds for no reason.
NRS For he crushes me with a tempest, and multiplies my wounds without cause;
RSV For he crushes me with a tempest, and multiplies my wounds without cause;
TNK For He crushes me for a hair; He wounds me much for no cause.

이 하나님에게 직접적으로 대면하듯 대화하며 법정 공방을 벌일 수 있는 상황을 위한 준비 단계에서의 언급이다. 따라서 부정하고 죄된 인간이 감히 하나님 앞에 설 수 없으나 단 두 가지 곧 하나님의 막대기와 위엄을 제거해 주신다면 하나님 앞에 서서 자신의 변론을 진행할 수 있으리라는 욥의 바람이 담겨 있다.

v. 35b *"나는 본래 그렇게 할 수 있는 자가 아니니라"*의 번역?

35a절에서 "그리하시면 내가 두려움 없이 말하리라" 언급하면서 신-인 법정 공방을 선포하고 있다. 그러나 35b절은 자신이 본래는 감히 하나님 앞에서 감히 설 수 없는 존재임을 고백하는 장면으로 볼 수 있다. 본문의 히브리어 원문은 다음과 같이 되어 있다:

כי לא־כן אנכי עמדי   왜냐하면 나 자신은 본래 그렇지 않기 때문이다(사역)[78]

문맥과 관련하여 가장 적합한 표현이 NEB의 번역이다: I am not what I am thought to be(내가 생각했던 나 자신이 아니다). 즉, 이전의 자신의 모습으로는 감히 생각할 수 없었던 새로운 자기 존재성의 발견이다. 이제 욥은 두려움 없이 말할 것이다. 왜냐하면 그는 더 이상 옛날의 욥이 아니기 때문이다. **욥은 두려움 없이 하나님 앞에 말할 것을 선포하고 있다.** 사실상, 그 바로 다음에 시작하는 10장은 내내 욥이 하나님을 감히 피고로 제소하는 법정 공방이다!

---

78 cf. NIV but as it now stands with me, I cannot.
　　NKJ But it is not so with me.
　　NRS for I know I am not what I am thought to be.
　　RSV for I am not so in myself.
　　TNK For I know myself not to be so.

[10:1-22]
v.17 "주께서 자주자주 증거하는 자를 바꾸어 나를 치시며"?

친구들의 고발과 비판을 이야기하기보다는 직접적으로 하나님의 고통을 주는 상황에 대한 탄식으로 볼 수 있다.[79] 욥이 자신의 의로움에 대한 생각을 하면 할수록 끝이 없어 보이는 그의 고통의 상황과 불안들이 하나님의 계속된 공격으로 욥에게 비쳐지는 상황을 묘사하고 있다.[80]

v.21 "내가 돌아오지 못할 땅 곧 어둡고 죽음의 그늘진 땅으로 가기 전에 그리하옵소서"에서 음부의 세계에 대한 욥의 관점 변화는?

6장에서 엘리바스에 대한 욥의 응답에서는(6:8-10) 죽음 또는 스올의 세계가 그의 소망으로 나타났다. 그러나 본문인 빌닷에 대한 응답에서는 스올로 가기 전에 구원해 주십사 하는 간구로 바뀐다! 그의 죽음에 대한 개념의 변화는 왜 일어났을까? 그것은 그가 본문에 이르러 자신의 항변을 담아낼 수 있는 용어를 발견했기 때문이다. 곧 법정 용어라는 용기를 통하여 자신의 불평과 탄식을 담아낼 수 있게 되었기에 삶에 대한 그의 소망은 자포자기 상태(생일 저주, 자살 간구)에서 점차로 회복되고 있음을 감지할 수 있다.

[부록] 욥의 엘리바스에 대한 대답과 빌닷에 대한 대답의 차이점:

1) 스올/죽음에 대한 이해가 달리 나타난다. 첫 번째 응답에서는(6:8-10) 죽음이 그의 소망이다(cf. 3장에서는 오히려 스올이 이상향![3:17-19]). 그러나 두번째 응답에서는 스올로 가기 전에 구원해 주십사 하는 간구로 바뀐다 (10:20-22). 이는 욥의 언어의 변화로 인한 영향으로 볼 수 있다.

2) 뿐만 아니라 처음으로 탄식과 항변 가운데에서도 소망의 외침이 등

---

79 Carol Newsom, *The Book of Job*, 415.
80 David J. A. Clines, *Job 1-20*, 250.

장한다(9:28b[81]). 점차로 고통의 언어를 지나 희망의 언어를 찾아가고 있는 증거이다.

3) 인과응보에 대한 욥의 견해도 틀려졌다. 처음 엘리바스에게 응답할 때에는 기존의 인과설에 근거한 항변을 했으나(6:5-7; 7:20-21) 빌닷에게 응답하는 장면에서는 이미 인과응보의 교리를 떠나서 하나님의 자유하심을 언급한다!(9:5-13)[82] **질서도 무질서도 하나님 앞에서는 의미 없는 것이다! 그것은 우리에게 알려질 수도 측량될 수도 없음을 관조한다.**

4) 구체적인 의사소통의 언어로서 법정 용어를 발견하고 이를 통해 자신의 심정을 토로하기 시작하였다(10장).

신학적 주제

하나님에 관하여

과연 하나님은 의인이나 악인이나 구별 없이 한가지로 심판하시는가(9:22)? 최소한 또 다른 지혜 전승인 전도서에서는 그러하다고 대답한다(전 2:12-17).[83] 그러나 욥이 9장 3-24절에서 이야기하고 있는 것은 하나님의 자유하심이다. 그는 질서와 무질서 또는 선과 악을 뛰어넘는 분이다. 왜냐하면 선과 악의 구별은 인간의 임의적인 도해요 법칙에 불과하기 때문이다. 하나님은 이 모든 것 위에 계신 분이다. 아닌게 아니라 38장 이후에 나오는 하나님의 폭풍우 언설의 주제 가운데 하나도 인위적인 인과응보의

---

81 "그러나 주님께서 나를 죄없다 여기지 않으실 것임을 압니다!"

82 물론, 여전히 인과응보적인 전제가 혼재하고 있다. ex. 9:21 "비록 내가 흠이 없다고 하더라도 그분께서 나를 틀렸다고 하실것이다 비록 내가 흠이 없다고 하더라도 나도 나 자신을 잘 모르겠고 다만, 산다는 것이 싫을 뿐이다."

83 ex. "지혜자는 그의 눈이 그의 머리 속에 있고 우매자는 어둠 속에 다니지만 그들 모두가 당하는 일이 모두 같으리라는 것을 나도 깨달아 알았도다 내가 내 마음속으로 이르기를 우매자가 당한 것을 나도 당하리니 내게 지혜가 있었다 한들 내게 무슨 유익이 있으리요 하였도다 이에 내가 내 마음속으로 이르기를 이것도 헛되도다 하였도다"(2:14-15).

교리로부터 자유한 하나님의 창조 세계의 재발견이다. 체바트의 견해에 의하면 인간의 현실은 인과응보론에 따른 "정의(justice)"와 "불의(injustice)"의 이중 구조가 아니라, "정의-불의"와 "무정의(non-justice)"의 이중 구조로 되어있음을 욥기는 알려준다는 것이다.[84] 빌닷의 정죄함에 대하여 대답하고 있는 욥은 이미 하나님 이해에 있어서 친구들보다는 성숙된 관념을 드러내고 있음을 확인할 수 있다.

사람에 관하여

본문은 두 가지 인간의 문제를 던져준다. 첫째, 인간이 칭의를 얻을 수 없는 이유는 무엇인가에 대한 것이다(9:5-13). 중요한 이유는 사람의 유한성이나 죄성이 아니라 하나님의 측량할 수 없는 세상 섭리 때문이라는 것이다. 반면에 친구들은 인간의 유한성 또는 죄성으로 이야기하였다. 하나님은 '아무도 모르는 사이'에 무질서도('누구에게 도움을 받지도 않으시고'/'홀로') 질서도 마음대로(9:5-7;8-10) 창조하시는 분이다. 그러기에 하나님께서 내 곁을 지나가신다 해도 볼 수 없고 알 수도 없음을 고백한다(9:11). 바로 하나님의 자유하심(9:12)이다. 하나님의 진노 앞에서는 무질서(라합)도 굴복(9:13)[85]할 수밖에 없는 것이다. 하나님의 주권적 섭리만 있을 뿐이다. 그러나 바로 이 사실로 인하여 욥의 탄식은 그 깊이와 무게를 더할 수밖에 없었다. 결국 그로 하여금 거침없는 자기 의로움을 토할 수밖에 없게 한 것이다.

---

84 Matitiahu Tsevat, "The Meaning of the Book of Job," *Hebrew Union College Annual* 37(1966): 100, 105.

85 이미 하나님의 개념을 모든 질서와 무질서의 인간적인 교리적인 개념을 초월하여 이야기하고 있다! 이것은 첫 번째 욥의 엘리바스와의 대답과는 달라진 점: 욥은 여전히 친구들과 같은 인과응보설에 위치해 있었으나(6:5-7, 7:20-21; 7장의 탄식은 욥이 죄를 실제로 지었다기보다는 기존의 인과응보 이론을 전제로 하여 지금 자신이 당한 고난이 죄의 결과임을 상정하고 있기에 이런 탄식이 나타남) 지금은 그 기본적 교리로부터 이탈하는 과정 중에 있음을 보여줌!

둘째, 우리는 욥처럼 우리의 의로움을 주장하기 위해 그렇게 과감한 새로운 용어/메타포(10장의 신-인 법정 공방)까지 만들어 내는 것을 정당화할 수 있는가의 문제이다. 그렇다면 신론의 진지성과 일관성은 어떻게 견지될 수 있는가? 한 가지 욥을 통해 알 수 있는 것은 그가 그렇게 탈출구를 마련하여 새로운 언어로써 조금씩 희망으로 나아올 수 있었다는 사실이다.[86] 반면에 기존의 신론은 깨질 수밖에 없었다. 신성 모독과 같은 발언으로 인하여 친구들은 가만히 있을 수 없었다(신앙의 보존과 개혁의 문제). 중요한 것은 우리 신학하기의 핵심에는 메타포가 있다는 사실이다. 그 누가 하나님에 대하여 직접적으로 이야기할 수 있는가? 우리가 이야기하는 신학 곧 하나님에 대한 담론은 모두가 다 비유임을 기억해야 한다.[87] 예를 들어, 우리는 하나님을 "아버지", "어머니", "바위", "요새", "사랑", "긍휼", "정의", "선하심" 등으로 표현한다. 욥의 울타리 해체를 통한 심각한 고통의 상황은 그의 하나님 용어(God-talk)를 변화시켰다. 인간의 삶의 정황이 하나님을 바라보는 관점을 변화시킨다. 우리의 신학함의 과제를 우리는 이곳에서 발견한다.

하나님의 주권적 섭리 앞에 서 있는 인간의 과감한 새로운 하나님 이야기가 욥기의 기저에 깔려 있다. 구띠에레즈의 표현대로 실존적 삶의 치열한 하나님 이야기는 이제 우리 자신을 새롭게 발견케 한다. 욥의 고통문제의 해결의 실마리는 바로 인간 자신의 발견이다. 그 발견의 시작이 바로 새로운 언어 찾기, 새로운 메타포의 개척이다.

세계에 관하여

욥은 세상에서 악인의 득세를 목도하며 고발하고 있다. 9:22-24은 선

---

86 죽음에 대한 이해 바뀜(10:20-22); 소망의 외침(9:28); 하나님의 자유하심 발견(9:5-13).
87 Carol A. Newsom, *The Book of Job*, 416.

인이나 악인이나 하나님 앞에서는 다 한가지로 뜻하신 바 아래에서 멸망할 수밖에 없음을 이야기한다. 세상이 악인의 손에 넘어갔으며 재판관의 얼굴도 가리워졌음을 지적한다. 10:3에서 욥은 심지어 하나님께서는 당신의 지으신 것을 학대하며 악인의 꾀대로 놔두고 계신다고까지 주장하기에 이른다. 9장 전반부에서 창조자 하나님에 의해 아름답고 위엄있게 창조된 세계(9:5-10)에 대한 모습과는 판이한 혼돈의 세상이 소개된다. 그러나 두 가지 묘사는 다 맞다. 지금 욥은 자신의 고통의 상황 속에서 두 가지 역설적인 세계에 대한 묵상을 하고 있는 것이다. 그리고 그 중심에는 하나님에 대한 이해가 담겨 있다. 곧 하나님의 자유하심이 질서의 세계도 무질서의 세계도 가능케 하신다는 것이다. 하나님의 전적인 섭리하에 놓여진 세계에 대한 이해이다. 욥의 고난은 세계에 대한 이해의 지평을 확대해 주고 있음을 알 수 있다.

실천적 메시지: 삶의 부정성에 대한 수용

우리는 과연 하나님 앞에서 우리의 사정을 솔직하게 아뢸 수 있는가? 그렇다. 그러나 교리적 한계와 관습적 종교성이 감히 하나님 앞에 나아가는 것을 막는다. 그러나 신앙인들은 항상 하나님께 말하고 싶은 것이 있다. 특히, 신앙과 현실의 모순을 경험하는 현장에서는 더욱 그렇다. 욥은 우리에게 진솔한 항변의 모습을 보여준다. 그러나 그 모습은 불신앙이 아니라 신앙의 진지함과 정직함이다. 그리고 신앙의 천재성이다. 왜냐하면 이제껏 넘어설 수 없었던 신앙의 경계를 넘어서는 새로운 언어를 발견하고 있기 때문이다. 그 언어를 통하여 더욱 친밀하고 성숙한 하나님 만남의 장을 열 수 있었다.

그 출발점은 욥의 삶의 부정성(negativity)[88] 수용이다. 시편의 탄식자들이 있는 그대로의 자신의 삶의 문제와 고통을 하나님께 아뢰었다. 심지어는 원수에 대한 분노와 보복, 저주를 퍼붓기까지 한다. 맥칸은 이러한 솔직한 현실의 모습 그대로의 표현이 오히려 삶을 온전히 하나님께 내어 드리는 진솔한 신앙의 표식으로 받아들인다.[89] 욥의 신-인 법정 공방은 욥의 불신앙적 항변이나 행위가 아니다. 도리어 하나님만을 붙들고 그분만이 해결하실 수 있는 주 되심에 대한 몸부림이다.

우리의 삶에서 일어나는 문제들 앞에 우리는 어떤 태도를 취하는가? 하나님 앞에 부르짖기보다는 차라리 사람들을 찾고 현실적 해결 수단을 모색하지 않는가? 이런 구체적 현실 문제에는 신앙이 아무런 힘이 없고 거룩한 하나님께서 지극히 현실적 문제에까지 간섭하지 않으시리라 간주하는 우리의 모습을 돌아보게 된다. 시편의 탄식자는, 그리고 우리의 주인공 욥은 현실적 문제들, 그리고 더 나아가 가장 극심한 인간 고통의 뿌리를 하나님께 내어드린 자들이다. 그리고 하나님의 구원을 결국에는 경험한 자들이다. 어쩌면, 우리의 매일의 삶 속에서의 구원 경험의 부재는 우리 자신의 너무도 "순종적인" 종교생활로 인함이 아닐까?

마무리

욥의 새로운 언어의 발견은 두 가지 시사점을 우리에게 선사한다. 하나는 그의 끊임없이 묻는 신앙의 용기이다. 그리고 그 용기를 이끌었던 것은 그의 신앙적 통전성에 대한 확신이다(9:21의 온전성; 9:27의 원통함). 또 다른

88　Walter Brueggemann, *The Message of the Psalms*, 52.
89　J. 클린튼 맥칸, 『새로운 시편 여행』, 김영일 옮김(서울: 은성, 2000), 172.

하나는 새로운 소망이다. 죽음에 대한 그의 입장이 달라졌음을 볼 수 있었다(10:21). 또한 하나님의 무죄 선고에 대한 확신을 혼돈의 상황 속에서도 선포할 수 있었다(9:28). 욥의 새로운 언어의 여정이 계속되어 갈수록 이제 그의 소망 또한 계속해서 분명해져 감을 확인할 수 있을 것이다. 신학함(God-talk)의 중요성이다.

Sapiential Interpretation of the Book of Job

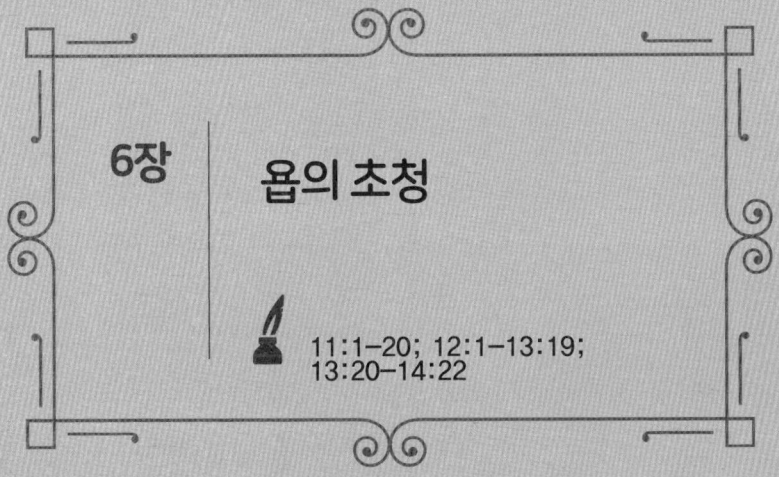

6장 | 욥의 초청

11:1-20; 12:1-13:19;
13:20-14:22

소발의 발언과 욥의 응답

빌닷의 거친 정죄함에 비하면 소발의 발언은 첫째 친구인 엘리바스와 같이 설득조가 더 강하다. 물론, 11:6b에 의하면, "너는 알라 하나님의 벌하심이 네 죄보다 경하니라"(개역)[90]라고 단언함으로써 파괴적인 비판의 측면이 있지만 그 외의 다른 구절들은 대부분 하나님의 지혜의 오묘함(11:5-12)과 욥에 대한 회개 종용(11:13-19)으로 일관되어 있다.

앞선 두 친구들과의 공통점은 1) 하나님과 인간 사이의 갭 강조; 2) 악인의 운명 확인; 3) 욥의 회개 후 하나님의 약속된 구원을 이야기하는 점이다. 반면에 차이점은 1) 하나님에 대하여 오묘한 지혜를(secrets of wisdom; 11:6-7절) 강조하고 있으며; 2) 간접적인 재판의 행위를 묘사(11:10-11)[91]하며;

---

90 개역개정은 훨씬 완화된 표현: "하나님께서 너로 하여금 너의 죄를 잊게 하여 주셨음을 알라"; 반면에 RSV "Know then that God exacts of you less than your guilt deserves"로서 개역성경의 표현에 가깝다.

91 빌닷에게도 간접적인 재판의 용어가 쓰인 바 있다(8:3).

3) 비로소 구체적인 회개 종용(11:13-14)[92]이 이루어지고 있는 점이다.

11장에서 소발이 말하고자 하는 주제는 하나님의 뜻과 지혜의 비밀을 인간인 우리가 이해하기는 힘들다(5-7절)는 사실이다. 우선, 소발은 욥의 주장을 한 마디로 잘 정리한다: "네 말에 의하면 내 도는 정결하고 나는 주께서 보시기에 깨끗하다 하는구나"(4절). 욥의 자기 의로움 주장에 대하여 하나님의 오묘함 앞에서 잠잠하기를 설득한다: "하늘보다 높으시니 네가 무엇을 하겠으며 스올보다 깊으시니 네가 어찌 알겠느냐"(8절). 하나님께서는 허망한 사람을 알고 악한 일을 상관하시기에(11절) 욥은 그저 하나님 앞에 자신의 죄를 버리고 주께 향하는 일이 상책임을 주장한다(13-14절).

특징적인 것은 욥의 법정 재판의 용어를 친구들 가운데 소발이 가장 먼저 사용하고 있다는 점이다(10절). 그만큼 욥의 법정 소송의 언어는 친구들까지 그 재판의 현장으로 초청하고 있는 것이다. 또 다른 특징은 욥기 전체의 문학적인 특징인 뒤집기(twist) 또는 반전의 요소가 발견되는데 소발의 "지혜의 오묘함을 하나님께서 네게 보이시기를 원하노니"(6a)의 조롱조 소원은 욥기 38-41장에 이르러 그의 기대와는 전혀 반대 방향으로, 실제로 하나님의 오묘한 섭리가 욥에게 계시되고 있는 장면에 나타난다.

욥의 답변의 골자는 소발이 말한 하나님의 오묘함을 어찌 인간이 알 수 있겠느냐에 대한 안티테제로서 심지어 짐승도 알고 있다(12:7-9)라는 주장이다: "이것들 중에 어느 것이 여호와의 손이 이를 행하신 줄을 알지 못하랴"(12:9). 자연 세계의 모든 피조물들이 다 여호와의 손의 행사를 목도하고 있다는 것이다. 욥은 역사와 자연의 주권적 섭리가 모두 하나님에게 속한 영역임을 인정한다(12:14-25). 욥이 친구들에게 최소한 말하고자 하는 것은 두 가지다. 하나는 친구들이 아는 것은 다 자신이 이미 알고 있는 내용이

---

92 cf. 엘리바스 5:8; 빌닷 8:6.

기에 더 이상 말하기를 그치고 잠잠해 주기를 바라는 것(13:2, 5, 13)과, 다른 하나는 자신은 지금 하나님에게 무고함을 변론하려 한다는 것(13:3)이다.

욥의 이러한 두 가지 주장의 결과로서 친구들을 법정 공방의 현장으로 초청하게 된다: "너희는 나의 변론을 들으며 내 입술의 변명을 들어보라"(13:6); "너희들은 내 말을 분명히 들으라 내가 너희 귀에 알려 줄 것이 있느니라"(13:17). 이곳에서 욥은 자신만이 새로운 언어를 발견한 것으로 끝나지 아니하고 친구들을 새로운 언어의 사용자들로 초청하고 있다는 사실을 주목할 수 있다. 욥은 자신이 고발을 당하고 코너로 몰리는 상황에서 오히려 어느 순간부터(새로운 언어를 발견한 이후) 주도적인 위치에서 친구들을 이끌고 있음을 확인하게 된다. 고난을 당하는 자가 도리어 위로하러 온 자들을 선도하는 모습이다. 이윽고 욥은 친구들을 초청한 이후 다시금 하나님과의 법정 소송의 셋팅을 마련한다. 하나님께서 주의 손과 주의 위엄을 제거하신다면(13:21)[93] 당당히 법정 공방을 벌일 것임을 선포한다(13:22). 그의 법정주장의 요지는 자신의 허물과 죄를 알게 해달라는 요청이다(13:23). 그러나 이미 그는 자신의 무고함이 증명될 것임을 확신하고 있다: "보라 내가 내 사정을 진술하였거니와 내가 정의롭다 함을 얻을 줄 아노라"(13:18).

14장에 이르러 욥은 법정 소송의 자리에서 다시금 자신의 고난의 상황에 대해 탄식하며 하나님께서 놓아주시기를 간구한다(14:1-6). 동시에 나무보다도 못한 인생의 죽음에 대하여 묵상한다(14:7-12). 그러나 중요한 발전이 감지되는데 죽음의 파국에 대하여 이야기하다가 돌연 죽음 이후의 삶, 즉 스올에 내려 간 이후의 삶에 대한 새로운 통찰을 제시하고 있는 점이다: "주는 나를 스올에 감추시며 주의 진노를 돌이키실 때까지 나를 숨기시고 나를 위하여 규례를 정하시고 나를 기억하옵소서"(14:13). 구약성서의

---

93 cf. 9:34의 하나님의 "막대기"와 하나님의 "위엄(אימה: 에이마)".

세계관이 스올로 내려가면서 인생의 종국을 말하는 것을 감안한다면 스올로 내려간 이를 어느 시간이 지난 다음 기억한다는 것은 혁명적 세계관이 아닐 수 없다. 더욱이 이는 새로운 언어의 발견의 결과요 강한 소망의 언어가 아닐 수 없다. 물론 14장의 후반부는 다시금 탄식으로 절망 가운데 돌아가지만(14:18-22) 우리는 욥의 고난이 그에게 가져다 준 새로운 국면을 분명히 보게 된다. 곧 죽음 후의 세계에 대한 관념이 전무하던 시대에 부활 개념의 맹아가 싹텄다는 사실이다.

    욥의 답변에서도 반전의 요소들이 드러난다. 친구들에 대하여 욥은 "하나님이 너희를 감찰하시면 좋겠느냐"(13:9a) 물었는데 실제로 나중에 가면 하나님께서 줄곧 친구들을 감찰하고 계셨음이 증명된다(42:7-8). 또 다른 반전은 욥 자신에게 해당된다. 법정 소송의 현장에서 자신의 무고함을 증명키 위한 하나님과의 직접적 질의응답을 본문에서는 두 군데에서 요구하고 있다(13:22; 14:15). 그리고 이는 실제로 성취된다(42:4). 전혀 새로운 대화의 방향을 가지고 말이다. 하나님과의 만남(38-41장) 이후에는 더 이상 욥 자신의 결백을 위한 대화가 아니다. 오로지 창조주 하나님을 향한 대화만이 있을 뿐이다.

본문 연구 11:1-20; 12:1-13:19; 13:20-14:22

발견적 질문하기

[11:1-20]

v.2 "말이 많은 사람"[94] 번역의 문제?

---

94 cf. "입이 부푼"(개역); "입술을 많이 놀린다고 하여"(공동).

vv.10-11 재판의 용어인가? 아니면 단순한 심판의 묘사인가? 또는 하나님의 지혜를 부각시키기 위한 문학적 도구인가?

[12:1-13:19]

v.6b "하나님이 그의 손에 후히 주심이니라"; "하나님까지 자기 손에 넣었다고 생각한다"(표준) 의미는?

v.9 "이를 행하신 줄 알지 못하랴"에서 무엇을 행하신 것을 가리키는가?

v.12 번역의 문제?[95] 부정 or 긍정?

vv.13-25 마치 친구들의 주장을 듣는 것 같은데, 왜 욥은 이런 발언 곧 하나님에게 모든 것이 달려 있다고 그대로 고백하는가(전통적인 시각, 관념)?

v.19 욥 질문의 대상자가 개정성경은 친구에게 향하나 표준새번역은 하나님에게 향한다?[96]

[13:20-14:22]

14:5b "그의 규례를 정하여 넘어가지 못하게 하셨사온즉"의 의미는?

v.13 "주는 나를 스올에 감추시며 주의 진노를 돌이키실 때까지 나를 숨기시고…."는 부활 사상을 말하는 것이 아닌가?

---

[95] "늙은 자에게는 지혜가 있고 장수하는 자에게는 명철이 있느니라"(개정); "노인에게 지혜가 있느냐? 오래 산 사람이 이해력이 깊으냐?"(표준); Is wisdom with the aged, and understanding in length of days?(NRS); Is not wisdom found among the aged? Does not long life bring understanding?(NIV)

[96] "하나님, 나를 고발하시겠습니까? 그러면 나는 조용히 입을 다물고 죽을 각오를 하고 있겠습니다."

본문 구조

11:1 설화자 도입

2-3 소발의 도입 – '너를 책망할 사람이 없는 줄 아느냐?'

4-12 측량할 수 없는 **하나님의 지혜**

    4-9 하나님의 지혜

    10-11 하나님의 숲知와 인간의 어리석음(재판장의 승리자)- **욥의 앞 발언에 대한 응전**

13-19 회개에 대한 권고와 그 대가

20 악한 자의 결국

12:1 설화자 도입

2-3 욥의 도입 – "나도 너희만큼은 알고 있다" 심지어 모든 사람이 안다![97]

4-6 친구들에게 자신의 처지를 원망하고 다른 편 일반적으로 불공평한 상황 토로

7-12 온 땅과 생명체에 자명한 하나님의 섭리와 능력

    7 짐승들과 새에게 물어보라

    8 땅에게 바다의 고기들에게

    9 그 무엇이 모르겠느냐? – 다 안다!

    10 **모든 생물의 생명이 하나님께 달렸다는 것**

    11-12[98] 귀나 혀의 감각 기관의 인지도 & 노인의 이해력

---

97 기존의 관습적 신앙과 신학적 교리의 특징 – 모든 이가 안다! 문제는 1)현실과의 괴리; 2)늘 새로운 지혜처럼 선포된다는 것 ← 실제로 지혜도 아닌데….

98 그러나 표준새번역은 12절을 13절에 편입시키고 있으며 번역도 노인의 지혜를 부정하는 것으로 하고 있다. cf. 개역의 문단 구분과 번역.

13-25 능력과 지혜가 그분의 것!

13:1-2 이 모든 것을 나도 똑똑히 안다

3 그러나 나는 전능하신 분께 털어놓고 싶다/변론

(나는 알고 싶은 게 따로 있다)![99]

4-6 친구들을 원망 & 들어주기를 호소

7-12 친구들의 거짓 고발을 역고발 – 법정 배경[100]

13-19 법정 소송의 절차 재확인[101] before 친구들

    13-16 제 1차 확인 – **죽음을 무릅쓰고라도 아뢰겠다**(하나님의 법정에 서겠다)

    17-19 제 2차 확인 – 말할 준비가 되어 있으며 **죄가 없다는 확신이 있다**

20-14:22 하나님 앞에 법정 소송 재개[102]

    20-22 하나님과의 법정 소송을 위한 두 가지 전제 조건[103](cf. 9:34의 내용과

---

[99] 지금 욥은 다시금 법정 용어를 사용하여 하나님 앞에 의로움에 대한 새로운 언어를 찾는 작업을 다시금 도입하고 있다! 때문에 13:7 이하에서도 친구들의 발언을 법정 거짓 고발(더 이상 거짓 위로로서가 아니라)로 규정하고 있다. 결국 친구들까지도 이 새로운 법정언어의 세상으로 끌어들인 결과를 초래한다. 이런 측면에서 욥은 뛰어난 말쟁이며 수사학의 대가이다.

[100] 허튼소리, 알맹이도 없는 말(7); 하나님을 변호(8); 하나님이 조사(9); 거짓말로 나를 고발(10).

[101] 한 가지 의문점은 욥은 이미 앞장에서 법정 소송의 셋팅을 만들어 놓고(9장에서) 실제로 하나님을 고발하는 식의 발언을 했다(10장). 그런데 다시금 13장에 와서 처음 법정 소송을 준비하는 것처럼 나오는 이유는 무엇일까? 사실상 13장 전체는 친구들을 이 새로운 신학 작업(칭의와 하나님에 대한 이해를 위해)에 초대하기 위한 작업으로 볼 수 있다. 때문에 계속해서 친구들에게, "내 말에 귀를 기울이라(13:6)", "내가 말할 기회를 주어라"(13:13), "내가 하는 말에 귀를 기울여라"(13:17)라고 그들의 관심과 집중을 요구하고 있는 것이다.

[102] 어떤 면에서 10장의 구체적인 고발 내용과 이어진다. 왜냐하면 중간에 소발에 의해 그의 고발 내용이 끊겼고 이에 욥은 12-13장에 걸쳐서 친구들이 고발의 상황에 동참해 줄 것을 권고한 후에 비로서 13:20-14:22에서 다시금 실질적 고발 내용을 전개한다.

[103] "나를 치시는 그 손을 거두어 주시고; 두려워 떨지 않게 하소서"라는 전제적 요청이 구체적인 고발 내용을 하나님 앞에 제출하기 앞서서 나온다.

똑같음[104])

23-25 법정 질문 – **"내가 지은 죄가 무엇입니까?"**

26-28 불평 – '나를 낱낱이 감시함'

14:1-6 탄원 1 – 한계를 정한 인생에게 숨을 돌릴 시간을 허락하시길

7-15 탄원 2 – 나뭇가지가 새롭게 움트듯 나를 스올에 감추어 두셨다가[105] 새롭게 일어나게 하시길[106]

16-17 **새로운 삶에 대한 희망**

18-22 마무리 불평(다시금 절망)

실제로, 욥은 지금 13장에서 친구들을 자신이 앞서 9-10장 이후 행하고 있는 하나님과의 법정 소송의 장으로 초청하고 있으며 14장에서는 구체적으로 하나님 앞에 자신의 구체적 소송 내용을 10장에 이어 본격적으로 진행하고 있다. 이에 대하여 엘리바스는 15장에서 욥의 법정 소송의 비경건과 그의 언어의 위험성을 질타한다(15:3-6, 12-13).

---

104 다음의 댓구에 주목하라!: 9:34=13:21 ; 9:35=13:22. 유사한 전제적 요청(9:34, 13:21)을 이야기한 후에 9:35의 '두려움 없이 하나님 앞에 아뢰겠다'라고 비장하게 법정에 서는 모습과는 달리 본문 13:22(하나님이 먼저 말씀하시면 내가 대답, 그렇지 않으면 내가 먼저 말씀하면 하나님이 대답!)의 경우 다른 정서가 드러난다. 즉, 오히려 욥의 비장함이 이제 담대함으로 바뀌어 있다. 단지, 본인이 이야기하겠다고 할 뿐만 아니라 이제 자신의 이야기에 대해 하나님의 대답을 들어야겠다는 요구까지 하고 있다. 하나님과의 직접적인 대화를 요청하고 있는 것이다.

105 스올에 대한 개념 변화에 주목하라!: 처음에는 이상향 3:13-19(엘리바스 응답); 다음에는 죽음 7:8-10, 21(빌닷 응답); 지금은 잠시 피난처(소발 응답). 중요한 것은 욥 자신의 삶에 대한 욕구가 점점 더 분명해진다는 사실이다. 즉 초기에는 죽음을 갈구하다가 다음 단계에서 죽기전에 잠시라도 쉼을 이야기하다가 이제는 새로운 삶에 대한 소망이 자리하고 있음을 확인하게 된다.

106 이는 내세 사상에 대해 모르는 구약 세계에 어울리지 않는 표현이다. 따라서 신약 시대의 부활 사상에 가까이 다가가 있는 표현으로 보기도 한다.

질문에 답하기-주석

[11:1-20]

v.2 "말이 많은 사람" 번역의 문제?

소발은 자신의 연설 서두에서부터 욥을 "많은 말"(로브 드바림)을 하는 사람으로(2a), 그래서 "입의 사람"(이쉬 세파타임: 2b)으로 지칭한다. 이에 대한 직역은 아래와 같다:

הרב דברים לא יענה ואם־איש שפתים יצדק

많은 말에 대답이 없겠으며 입이 부푼 사람이 진정 의롭겠느냐?(사역)[107]

소발은 욥을 "입의 사람" 즉 말쟁이로 몰아세우고 있다. 그리고 그의 많은 말이 결국 허물을 드러내고 불의한 자로 비판받을 수밖에 없음을 역설한다. 이는 전통적인 구약성서의 지혜 사상에 기반한 비판이다: "말이 많으면 허물을 면하기 어려우나 그 입술을 제어하는 자는 지혜가 있느니라"(잠 10:19); "걱정이 많으면 꿈이 생기고 말이 많으면 우매한 자의 소리가 나타나느니라"(전 5:3).

그러나 흥미로운 사실은 이렇게 지혜 사상에 입각한 소발과 다른 친구들은 하나님 앞에 의로움을 받지 못한다. 오히려 말쟁이인 욥이 옳다고 인정받는다(42:7). 이 또한 욥기의 전형적인 반전이며 "입의 사람" 말쟁이 욥이 진술한 하나님 이야기(God-talk)를 새롭게 시작하려는 "신학자"로 역전된다.

---

[107] NIV 11:2 "Are all these words to go unanswered? Is this talker to be vindicated?"
NRS "Should a multitude of words go unanswered, and should one full of talk be vindicated?"
RSV "Should a multitude of words go unanswered, and a man full of talk be vindicated?"
TNK Is a multitude of words unanswerable? Must a loquacious person be right?

vv. 10-11 재판의 용어인가? 아니면 단순한 심판의 묘사인가? 또는 하나님의 지혜를 부각시키기 위한 문학적 도구인가?

만약에 전후 문맥 즉, 각각 9절, 그리고 12절과 연관시켜 본다면 하나님의 지혜를 부각시키기 위한 도구이지 굳이 10-11절이 따로 재판에 대해 이야기하고 있는 것으로 보이지는 않는다. 즉, 욥의 법정 공방 요청에 대한 정면 반박으로 부각되는 구절은 아니다. 그러나 그럼에도 불구하고 소발은 욥의 새로운 언어에 은연중 영향을 받고 있는 것은 분명하다.

[12:1-13:19]

v. 6b "*하나님이 그의 손에 후히 주심이니라*"(개정); "*하나님까지 자기 손에 넣었다고 생각한다*"(표준)*의 상이점은?*

개정과 표준새번역의 번역이 다른 이유는 본문의 3인칭 남성 단수 주어를 하나님으로 보느냐 악인으로 보느냐에 따른 차이이다. 본문의 번역은 다음의 두 가지 경우 다 가능하다:

לאשר הביא אלוה בידו

1. 그 악인들에게 하나님께서 그의 손으로 가져다 주신다
2. 그 악인들은 하나님을 자기들의 손에 넣었다고 생각한다[108]

전자의 경우로 번역하는 것이 현재 무고한 고난을 당하고 있는 욥의 일반적 상황과 잘 통한다. 얼핏, 강도나 하나님을 진노케 하는 자들에게 후

---

108   NIV those who carry their god in their hands
      NRS who bring their god in their hands
      RSV who bring their god in their hand
      TNK Those whom God's hands have produced

히 주신다는 말이 이해되지 않는다. 그러나 이는 현실에 대한 적나라한 고발이다. 인과응보 이론에 위배된 악인들의 형통에 대한 문제를 다루고 있다. 그러나 후자의 번역은 또 다른 측면에서 본문에 새로운 의미를 던져준다. 즉, 하나님을 자기 멋대로 해석하는 자들 또는 자기의 이익에 따라 믿는 자들에 대한 고발이 담겨 있기 때문이다. 지금 욥 앞에서 욥을 정죄하고 있는 친구들의 하나님 이야기 자체가 온전한 신 이해가 아닌 아전인수격의 교조적 이해임을 통박하고 있는 것이다. 히브리어의 모호함 자체가 열린 결론을 의도하기에 현재로서는 본문의 주어를 전자든 후자든 미결정으로 남겨두는 것이 현명하다.

v.9 "이를 행하신 줄 알지 못하랴"에서 무엇을 행하신 것을 가리키는가?

욥이 당하는 고난이거나 또는 소발이 표현하고 있는 하나님 지혜의 오묘함을 가리킬 수도 있다. 아니면 바로 뒤에 나오는 10절의 사실(모든 생물의 생명이 하나님의 손 안에 있고, 사람의 목숨 또한, 모두 그분의 능력 안에 있는 것)을 가리킬 수도 있다. 어느 것을 지칭하든 지금 욥이 말하고자 하는 것은 하나님의 주권이다. 이는 소발이 앞서 11장에서 지적한 바이며 하나님의 절대 주권에 관한 한, 욥 또한 친구들이 믿고 있는 것 그 이상으로 받아들이고 있다. 한 가지 주목할 점은 친구들과의 대화 가운데 욥은 인과응보 이론을 떠나서 하나님의 주권적 섭리로 화제의 중심을 옮기고 있음을 볼 수 있다.

v.12 번역의 문제? 부정 or 긍정?

12절의 개역개정과 표준새번역의 상반된 번역의 어려움은 본문을 11절과 관련하여 읽을 것인지 아니면 13절과 관련하여 읽을 것인지에 따라 결

정된다. 히브리어 직역은 다음과 같다:[109]

בישישים חכמה וארך ימים תבונה 나이든 자에게 지혜가 있고 오래 산 자에게 명철이 있다

11절과의 연관성 가운데 모든 만물에 순리를 말하는 차원에서(7-12) 연류자의 지혜를 긍정하는 의미로 볼 수 있고 반면에, 13절과의 관련성 가운데 만물 위에 뛰어난 하나님의 섭리 차원에서(13-25) 인간의 지혜 부정의 의미로도 볼 수 있다. 이곳에서는 개역개정 성경의 문단 구분을 따라서(12절을 13절로부터 구분하고 있음) 연류자의 지혜 긍정으로 보려고 한다. 왜냐하면 앞선 자연이치의 순리와 통하고 또한 바로 다음 13절에서의 하나님의 지혜와 권능에 여전히 인생의 지혜가 속해 있기 때문이다.

vv. 13-25 마치 친구들의 주장을 듣는 것 같은데, 왜 이런 발언을 그대로 고백하는가?

이미 친구들의 전통적 관념들과 신앙적 교리들을 잘 알고 있음을 밝히기 위함이다.[110] 뉴섬은 욥이 관습적인 표현들을 인용하면서도 하나님의 세상 섭리를 설명하기 위해 그 표현들을 전복시키고 있음을 지적한다.[111] 욥 자신은 상투적인 말들을 넘어서려 한다. 그리고 정작 말하고자 하는 것은 13:3 이하의 "그러나"로 시작하는 구절에서 드러낸다: "그러나 나는 전능하신 분께 말씀드리고 싶고, 하나님께 내 마음을 다 털어놓고 싶다"(표

---

109 cf. NIV Is not wisdom found among the aged? Does not long life bring understanding?
NRS Is wisdom with the aged, and understanding in length of days?
RSV Wisdom is with the aged, and understanding in length of days.
TNK Is wisdom in the aged And understanding in the long-lived?

110 "너희 아는 것을 나도 아노니 너희만 못하지 않으니라."(13:2)

111 Carol A. Newsom, *The Book of Job*, 429.

준).¹¹² 더 이상 관습적인 언어가 아니라 새로운 언어로 나아가려고 하는 욥의 애절한 심정을 읽을 수 있다.

v. 19 욥이 질문을 누구에게 던지고 있는가? 친구(개역개정)? 아니면 하나님(표준)?¹¹³

두 번역본이 다른 이유는 "누구인가"라고 묻는 욥의 질문의 대상이 막연하게 3인칭 대명사 הוא(후)로 표기되어 있기 때문이다. 따라서 나와 논쟁할 자 누구인가(who is it)라고 물을 때 친구 또는 하나님 모두 질문의 대상으로 가능하다:

מי־הוא יריב עמדי כי־עתה אחריש ואגוע

나와 제대로 논의할 자 누가 있는가?
그런 자 있다면 나는 조용히 중단할 수 있는데!¹¹⁴ (사역)

표준새번역 성경의 하나님에게 질문하는 것으로 번역한 것은 적당치 않다. 차라리 문맥과 잘 어울리는 개역개정의 친구들에게 질문하는 것으로 보아야 한다. 그 의미는 누군가 그의 현재의 항변이 불의하여 욥이 "그르다"라고 설득력 있게 논박한다면 본인은 더 이상 이야기할 필요가 없으리라 역설하고 있다. 바로 앞선 18절에서 자신의 의로움을 내세운 바 있기 때문이다. 그러나 실상은 자신이 의롭기에 어느 누구도 욥을 잠잠케 할 수

112　אולם אני אל־שדי ארבר 그러나 나는 전능하신 분에게 말씀드릴 것이다! (사역)
113　"하나님, 나를 고발하시겠습니까? 그러면 나는 조용히 입을 다물고 죽을 각오를 하고 있겠습니다."
114　NIV Can anyone bring charges against me? If so, I will be silent and die.
　　　RSV Who is there that will contend with me? For then I would be silent and die.
　　　TNK For who is it that would challenge me? I should then keep silent and expire.

없음을 주장하고 있는 것이다.[115]

[13:20-14:22]
v.5b "그의 규례를 정하여 넘어가지 못하게 하셨사온즉"의 의미는?

5a절에서는 "그의 날"과 "그의 달"을 정함으로 말미암아 인간 수명의 한계를 말하는 것은 분명하다. 그러나 5b절에서의 그의 규례를 정함은(후카브) 단지 수명뿐만 아니라 인간의 제한된 능력을 일컫는다:

חקו עשית ולא יעבור   그의 규칙을 삼아 넘어서지 못하도록 하였다 (사역)

한 가지 주목할 만한 것은 본래 그것의 '규례를 삼아 넘어가지 못하도록' 하는 전형적인 표현은 바다 괴물이 넘실거리는 것을 제어하는 구절에서 등장한다(잠 8:29).[116] 욥이 이미 표현했듯이(7:12) 현재 욥은 자신을 하나님께서 대적하시는 바다와 같은 혼돈의 세력으로 규정하고 있다.

v.13 "주는 나를 스올에 감추시며 주의 진노를 돌이키실 때까지 나를 숨기시고…."는 부활 사상인가?

14:13-17은 부활에 대한 소망을 피력하고 있는 것으로 보인다. 그러나 영육 이분론에 대한 관념이 없었던 구약성서 시대에 부활 개념을 논의하는 것은 어려운 일이다. 일반적으로 부활 개념은 주전 2세기부터 등장하고

---

115 노만 하벨은 실제로 욥이 법정 소송을 상대방에게(adversary) 정식으로 도전하고 있는 장면으로 설명한다: Norman Habel, *The Book of Job*, 231. 그러나 19절은 실제 법정 소송 도전장이라기보다는 불가능을 나타내는 수사적 질문, 곧 그의 의로움을 강조하기 위한 장면으로 보는 것이 더 타당하다: Carol A. Newsom, *The Book of Job*, 435.

116 Norman C. Habel, *The Book of Job*, 240-241.

있음을 학자들은 주장한다.[117] 구약성서 내에서 분명한 부활 사상은 다니엘 12:2-3에서 목격된다. 물론 부활과 관련된 유사한 표현은 다음과 같은 구절에서도 등장한다: 호 6:1-3; 겔 37:1-14; 사 26:19. 그러나 이와 같은 예언자들의 용어는 이스라엘 민족의 회복을 기대하는 선포이지 신약적 개념의 부활과는 거리가 있다. 마찬가지로 14:13에서도 욥이 소망하는 바는 부활에 대한 기대가 아니라 자신의 삶의 회복에 대한 기대로 보는 것이 안전하다. 그럼에도 불구하고 여전히 부활 신앙의 단초로 우리는 본문을 간주할 수밖에 없다. 본래 "스올"은 구약 시대의 관념으로서는 죽은 자들이 가는 곳 그 이상도 이하도 아니었다. 그런데 본문에서 욥은 스올 이후의 삶을 내다본다. 잠시 그곳에 감추어 두었다가 하나님께서 이후에 그를 기억하시도록 간구한다. 전통적 구약 사상에서 하나님은 죽음의 세계와 아무런 관련이 없었다. 그러나 욥의 간구를 통해서 하나님의 능력이 이제 죽음의 세계까지 확장되어 지배하기에 이른다.[118]

신학적 주제
하나님에 관하여

소발은 앞서 엘리바스와 빌닷과 마찬가지로 하나님과 인간 사이의 갭을 강조한다. 그러나 빌닷이 묘사하는 하나님은 지혜의 하나님이며 창조 세계를 통해 그의 능력을 드러내시는 분이다. 근본적으로 하나님의 오묘함은 측량할 수 없다(11:7). 왜냐하면 하나님의 능력은 하늘보다 높고 스올보다 깊으며, 땅보다 깊고 바다보다 넓기 때문이다(11:8-9). 소발은 인간이

---

117 Carol A. Newsom, *The Book of Job*, 444.
118 "내가 확신하노니 사망이나 생명이나 천사들이나 권세자들이나 현재 일이나 장래 일이나 능력이나 높음이나 깊음이나 다른 아무 피조물이라도 우리를 우리 주 그리스도 예수 안에 있는 하나님의 사랑에서 끊을 수 없으리라"(롬 8:38-39).

이해하기 힘든 하나님의 뜻과 지혜의 비밀을 언급함으로써 욥이 하나님의 섭리에 대하여 감히 묻고 있는 것의 잘못을 지적하고 있다. 그러나 욥은 소발이 이야기하는 창조자로서의 하나님 이해는 모든 만물이 이미 다 알고 있음을 강조한다(12:7-9). 소발은 창조자로서의 전통적 지혜의 하나님만을 드러내는 데 그쳤다. 그러나 욥은 더욱 넓은 하나님의 섭리의 세계로 향한다. 지혜(חכמה: 호크마)뿐만 아니라 권능(גבורה: 게부라), 계략(עצה: 에짜), 명철(תבונה: 테부나)이 모두 다 하나님에게 속해 있음을 인정함으로써(12:13) 보다 더 완전한 하나님 이해로 향한다.

사람에 관하여

욥기에서 놀라운 사실 중 하나는 하나님과 인간의 관계에 있어서 새로운 언어를 도입함으로써 그 관계성에 혁명적 변화가 일어나는 점이다. 본래 옛 언어 곧 옛 신앙의 표현 속에서 인간은 감히 하나님 앞에 나아갈 수 없는 존재요 거룩하심 앞에 죽을 수밖에 없는 존재였다.[119] 그러나 욥이 자신의 고통을 호소할 수 있는 새로운 법정언어를 도입함으로써 하나님과 대화함이 불가능한 상황으로부터(9:35), 조금씩 가능성을 내다보는 단계로 발전하며(13:22), 결국 하나님과 일대일로 서서 법정 논의를 벌일 수 있는 상황으로까지(14:15)[120] 나아가고 있다. 이는 욥 드라마의 마지막 순간에 실제로 성취된다: "내가 말하겠사오니 주는 들으시고 내가 주께 묻사오니 주여 내게 알게 하옵소서"(42:4). 하나님의 폭풍우 현현(38:1) 이전에 이미 하나님과 마주하여 대화하는 상황을 연출하고 있는 모습은 그만큼 새로운

---

119 출 19:16-25; 삿 6:22-23; 13:22 등.

120 "주께서는 나를 부르시겠고 나는 대답하겠나이다 주께서는 주의 손으로 지으신 것을 기다리시겠나이다."; NIV You will call and I will answer you; you will long for the creature your hands have made; NRS You would call, and I would answer you; you would long for the work of your hands.

언어의 발견 자체가 새로운 하나님 체험을 실질적으로 가능케 할 수 있음을 증명한다. 만약에 욥이 관습적 신앙의 언어 세계에 머물러 있었다면 그는 하나님과의 관계로부터 철저히 떨어진 흑암 속에 신음할 수밖에 없었을 것이다. 그러나 새로운 언어의 세계 속에서 하나님과의 관계는 연결되어 있을 뿐만 아니라 그 관계성은 더욱 친밀해져 간다.

세계에 관하여

창조주 하나님에 대한 소발의 묘사에 대한 응답에서 욥은 모든 자연만물이 하나님의 세계를 드러내고 있음을 역설한다. 모든 짐승과 공중의 새(12:7), 땅과 바다의 고기(12:8), 입과 귀의 감각 능력(12:11), 늙고 장수하는 자(12:12) 등 모든 자연 세계가 창조주 하나님을 알고 그의 손의 솜씨를 드러낸다(12:9-10). 욥은 자연뿐만 아니라 인간의 역사 현장에서 일어나는 일 가운데에서도 하나님의 섭리가 있음을 천명한다(12:13-25). 특히, "능력과 지혜가 그에게 있고 속은 자와 속이는 자가 다 그에게 속하였으므로"(12:16)를 고백함으로써 자의적 인간 사회의 혼돈 속에서도 하나님의 섭리를 읽고 있다. 결국 인간이 살아가는 자연 세계와 사회 역사의 모든 환경 속에서 우리는 하나님을 고백하게 된다.

실천적 메시지: 우리는 무엇을 소망할 수 있을까?

우리가 소망하는 것은 무엇인가? 관습적 신앙의 이상향에 머무르는 비현실적 소망(엘리바스 5:8-16)보다는 우리에게 새로운 목표를 주고 새로운 의미를 가져다 주는 그런 소망을 기대할 수 있다.[121] 욥처럼 주어진 자신의 상황 속에서 하나님과의 만남을 새롭게 시도하듯이 말이다. 기존의 신앙 관

---

121 Carol A. Newsom, 445.

습에서 볼 때 두려운 하나님의 임재 앞에 서는 것은 감히 상상할 수도 없는 일이었다. 그러나 욥의 처절한 실존적 상황은 관습적 울타리의 한계를 넘어서게 하였다. 현실을 직시하면서 여전히 만물 가운데 계신 하나님을 포기하지 않을 때 새로운 신앙의 지평은 열린다. 따라서 "새로운 언어 찾기"는 우리의 신앙생활에 큰 의미로 다가온다. 욥의 새로운 언어가 스올의 세계를 넘어선 하나님의 능력과 잇닿고 있으며 새로운 언어를 통하여 단절될 수밖에 없었던 하나님과의 관계성이 더욱 성숙하게 발전하는 계기를 마련하였다. 신앙의 새로운 언어가 새로운 세계로 안내한다.

그러나 욥의 상황은 하나님의 폭풍우 현현과 언설(38:1) 이전까지는 아무것도 잡히는 것이 없는 고통의 현실 그대로이다. 절망할 수밖에 없는 상황이다. 하지만 놀라운 사실은 그 처참한 고통 가운데 욥이 새로운 언어로 간구한 소망의 내용들이 궁극적으로 하나님 만남 이후 다 이루어졌다는 점이다(13:18, 22; 14:14-15). 탄식 중에 드려지는 간구가 긍정적인 믿음과 소망의 언어가 되어야 하는 당위성이 이곳에 있다. 진정 "네 믿음대로" 성취된다는 것이다.

마무리

욥은 고난 가운데에서 끊임없이 새로운 지평으로 확장하며 나아간다. 죽음의 이해에 있어서 자살을 꿈꾸던 그가 이제는 음부의 세계를 건너서 부활의 개념까지도 언급하기에 이른다. 친구와의 관계에 있어서 자신을 위로하러 왔다가 고발자가 된 그들에게 도리어 자신이 발견한 법정 토론의 장으로 초청하며 분위기를 반전시킨다. 하나님과의 관계에 있어서도 이제는 감히 상상할 수 없었던 신성 대면(13:20-21)과 신인 대화(13:22)를 실행한다.

　욥의 고난은 어떤 면에서 초청이다. 욥은 친구들을 자신의 실존적 고통의 장으로 더 나아가 하나님과의 법정 토론의 장으로 초청한다. 그러나 실제로는 욥 자신이 하나님에 의해 초청되어진 상태이다. 하나님의 위대한 섭리의 세계로 욥은 그의 고난의 과정 속에서 조금씩 조금씩 새로운 언어들과 더불어 하나님 앞으로 나아간다. 그리고 더 나아가 현재 욥기를 읽는 독자들 모두를 초청하고 있다. 우리의 기존 신앙의 고백과 믿음의 삶을 넘어서는 하나님의 뜻과 욥의 갱신된 영성의 세계로 안내하고 있는 것이다. 그 하나님 이해의 골자는 창조와 역사의 주(主)이며 그 욥의 갱신된 영성의 골자는 자기발견이다. 앞으로 계속 펼쳐질 욥기는 그래서 하나님 이해와 욥 이해를 통하여 우리 자신을 진정으로 이해하는 새로운 지평으로 우리를 끊임없이 안내할 것이다.

Sapiential Interpretation of the Book of Job

7장 | 울타리 밖과 안

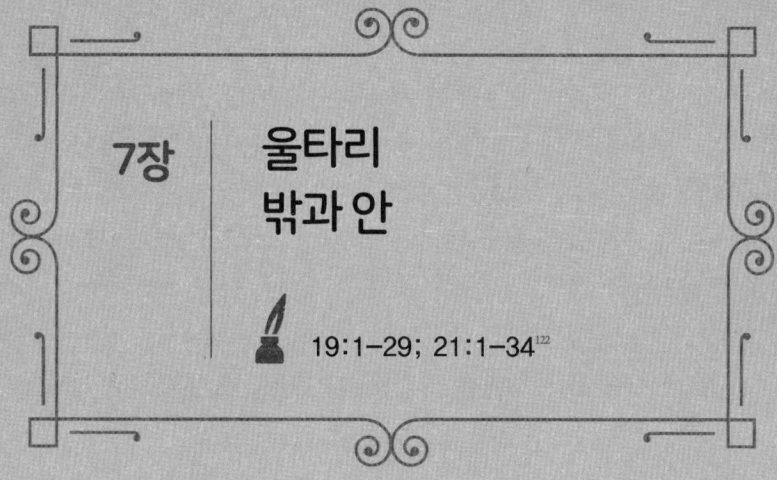

19:1-29; 21:1-34[122]

두 번째 싸이클 개관 - 욥 15-21장

친구들과의 대화의 두 번째 싸이클이 첫 번째 싸이클과 근본적으로 달라진 점이 있다. 친구들의 논조가 동정적이고 교육적인 것에서 고발과 신랄한 비판으로 바뀌었다. 즉, 첫 번째 싸이클에서는 그래도 친구들이 하나같이 구원의 소망을 발언 마무리에 두었다. 그러나 이제 엘리바스를 비롯한 친구들은 오히려 악인에 대한 재앙을 강조하면서 더 이상 위로가 아닌 저주를 퍼붓고 있다: 엘리바스 – "악인의 고통과 멸망"(15:20, 34); 빌닷 – "악한 자의 집안의 결국"(18:21); 소발 – "악한 사람이 하나님께 받을 몫"(20:29).[123] 따라서 내용 또한 회개 종용과 회복에 대한 약속 선포에서 악인

---

122 본 장에서는 빌닷과 소발의 두 번째 연설에 대한 욥의 응답 부분만을 주석 작업에서 다루려 한다(물론, 아래에서 모든 장들의 본문 구조는 소개되고 있다). 친구들의 논조는 세 번에 걸친 싸이클에 걸쳐서 유사하게 나오기 때문이며 욥의 19장과 21장의 응답 부분은 두 번째 싸이클에서 욥이 주장하려는 울타리 붕괴의 경험과 악인의 번영에 대한 항변이 대표적으로 드러나 있는 부분이기 때문이다.

123 흥미로운 점은 첫 번째 싸이클에서 두 번째 싸이클로 가면서 친구들은 소망(욥에 대한 구원의 소망 [회개하면 하나님이 회복시켜 주시리라는: cf. 엘리바스 5:8; 빌닷 8:6, 소발 13:13-14] - 그러나

의 결국을 선포하며 그것은 곧 멸망임을 혹독하게 소리치고 있다. 이에 따른 욥의 태도도 변한다. 첫 번째 싸이클에서 본인의 상황에 대한 탄식과 더불어 자신의 죄 없음을 강변하였다. 두 번째 싸이클에서는 본인의 상황 자체의 비참함보다는 그 상황의 원인이 하나님의 폭력으로 인한 것임을 말한다. 곧 하나님이 자신의 고통의 상황에 책임이 있다는 사실을 분명히 한다(19:6). 동시에 친구들에게도 자신의 어려움을 이해해 달라는 초청과 설득의 차원에서 고통을 주는 위로자임을 원망하며 비판한다. 결국, 두 번째 싸이클에서 욥은 역공세를 펼치며 하나님과 친구들을 고발하는 입장에 서게 된다.

본문에서 치열한 공방의 근본적 이유가 삶의 울타리 보존과 붕괴 사이에 있음을 관찰할 수 있다. 즉 욥의 친구들은 그들의 재산과 집과 건강의 울타리가 건재해 있다. 반면에 욥은 철저하게 모든 울타리가 제거된 상태이다. 울타리 안과 밖의 상황은 모든 사태에 대한 철저하게 다른 경험과 언행을 동반하게 된다. 욥과 친구들 사이의 갈등의 골이 더욱 깊어질 수밖에 없는 이유가 여기에 있다.

두 번째 싸이클의 본문 내용에 대한 정리는 다음과 같다:

[15장] 엘리바스의 두 번째 연설

1. 주제: 악한 일을 저지른 자는 평생 분노 속에서 고통을 받는다(20); 하나님을 두려워하지 않는 무리는 메마른다(34)
2. 주장의 근거: 인생이 무엇이기에 깨끗하다 하느냐?(14); 천사도 신뢰치 않으시는데 하물며 구역질나도록 부패한 인간이 순결할 수 없다(14-16)
3. 아이러니: 1) 네가 맨 처음에 세상에 태어난 사람이기라도 하는가?(7) ↔ 최고의

궁극적으로는 그들이 가지고 있는 왜곡된 교리의 한계의 바닥을 잃어가고 있으며 오히려 욥은 소망을 더해가고 있다.

존재 베헤못과 같은 존재 욥(40:15, 19)[124] 2) 네가 하나님의 회의를 엿듣기라도 하였느냐?(8) ↔ 하나님의 관점에서 우주의 구조와 동물의 세계, 그리고 최고의 존재들을 보게되는 욥(38-41장); 3) 우리가 알지 못하는 어떤 것을 너 혼자만 알고 있기라도 하는가?(9) ↔ 욥의 무고한 고통의 상황 자체, 곧 기존의 울타리 바깥에 놓여 있는 상황

[16-17장] 욥의 응답과 탄식

1. 주제: 그런 말은 나도 안다. 너희는 위로하는 것이기보다는 괴롭히는 것이다(2); 나는 죄가 없다(17)
2. 주장의 근거: "너희가 내 처지가 되면"(표준)(4)
3. 절망의 언어: 주께서 내게 분노하시고(9), 하나님이 나를 으스르뜨리신다(12); 내 유일한 희망은 죽은 자들의 세계로 가는 것(17:13)
4. 아이러니: 1) 용사처럼 내게 달려드신다(divine warrior; 16:14) ↔ 하나님의 폭력 경험과 동시에 하나님의 은혜 체험의 계기; 2) 하늘에 내 증인이 계시고 높은 곳에 내 변호인이 계신다(16:19) ↔ 실제로 욥의 모든 말과 행위를 보고 계시는 야웨(42:7)
5. 소망의 언어: "하늘에 내 증인이 계시고 높은 곳에 내 변호인이 계신다"(16:19); "주님께서 친히 내 보증이 되어 주십시오"(17:3)

[18장] 빌닷의 두 번째 연설

1. 주제: "언제 입을 다물 테냐"(표준)(2); 결국 악한 자의 빛은 꺼지기 마련(5)
2. 주장의 근거: 악한 자의 운명에 대한 전통적 믿음(5, 21)

---

[124] "베헤못을 보아라. 내가 너를 만든 것처럼 그것도 내가 만들었다"; "그것은 내가 만든 피조물 가운데서 으뜸가는 것" (he is the first of God's works).

[19장] 욥의 응답

1. 주제: "네가 언제까지 내 마음을 괴롭히며"(표준)(2); 나의 죄 때문이 아니라(5), 하나님의 폭력 때문에(6-12절)
2. 절망의 언어: 모든 사회적 관계의 단절 – 가족, 친척, 친구들, 나그네, 여종, 종들, 아내, 친형제, 어린 것들, 친한 친구, & 너희마저(13-22)
3. 아이러니: 1) "내 가죽이 벗김을 당한 뒤에도 내가 밖에서 하나님을 보리라"(19:26) ↔ 실제로 42:6에서 하나님을 뵘; 2) "너희가 심판장이 있는 줄을 알게 되리라"(29b) ↔ "내가 너와 네 두 친구에게 노하나니 이는 너희가 나를 가리켜 말한 것이 내 종 욥의 말 같이 옳지 못함이니라"(42:7b)
4. 소망의 언어: "나의 말이 곧 기록되었으면"(23-24); **"내 구원자가 살아계신다"** (25)

[20장] 소발의 두 번째 연설

1. 주제: **악한 자의 결국은 잠깐 뿐**(5-11); 악한 자들은 죽음의 독을 삼키고(16), 재물을 누리지도 못하며(18), 만족이 없으며(20), **번영은 오래가지 못함**(21)
2. 주장의 근거: 하나님은 악한 자의 재물을 빼앗긴 사람들에게 돌려주신다(15); 하나님이 악인에게 진노를 퍼부으신다(23)

[21장] 욥의 응답

1. 주제: **"어찌하여 악한 자들이 잘 사느냐?"**(7-18, 23-26); 자신의 죄는 자신에게 죄값을 물으라(19-22)[125]
2. 주장의 근거: **경험**[126] – "너희는 세상을 많이 돌아다닌 견문 넓은 사람의 말을 들으

---

[125] cf. "그 때에 그들이 말하기를 다시는 아버지가 신 포도를 먹었으므로 아들들의 이가 시다 하지 아니하겠고"(렘 31:29).

[126] 특히, 21장의 초점은 경험이다! 욥이 한 말의 권위 뿐만 아니라, 악한 자의 운명에 대한 전통적 논의

라"(표준)(29)
3. 아이러니: "손으로 입을 막을 것이다"(놀람과 공포의 표현)(5) ↔ 본래 지혜 문학에서는 존경의 표현(29:9)
4. 친구들과의 비교: 유사성 – 악한 자들이 전능하신 분을 의지하지 않는 것'(14-16); 상이성 – 친구들은 악한 자의 운명을 관습적 교리에 따라 반복하는 것과는 달리 **욥은 자신의 체험으로부터 나온 자신의 의견을 분명히 제시** → 울타리 안과 밖의 차이

본문 연구 19:1-29; 21:1-34

발견적 질문하기 및 관찰
[19:1-29]
v.2 "말로써 나를 산산조각 내려느냐"?(표준)를 통해 보건데 현재 친구들과의 대화의 성격을 어떻게 규정할 수 있는가?
v.5 "너희가 참으로 나를 향하여 자만하며 내게 수치스러운 행위가 있다고 증언하려면 하려니와"에서 법정 공방의 현장을 확인할 수 있는가?
v.7 "내가 폭행을 당한다고 부르짖으나 응답이 없고 도움을 간구하였으나 정의가 없구나"의 언급은 법정 공방 실행(새로운 언어)의 어려움인가 아니면 탄식 표현의 일부인가?
v.25 "대속자"(고엘) 개념은?

를 반박하는 근거 또한 욥 자신의 체험에 의한 것이요, 심지어는 친구들과 의논을 같이하는 것처럼 보이는 14-16절에서도 악한 자에 대한 전통적 논의를 따르기보다는 본인의 의견을 분명히 제시하는 데에서 확실히 친구들과는 다른 지평에 서 있음을 알 수 있다.

v.26 부활 개념은?

[21:1-34]
v.5b "손으로 입을 가리리라"의 뜻은?
v.19 개역개정 성경의 번역은 아비의 죄악이 자손들에게 전가되는 것을 의미한다. 그러나 개역성경과 표준새번역, 그리고 여타의 영문 성경은 죄의 개인적 책임성을 의미한다. 상반된 번역의 이유는 무엇인가?

본문 구조
[엘리바스의 두 번째 연설]
15:1 설화자 도입
2-6 "너를 정죄하는 것은 내가 아니요 네 입이라"(6)
7-10 "네가 아는 것을 우리가 알지 못하는 것이 무엇이냐"(8)[127]
11-13 하나님 앞에서 행한 욥의 불손한 언사 견책
14-16 인간의 근본적 죄성으로 인한 하나님과 인간과의 간극
17-26 엘리바스의 전통적 지혜의 가르침으로서의 인과응보
27-35 **악인의 운명**[128]

[16장 욥의 응답]
16:1 설화자 도입

---

127 첫 번째 논쟁과는 달리 두 번째 싸이클에서는 인과응보의 문제에서 지혜의 문제로 논쟁의 이슈가 변화되어 있는 것을 볼 수 있다.
128 여전히 첫 번째 싸이클과 유사한 주제들이 엘리바스의 두 번째 연설에서도 일관되게 등장한다: 하나님과 인간 사이의 갭(14-16), 인과응보 사상(17-26), 악인의 운명(27-35).

2-6 욥을 이해 못하는 재난을 주는 위로자들

7-8 하나님으로 인한 재앙에 대한 탄식

9-16 독백, 탄식

   9-14 평안히 살던 욥에게 닥친 환난

   15-16 현재의 욥이 상황 묘사 – 통곡하고 잿더미에 앉아 거의 죽어간다

17 무고함 주장

18-22 법정 호소문 – 변호자의 중재 요청

   18-19[129] 땅에게 호소

   20-22 친구들에게 호소

[17장 응답 계속]

17:1-10 친구들에 대한 탄식

   1-2 탄식

   3-4 간구

   5-10 친구들의 조롱과 욥의 역조롱

11-16 소망 꺾임에 대한 절규, 탄식[130]

---

[129] ארץ אל־תכסי דמי ואל־יהי מקום לזעקתי
גם־עתה הנה־בשמים עדי ושהדי במרומים
오 땅이여, 나의 피를 감추지 말고 나의 부르짖음이 멎을 자리를 제공하지 말아라!
자 보아라, 하늘에 나의 증인이 있으며 저 높이에 나의 변호자가 있다!"(사역)

[130] 13-14절에서는 욥이 다시금 죽음을 갈구하는 장면으로 볼 수 없다. 오히려 단순한 가정문이다. 삶의 극한 죽음의 세계를 가정한다손 치더라도 그의 소망은 어느 곳에서도 발견될 수 없다는 절망의 표현이다. 다시 말하면, 욥은 역설적으로 소망을 기대한다:
אם־אקוה שאול ביתי בחשך רפדתי יצועי
לשחת קראתי אבי אתה אמי ואחתי לרמה
만약 내가 스올이 나의 집이 되고 어둠이 나의 침상이 되기를 기다린다 해도
구덩이에게 "나의 아버지"라 하고 벌레에게 "나의 어머니" 또는 "나의 누이"라 부른다 해도(사역)
ואיה אפו תקותי ותקותי מי ישורנה
나의 희망이 어디 있으며 나의 희망을 누가 보겠느냐(17:15). 욥은 여전히 희망하고 있다.

[18장 빌닷의 두 번째 연설]
18:1-4 "언제까지?" – 입 다물고 우리를 어리석게 보지 말라
5-21 **악인의 운명** – 욥에 대한 저주

[19장 욥의 대답]
19:1-5 "언제까지?"[131] – 나보다 낫게 여기지 말라, 나의 범죄함의 결과가 아니다
6-20 하나님의 폭력의 결과다
    6-10 하나님의 폭력 탄식
    11-20 하나님의 폭력의 결과: 사회적 소외
21-22 친구들에게 호소 – '하나님처럼 나를 핍박하지 말아라'
23-27 구원자에 대한 소망
28-29 친구들에 대한 경고

[20장 소발의 두 번째 연설]
20:1-3 말을 하지 않을 수 없다 – 소발의 폭발
4-29 **악인의 운명**
    4-11 악인의 영화는 잠깐
    12-19 악인의 재물도 빼앗김
    20-29 악인을 대항하는 하나님의 진노[132]

[21장 욥의 대답]
21:1-3 내 말을 자세히 들으라

---

[131] עד־אנה (아드 아나) 빌닷의 발언 시작과 같다. 친구들 간의 치열한 공방전 상황임을 보여준다!
[132] 욥은 이에 대해 21:17-18에서 안티테제!

> 4-6 나의 항변의 이유는 다른 데 있다
> **7-34 악인의 번영** – 친구들의 악인의 운명에 대한 안티테제
>   7-13 악인의 가정의 평안
>   14-16 악인들의 불신앙적 자세
>   17-18 하나님의 진노가 악인에게 임하지 않음
>   19-22 자식들이 아닌 본인에게 재앙이 임하여야 함[133]
>   23-26 불공평한 인간의 운명
>   27-34 친구들을 직접적으로 반박 – 실제로 넓은 세상 속에서는 악인들이 더 잘되는 경우가 많지 않은가? – 고로 친구들은 거짓말을 하고 있는 것!

두 번째 싸이클에서 가장 중요한 이슈는 첫째, 친구들의 "악인들의 멸망" 과 욥의 "악인들의 번영"에 대한 공방, 둘째, 친구들의 '네 죄 때문'[134] 과 욥의 '하나님의 대적하심 때문'에 대한 본격적인 공방이다.[135] 첫 번째 싸이클에서처럼 법정 소송의 구체적 용어나 비유 등은 나타나지 않지만 내용상 친구들과의 직접적인 뜨거운 논쟁이 오히려 두드러진다.

그러나 형식상 한 가지 더 부각되는 표현이 울타리에 대한 것이다.[136] 특히 19장에서 다음과 같이 드러난다:

1〉 v.6 "하나님이…자기 그물로 나를 **에워싸신 줄을** 알아야 할지니라"

2〉 v.10 "사면으로 나를 **헐으시니** 나는 죽었구나…."

---

133 포로기 이후 예언자들의 사상과 같은 맥락; 19절의 번역에 대한 논의는 아래 주석을 참조하라!

134 15:25-26, 34-35 (엘리바스); 18:21 (빌닷); 20:5-6, 19 (소발).

135 16:7-8, 11-14; 19:6, 11-12.

136 우리는 이미 I장에서 욥의 고통의 주된 원인이 그의 "삶의 울타리의 붕괴"(물질적, 가정적, 육체적, 신앙적 울타리)에 있음을 이야기한 바 있다. 본서 I장의 2:4 "가죽으로 가죽을 바꾸오니"에 대한 주석 부분 참조하라!

3) v.12 "그 군대가…나를 치며 내 장막을 **들러 진을** 쳤구나"

4) v.20 "내 피부와 살이 뼈에 붙었고 남은 것은 겨우 **잇몸 뿐**이로구나"

5) v.22 "…**내 살로도** 부족하냐"

곧, 고통의 문제와 관련하여 악인의 번영과 인과응보의 문제뿐만 아니라 삶의 울타리 붕괴의 문제 또한 고통의 주된 이슈 중 하나임을 알 수 있다. 인간의 보호망이 해체된 이유를 하나님의 대적하심이라고 고발하면서 하나님께서 성벽 둘레를 진치고 허물어뜨림으로 말미암아 결국 그의 모든 울타리가 내려앉고 이제 생명의 마지막 수단만이("잇몸") 남아 있음을 표현하고 있다.

전체적으로 두 번째 싸이클의 주제를 기존의 신앙적 관념을 사수하려는 친구들과 그 신앙적 토대를 뿌리 채 흔들어 버리고 있는 욥과의 치열한 논쟁으로 볼 수 있다.[137] 두 번째 싸이클의 시작 부분에서 엘리바스는 욥의 항변의 성격을 한 마디로 기존의 종교를 폐지하려는 것으로 밝히고 있기 때문이다(15:4):

אַף־אַתָּה תָּפֵר יִרְאָה וְתִגְרַע שִׂיחָה לִפְנֵי־אֵל
(아프 아타 타펠 이르아 브티그라 씨하 리프네이 엘)

그러나 너는 종교성을 부수고 하나님 앞에서의 경건성을 깎아버리는구나(사역)[138]

---

137 반면에 첫 번째 싸이클에서는 지혜 써클에서 이루어지는 상담과 교훈, 격려 등의 대화들이 두드러졌었다. cf. 앞으로 살펴볼 세 번째 싸이클에서는 친구들이 욥의 죄인됨을 직접적으로 고발하고 공격하게 되고 욥 또한 구체적으로 하나님 앞에 불공평한 현실을 폭로하는 것으로 전개된다.

138 cf. 공동번역: "자네는 신앙심 같은 것은 아예 부숴 버릴 작정인가? 하나님 앞에서 반성하는 일 따위는 안중에도 없고"; 개역: "참으로 네가 하나님 경외하는 일을 폐하여 하나님 앞에 묵도하기를 그치게 하는구나"; NIV But you even undermine piety and hinder devotion to God; NRS But you are doing away with the fear of God, and hindering meditation before God.

욥의 새로운 언어 찾기는 필연적으로 기존의 신학 체계에 심각한 위협을 가할 수밖에 없었다. 욥과 세 친구들 간의 뜨거운 논쟁은 이와 같이 신앙과 종교에 대한 심각한 신학적 고민이 전제되어 있는 것이다.[139]

질문에 답하기-주석
[19:1-29]

v.2 "말로써 나를 산산조각 내려느냐"?(표준)**의 의미와 친구들과의 대화의 성격?**

이는 상호 이해가 전제되지 않는 상황에서의 논쟁의 파괴성을 드러낸다. 친구들의 말은 욥을 산산조각 내고 있거나 아니면 짓부수고(개정) 있다. 단순한 언변 이상의 상황을 확인하게 된다. 교리 싸움이 종교 전쟁까지 치닫는 기독교 역사를 돌이켜 보건데 현재 욥과 친구들 사이에는 전쟁을 방불케 하는 논쟁이 벌어지고 있다. 그렇게 치열한 전쟁이 "말"로써 이루어진다. 현재 욥을 공격하는 친구들의 말은 형식적 교리요 실존의 경험을 무시한 빈말들이다. 아무리 옳은 말씀이라 하더라도 상대방의 사정을 무시한 교리적 가르침이나 위로가 얼마나 피해 당사자를 사지로 몰아넣을 수 있는가를 여실히 보여준다.

v.5 "너희가 참으로 나를 향하여 자만하며 내게 수치스러운 행위가 있다고 증언하려면 하려니와"에서 법정 공방의 현장 묘사?

본문의 문맥상 법정 공방의 현장임을 확인할 수 있다. 먼저 4절에서 "비록 내게 허물이 있다 할지라도"의 표현 자체가 법정에서의 피고에 대한 허물 또는 범과를 밝혀야 하는 상황임을 보여준다. 5절 내에서도 "나의 수치

---

139 Carol A. Newsom, *The Book of Job*, 446.

스러운 행위"가 과실 유무 판결의 핵심적 용어가 된다. 그러나 욥은 6절에서 자신의 허물의 원인이 자신에게 있는 것이 아니라 하나님께 있음을 변호하며 자신의 억울함을 호소하고 있다: "하나님이 나를 억울하게 하시고 자기 그물로 나를 에워싸신 줄을 알아야 할지니라."

v. 7 "내가 폭행을 당한다고 부르짖으나 응답이 없고 도움을 간구하였으나 정의가 없구나"의 의미는?

계속된 법정 공방의 표현으로 보아야 한다. 이는 친구들이나 하나님 앞에서의 단순한 탄식이 아니다.

v. 25 "대속자" 개념?

대속자로서의 고엘(גאל: kinsman-defender, 보복자, 구속자)은 가까운 친척을 의미하는 것으로 본인이 이행치 못한 의무를 대신 해결해 주거나 권리를 대신 행사함으로써 그의 이익과 재산을 보호해주는 자를 일컫는다 (레 25:25; 신 19:6-12; 룻 4:4-6; 렘 32:6-7). 그러나 본문에서의 고엘은 사실상 "구속자" 또는 "대속자"라기보다는 "후견인"(공동번역)이 더욱 나은 표현일 것이다. 곧, 나를 변호해 줄 하늘에 있는 제3의 존재를 일컫고 있다. 이렇게 자신의 억울함을 대신해서 변호해 줄 이에 대한 표현은 사실상 욥의 발언들 가운데 점차로 발전해 왔다: 중재자(arbitrator; 9:33), 증인과 중보자(witness & advocate; 16:19); 보증자(표준; 17:3). 이는 욥의 소망의 구체적인 표현으로서 탄식 초기의 자살까지도 생각했던 욥이 새로운 언어를 통한 의사소통의 수단을 발견한 이후 더욱 짙어지는 삶의 욕구를 반영해 주는 개념이다. 전통적인 기독교적 해석에서 구속자의 개념을 부각시켜 예수 그리스도의 대속의 역할을 언급하기도 하지만 본문에서 그리스도의 대속의 은혜를 그대로 적용시키기에는 무리가 따른다. 그럼에도 불구하고 지금

"하늘의" 고엘의 "살아계심"을 선포하는 욥에게 온전히 자신의 편을 들어 주실 수 있는[140] 어떤 신적인 존재를 믿고 간구하고 있는 것은 분명하다.

v. 26 부활 개념은?

전통적인 기독교적 해석에서 본문 26-27절을 부활의 개념으로 해석하려 하였다. 그러나 엄밀하게 본문을 신약성서에서 고백되는 부활의 관념과 동일하게 보기는 어렵다.

ומבשרי אחזה אלוה

(부미브사리 예헤제 엘로하)

나의 육체로부터 하나님을 뵐 것이라(사역)[141]

욥은 지금 자신의 죽음을 전제하지 않는다. 오히려 육체 가운데 급기야 하나님을 뵈올 것이라는 확신의 선포이다.[142] 이는 동시에 욥 자신의 무죄함에 대한 최고의 변호이며 최후에 하나님께도 옳다 함을 받을 것이라는 승리의 표현이다. 왜냐하면 죄 있는 자가 그의 부정함 가운데에서 하나님

---

140 지금 욥은 그의 일가친척들이 다 등을 돌린 상태에서(19:13-19) 오직 하나님만을 의지해야 하는 상황임을 기억하라! 하늘의 하나님을 의지하지 않는다면 그 누구를 의지할 수 있겠는가? 우리는 이곳에서 욥의 영적 갈등의 깊이를 실감할 수 있다. 그가 법정 공방의 대적자로 대결하는 하나님이 동시에 그의 변호자가 되시는 상황이다.

141 개역개정 성경과 표준새번역은 "내가 육체 밖에서", "육체가 다 썩은 다음에라도"로 각각 번역하여 육체의 생명이 다한 후에도 하나님을 보는 것으로 상정하고 있다. 그러나 대부분의 영어 성경은 "육체 안에서" 하나님을 뵙는 것으로 번역하다: NIV yet in my flesh I will see God; NKJ That in my flesh I shall see God; NLT yet in my body I will see God!; NRS then in my flesh I shall see God; TNK But I would behold God while still in my flesh. 실제로, 해당 구절의 히브리어 원문은 육체 밖이 아니라 "육체로부터"로 되어 있다: מבשׂרי (미브사리; from my flesh). cf. RSV then *from my flesh* I shall see God.

142 Carol A. Newsom, *The Book of Job*, 479.

을 빌 수 없기 때문이다. 더 나아가 이는 자신의 무죄함에 대한 선포 뿐만 아니라 하나님의 살아계심에 대한 강한 긍정이요 하나님을 의지하는 위대한 신앙이다. 하릴없는 죽음이 아니라 반드시 주님이 살아계시고 그분을 꼭 뵙게 되리라고 하는 믿음의 소망이 담겨 있는 부분이다: "욥에게 있어서는 오직 하나의 문제, 즉 하나님께 대한 관계만이 중요한 문제이다. 이는 다른 모든 문제를 능가한다."[143] 그러나 앞서 논의한 바 있지만[144] 이는 부활 신앙의 단초로서 본문을 받아들일 수 있다. 아직 죽음 이후의 세계에 대한 관념이 생소한 구약 시대에 욥의 새로운 언어를 통한 도전적 신앙의 정신은 그의 신앙의 지평의 확장을 가져왔다.[145]

[21:1-34]
v.5b "손으로 입을 가리리라"의 뜻은?

잠언서를 비롯한 지혜 문학에서 손으로 입을 가리는 것은 어리석은 자들이 현자의 위엄과 권위 앞에서 존경을 표하는 의미로 쓰인다: 잠 30:32, 욥 29:9, cf. 미 7:16. 그러나 본문에서는 욥의 비참한 상황을(육체적이거나 정신적이거나) 친구들이 온전하게 이해하면("너희가 나를 보면"[5a]) 너무 놀라 입을 다물 수밖에 없는 상황이 될 수밖에 없음을 의미한다. 그래서 친구들의 침묵이 욥에게 위로가 될 수 있도록 말이다(2b).[146] 그런데 흥미로운 것은 드라마의 결론부인 욥의 회복 장면에서 친구들은 실제로 자신들을 위해 중보의 제사를 드리는 욥의 권위 앞에 그들의 입을 진정으로 가리게 된다 (42:8-9).

---

143 장 레베크, 『욥기』, 김건태 옮김(서울: 가톨릭 출판사, 1998), 80.
144 앞선 VI장 14:13의 주석을 참조하라!
145 J. Gerald Janzen, *Job* (Atlanta: John Knox Press, 1985), 144.
146 David J. A. Clines, *Job 21-37* (Nashville: Thomas Nelson Publishers, 2006), 523.

v. 19 부모의 죄악이 자신들에게 전가됨을 의미하는가 아니면 그 반대인가?

개역개정 성경 외에는 다른 번역본들은 죄의 개인적 책임성을 의미한다:

하나님은 그의 죄악을 그의 자손들을 위하여 쌓아 두시며 그에게 갚으실 것을 알게 하시기를 원하노라.(개역개정)

하나님이 그의 죄악을 쌓아 두셨다가 그 자손에게 갚으신다 하거니와 그 몸에 갚으셔서 그로 깨닫게 하셔야 할 것이라.(개역)

너희는 "하나님이 아버지의 죄를 그 자식들에게 갚으신다" 하고 말하지만, 그런 말 말아라! 죄 지은 그 사람이 벌을 받아야 한다. 그래야만 그가 제 죄를 깨닫는다.(표준)

"하느님께서는 아비에게 줄 벌을 남겨 두셨다가 그 자식들에게 내리신다"고 하지만 그게 어디 될 말인가? 본인이 받을 줄로 알아야지.(공역)

You say, 'God stores up their iniquity for their children.' Let it be paid back to them, so that they may know it.(NRS)

상이한 번역의 이유는 '하나님이 죄악을 자녀에게 쌓아둔다'는 말이 욥의 말인가(개역개정), 아니면 친구들의 말을 인용한 것인가(여타의 번역본들)에 따라 달라진다. 그러나 본문에서 친구들의 인용문으로 볼 근거는 없다.[147]

---

[147] 반면에 아래 28절에서는 친구들이 이야기한 것으로 분명한 인용의 근거가 나와 있다. 따라서 본문에서 친구들이 한 언급의 인용문으로 보기에는 어려움이 있다.

그렇다고 개역개정 성경의 번역처럼 욥 본인의 말로 보기에는 자기의 죄악을 자기가 당해야 한다는[148] 본문의 맥락과 통하지 않는다. 클라인즈는 이와 같은 어려움을 인지하고 19a절을 의문문으로 처리한다: "Is God stroing up his punishment for his children?"[149] 이 제안은 여전히 본문상의 의문사의 부재로 어려움이 있다.

가장 좋은 번역은 위의 개역의 번역이다. 즉, 직역을 중심으로 전반절과 후반절을 병렬적으로 나열한다. 그러나 후반절의 "그 몸에 갚으셔서 그로 깨닫게 하셔야 할 것이라"라는 표현을 통해 욥이 하나님께 바라는 바를 드러낸다. 즉, 기존의 죄에 대한 연대적 책임이 아닌 개인적 책임성을 하나님께서 깨우쳐 주셔야 함을 주장하고 있는 부분으로 볼 수 있다.[150] 이는 바로 다음 절인 20절에서도 욥이 원하는 바를 주장하고 있음을 볼 때 일관된 논조이다: "자기의 멸망을 자기의 눈으로 보게 하며 전능자의 진노를 마시게 할 것이니라."

신학적 주제

하나님에 관하여

본문을 통해 알려지는 하나님의 모습은 의인에 대한 폭력자요 악인의 번영에 대한 무관심자이다. 그러나 이는 기존의 인과응보의 틀에서만 그러하다. 하나님은 인간의 교리적 틀 너머에 계신다. 흥미로운 장면은 욥은 그 폭력과 무정한 하나님을 동시에 증인으로, 보증자로, 구속자로 기대하고 있다(16:19, 17:3, 19:25). 친구들의 관습적 신앙의 교리적 틀에서 하나님은

---

148 20a절: "자기의 멸망을 자기의 눈으로 보게 하며."
149 David J. A. Clines, *Job 21-37*, 504.
150 이와 같은 사상은 포로기 예언자들의 변혁적 사상과도 통한다(렘 31:29; 겔 18:2-3). 우리는 이곳에서 포로기 이후의 예언 전승과 지혜 전승의 만남 또한 목도할 수 있다.

대적자이다. 그러나 욥의 실존적 체험의 현장에서 하나님은 구속자이다. 실제로, 하나님은 인간의 모든 교리와 체험 위에 존재하신다. 중요한 것은 우리가 어떤 지평에서 하나님에게 접근하느냐의 문제이다. 결국 우리의 하나님 이야기(God-talk)는 우리가 던지는 인식의 그물 또는 신학적 신호의 어떠함에 따라 결정된다. 그리고 그 어떠함을 결정하는 핵심적 요소가 신앙의 자리요 또 존재의 자리이다. 관습적 신앙의 울타리 안에서인지, 실존적 체험의 울타리 밖에서인지에 따라 우리의 하나님 이해가 달라진다.

사람에 관하여

첫 번째 싸이클과는 달리 두 번째 싸이클에서 욥의 친구들과의 논쟁은 더욱 직접적이고 신랄한 공격으로 변하였다. 그런데 클라인즈가 지적했듯이 소발의 발언 이후 21장에 이르면 욥의 논쟁은 친구들의 이슈 하나하나에 대한 정확한 논박이 이루어지면서 그 정서는 훨씬 더 안정되어 있다.[151] 왜냐하면 욥의 마음이 정리되었기 때문이다. 자신이 처한 상황에 대하여 해석이 가능케 된 상태를 의미한다. 그 이유로는 첫째, 자신의 상황과 친구들의 상황이 다름을 직시하게 되었다는 것이고,[152] 둘째는 무엇을 간구해야 할지 소망의 방향을 바로 잡았다는 것이다.[153] 우리는 삶의 소용돌이 앞에서 우리의 처지를 한탄하기 쉽다. 그러나 한탄으로 그칠 때 더 이상의 해결책은 제공되지 않는다. 욥은 처음에 한탄하였다. 그러나 점차 그 탄식을 효과적으로 표현하는 용어를 찾게 되었다. 그러다가 자신의 처지를 발견하게 되고 그 다른 처지를 인정할 때에 친구들의 "관습적인 언사"들을 넘어설 수 있었다. 더 나아가 새로운 관점에 서게 되면서 더 이상 땅의 위

---

151 David J. A. Clines, *Job 21-37*, 521.
152 "나도 너희처럼 말할 수 있느니 가령 너희 마음이 내 마음 자리에 있다 하자"(16:4a).
153 "내가 알기에는 나의 대속자가 살아 계시니 마침내 그가 땅 위에 설 것이라"(19:25).

로자가 아닌 하늘의 위로자를 의지할 수 있게 되었다.

욥의 다른 처지는 곧 삶의 울타리 바깥에 위치한 상황이다. 아무런 인생의 보호망 없는 그 "가난한" 자리에서 하늘의 후견인(고엘) 만을 순전히 간구할 수 있게 된 것이다. 100% 순도의 믿음은 그 때에만 가능하다. 삶의 소용돌이 앞에 설 때 우리는 나의 무장 해제를 선포해야 한다. 그럴 때만이 고통 너머의 구원의 손길을 경험할 수 있다.

세계에 관하여

욥은 21장에서 진정한 세상 경험을 친구들에게 요구한다: "너희는 세상을 많이 돌아다닌 견문 넓은 사람들과 말을 해 본 일이 없느냐? 너희는 그 여행자들이 하는 말을 알지 못하느냐?" 우리는 철학자들의 관념론이나 경험론의 논의에 나아갈 필요 없이 욥의 세계 인식에 대한 진실한 정보를 이곳에서 얻는다. 세계와의 진정한 만남은 바로 기존의 삶의 울타리 밖에서 가능하다. 생생한 삶의 체험이 중요하다. 이는 욥이 친구들에게 요구하는 바이며 어떻게 보면 하나님께서 욥에게 의도하신 바이다. 그렇지 않으면 하나님에 대하여 우리는 제대로 이야기할 수 없기 때문이다: "내가 땅의 기초를 놓을 때에 네가 어디 있었느냐"(38:4a). 우리의 살아가고 경험하는 바가 다 진정한 세계가 아닐 수 있다는 것이다. 우리를 둘러싸고 있는 허울과 보호망들을 과감히 허물어버릴 때 진실한 세계와 대면한다.

실천적 메시지: 일상사에서의 여호와 경외

엘리바스의 발언에서 확인한 바, 욥의 이야기는 "하나님 경외"에 대한 이야기였다(15:4). 그의 고통의 현장에서 신앙에 대한 문제가 주로 다루어졌다. 왜냐하면 욥은 자신에게 일어난 모든 일은 하나님과 관련된 것으로 전제하기 때문이다. 이는 시편의 탄식시의 기자들의 세계관과 동일하다. 매일의 이야기가 하나님 이야기인 것이 구약성서의 신앙이다. 오늘 우리의 이야기는 어떠한가? 가정 경제에 대한 문제, 자녀 교육에 대한 문제, 나의 미래에 대한 문제와 교회의 사업 문제들이 얼마나 하나님 경외의 문제와 관련되어 있는가를 생각해 볼 일이다. 신앙 이야기 따로, 삶의 이야기 따로는 성서가 말해주는 삶과는 동떨어져 있다. 욥의 탄식과 항변을 하나님을 대적하는 불순종의 모습으로 보지 않는 이유는 여전히 그는 자신의 삶의 모든 일을 하나님께 아뢰고 하나님 안에서 해결하려고 하기 때문이다. 조그만 문제 하나만 터져도 이 사람 저 사람 도움을 요청하고 다니는 우리의 모습이 오히려 "하나님 없이" 살아가는 더욱 불신앙적인 모습이 아닌가 돌이켜 볼 일이다. 나의 삶의 모든 일들을 하나님 안에서 바라보고 살아갈 때 진정한 여호와 경외의 삶이 가능하다.

마무리

지상에 있다가 보이지 않던 것이 산 정상을 오른다든가 비행기를 타게 되면 보이게 된다. 울타리에 갇혀 있을 때 보이지 않던 것이 울타리를 벗어나면 보이게 된다. 바로 관점의 변화요 주어진 틀 깨기이다. 이것이 우리의 생각을 바꾸고 터전을 새롭게 한다. 두 번째 싸이클에서 엘리바스는 욥에 대하여 새로운 종교 내지는 새로운 신앙의 위험성을 우려깊게 표명한다. 물론 옳은 지적이다. 그럼에도 불구하고 욥이 다른 친구들에 비하여 하나님 앞에 더욱 가깝게 서 있는 것은 분명하다. 그러나 그는 상처받기 쉬운 곧 vulnerable(취약한, 공격받기 쉬운) 한 상태에 놓여 있다. 마치 광야에서의 이스라엘 백성이 이집트에서의 생활에 비하여 모든 방어망이 깨진 상태에서 오직 하나님만을 바라볼 때처럼 말이다. 그렇지만 이럴 경우에도 전폭적인 의지 가운데 진정한 하나님 체험이 열린다.

Sapiential Interpretation of the Book of Job

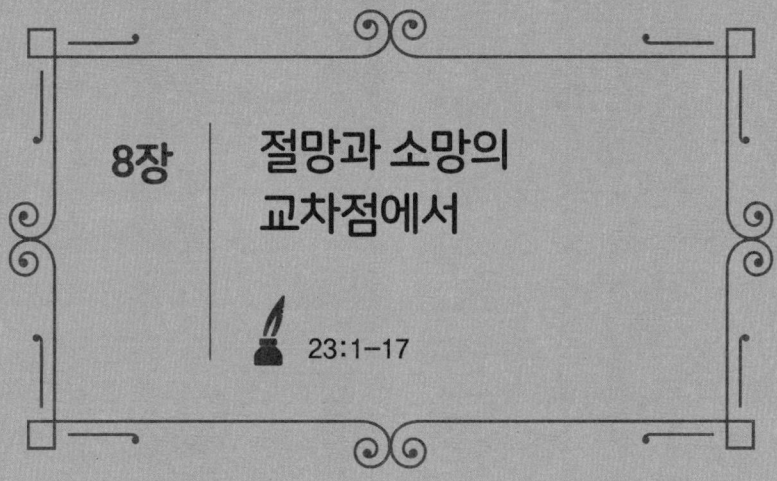

세 번째 싸이클 개관 - 욥 22-27장

본문이 포함된 세 번째 싸이클에서 친구들의 입장은 여전히 앞선 발언들과 유사하다. 사람에 대하여는 하나님 앞에서 지극히 미약한 존재로, 하나님에 대하여는 지극히 크신 분으로, 욥에 대하여는 죄인으로 선포하고 있다. 특히 하나님과 인간 사이의 격차를 세 번째 싸이클에서는 더욱 강조하는데 하나님은 지극히 높은 곳에 계시고(25:2), 인간은 벌레이며 구더기와 같다고 말한다(26:6). 엘리바스는 끝으로 욥의 회개를 종용한다. 만약 전능자에게 돌아오고 불의를 멀리하면 복이 임하고 건지심을 입으리라(22:29) 충고한다. 그러나 그것들은 여전히 인과응보 교리에 얽매여 있는 언급들이다.

한 가지 특이한 사항은 빌닷의 세 번째 발언이 눈에 띠게 축소되어 있으며(25:1-6) 소발은 아예 등장하지도 않는다. 이에 대하여 주석자들 사이에는 욥의 친구들의 일관된 주장인 "악인의 운명"을 다루는 부분들이 욥의 발언에 포함되어 있는 것에 착안, 24:18-25과 27:13-23을 각각 축소된 빌닷의 보충 부분과 상실된 소발의 발언 부분으로 재구성하는 토론들도 있다.[154] 그러나 정경비평적 입장에서 본문의 형태를 그대로 받아들이는 설교자들에게 있어서 소발의 침묵은 세 친구들과의 토론의 종언을 의미하는 것으로 받아들이면 충분할 것이다. 물론, 토론 종결의 계기가 구체적으로 무엇이었느냐에 관해서는 의견이 분분할 것이다.[155]

친구들에 비하여 우리는 지금까지 욥이 친구들과의 대화가 거듭될수록 관점의 변화와 더불어 새로운 언어 찾기로서의 사상적 발전이 진행되고 있음을 볼 수 있었다. 이런 측면에서 두 가지 발전이 눈에 띤다. 하나는, 의로운 고난자들에 대한 인식이 개인의 차원을 뛰어넘어 공동체의 차원으로 확장되고 있는 사실이다. 본문 24:1-12에 보면 구약성서의 전통적 약자인 고아와 과부, 그리고 가난한 자들의 고통이 부각된다. 가난한 자들에 관하여 앞선 장들에서 친구들이 먼저 언급한 바 있다(5:15-16; 20:19; 22:6-7). 그러나 모든 언급들은 욥을 정죄하면서 악인들이 약한 자들을 괴롭혔듯이 욥이 그러한 죄악에 연루되어 있는 것이 아닌가를 고발하기 위해 인용되었을 뿐이다. 따라서 실제로 소외된 자의 고난의 문제를 진지하게 다루고 있지 않았다. 여전히 친구들은 인과응보적 교리의 틀에서 현실과 거리가 있는 탁상공론을 할 뿐이다.

그러나 욥의 경우, 상황이 달랐다. 아무런 죄 없이 당하는 혹독한 고통의 현실 속에서 이미 무고한 자의 고통을 자신의 실존적 차원에서 한탄하였다. 그런데 본문 24장에 이르러 처음으로 의인의 고통에 대하여 자기 자신 뿐만 아니라 이웃의 고통까지 바라보는 관점이 확장되어 변하고 있다. 이전의 친구들처럼 울타리 안에 있을 때에는 보이지 않았던 힘없고 억울

---

154 마빈 포프와 노만 하벨 등
155 예를 들어, 더 이상 친구들이 욥과 토론할 필요성을 못 느껴서 무관심 가운데 결렬되었거나 또는 후에 엘리후의 언급대로 말로써 욥을 설득시키는 것의 한계를 느꼈기 때문일 수도 있다.

한 이웃의 울부짖음이 비로소 욥의 눈과 귀에, 그의 감각 기관에 포착된 것이다. 바로 이웃과의 연대감이요 공동체 정신이다. 의인이나 경건자들이 홀로 위대하고 홀로 고결한 삶의 울타리에 갇힐 때 위선자라 칭함을 받을 수밖에 없다. 실제로 욥의 친구들은 위선의 자리에 서 있다. 혹 욥도 그러한 위험한 자리에 고난 이전에 위치해 있었을 수도 있다. 그러나 지금은 더 이상 아니다. 모든 울타리가 깨어진 후, 자신과 같이 억울한 가운데 본인의 노력과 행동에 관계 없이 고통하고 있는 사람들과 연결되기에 이른다. 이것이야말로 고통이 주는 유익 중 하나이다. 이제 욥은 상처받은 치유자로서의 첫걸음을 내딛을 수 있게 되었다.

또 다른 욥의 사상의 발전적 측면 중 하나는 이제까지 친구들의 전유물처럼 주장되어 왔던 악인의 운명에 대한 사상이 오히려 욥에게 강하게 강조되고 있는 점이다. 더군다나 아예 빌닷에 대한 욥의 마지막 답변의 끝은 악인의 운명을 역설하면서 끝나고 있다(27:13-23). 갑작스런 욥의 사상의 변화를 어떻게 이해할 수 있을까? 자포자기적 욥의 탄식으로서 악인의 운명을 받아들이는 것일까, 아니면 말 그대로 눈앞에 있는 악인(친구들)에 대한 저주인가? 욥기 드라마의 전체적 맥락에서 고려한다면 욥의 현재 심정은 갱신된 인과응보에 대한 희망으로 볼 수 있겠다. 즉, 이전에 가졌던, 그리고 친구들이 현재 주장하는 그러나 형식적 인과응보를 넘어서서 실존적 울타리 붕괴의 현장에서 욥은 새로운 인과응보 즉, 여전히 하나님께서 살아 계셔서 악인들을 멸하시리라는 확신을 소망 가운데 선포하고 있는 것으로 볼 수 있다. 이는 살아계신 하나님 통치의 필연적 결과물이기 때문이다. 욥에게 있어서 하나님의 정의는 실현되어야 한다. 그 하나님께서 살아계시지 않는다면, 그분의 정의가 실현되지 않는다면 욥은 더 깊은 수렁 속에 빠져들 수밖에 없는 운명이기에 그렇다. 그래서 지금 친구들 앞에서 하나님의 분명한 판결을 절대적으로 요구하고 있는 것이다.

이렇게 다른 점들 외에 본문의 세 번째 싸이클이 앞선 싸이클들과 같이 반복되어 나타나는 욥의 발언들도 또 있다. 재판 용어가 재등장하고 있고 (23:4, 7)[156], 악인의 번영에 대한 불평을 토로하고 있으며 또한 가장 중요한 무고함(self-innocence)에 관한 주장이 더욱 강력하게 묘사되고 있다.

그런데 본문의 내용을 떠나서 욥의 정서상의 변화에 집중한다면 세 번째 싸이클은 분위기의 급전이 수차례 반복됨을 관찰할 수 있다. 특히 23장이 그렇다. 처음 1-7절에서 하나님과의 법정 공방이 가능하다면 그가 들으시고 구원받게 되리라는 소망을 피력한다. 그러나 바로 다음 절인 8-9절에서 만날 수 없는 하나님에 대한 절망을 쏟아낸다. 하지만 바로 다음 절인 10절에서는 욥의 탄식 가운데 최고의 소망의 언어가 등장한다: "나의 가는 길을 오직 그가 아시나니 그가 나를 단련하신 후에는 내가 정금 같이 나오리라". 이윽고 23장의 마무리는 또 다시 절망의 언어들이다.

이와 같이 소망과 절망의 언어들이 교차되어 반복하는 이유가 무엇일까? 이는 무엇보다도 욥의 탄식이 허구적 문학 작품의 결과가 아니라 실제 상황임을 반증해 준다. 인간의 감정은 항상 변화무상하며 인간의 상황은 조변석개이다. 그러므로 욥이 지독한 고통의 현장에서 새로운 언어를 통해 날아오르려는 그의 갈등과 고투의 진솔한 모습을 발견할 수 있다. 다음으로는 그만큼 욥의 소망이 커져감을 증명한다. 즉, 소망이 클수록 절망도 커지기 마련이다. 하나님 앞에 나아가 자신의 순전함을 증명받을 것에 대한 바람이 간절해질수록 현실에서 그렇게 할 수 없다는 실망감의 낙차는 훨씬 클 것이기 때문이다. 끝으로, 그만큼 욥의 구원의 때가 가까워 왔음을 시사한다. 새벽 미명이 가장 어두운 때라는 사실을 우리는 안다. 그러나 그 최후의 가장 깜깜한 어둠을 통과한다면 광명한 아침이 기다리고 있

---

156 욥의 마지막 탄원 부분인 31장에 이르면 재판의 용어는 극대화되어 나타난다. 즉, 31:28, 35-36.

다는 것을 안다. 욥 또한 그의 낙심과 비애의 표현이 극에 달하고 있다는 것은 그의 구원의 새벽이 이제 곧 밝아올 것을 보여준다.

세 번째 싸이클을 본문 구조를 중심으로 살펴보면 다음과 같다:

[엘리바스의 세 번째 연설]
22:1-5 하나님의 심판은 네 죄 때문이다!
6-11 욥의 죄목들 고발
12-20 전통적 악인과 같은 모습의 욥을 고발
21-30 회개 종용과 회복의 약속[157]

[욥의 응답: 23-24장]
23:1-7 탄식과 소망 가운데 무고함을 증명하기 위해 법정 변론을 간구
8-9 하나님을 뵐 수 없음에 대한 탄식과 절망
10-12 하나님의 길로만 걸었음을 주장
13-17 하나님의 뜻을 돌이킬 수 없음을 탄식하며 두려워함[158]
24:1-17 하나님을 고발
   24:1-12 가난한 이들에게 임하는 고통스러운 현실 고발: 악인들에 대한 심판 부재
   13-17 사악한 자들의 어둠 속에 행하는 죄악 고발: 악인들 범죄의 만연
18-25 악인의 운명?[159]

---

157 결국 엘리바스는 처음 그의 발언을 시작한 이후 하나도 그의 주장하는 바가 달라진 것이 없다: 1.인간론 – 하나님 앞에서 지극히 미약, 2.신론 – 실로 크신 하나님(천상의 모든 존재들보다도), 3.욥에 대하여 – 너는 죄인이다, 4.결론 – 회개하면 구원하실 것이다.

158 cf. 욥 3:25 "내가 두려워하는 그것이 내게 임하고 내가 무서워 하는 그것이 내 몸에 미쳤구나"; 31:23 "나는 하나님의 재앙을 심히 두려워 하고."

159 주로, 악인의 운명은 친구들의 주된 주제인데 이곳에서 갑자기 욥의 언급으로 등장하고 있다. 이는

[빌닷의 세 번째 연설]

25:1-3 하나님의 주권과 빛[160]

4-6 하나님 앞에서 인간의 미약함[161]

[욥의 응답: 26장]

26:1-4 네 지혜의 근거는 무엇인가?

26:5-14 하나님의 전능하심과 인간의 무지

[욥의 맹세/서약: 27장]

27:1-6 욥의 맹세

   1 설화자

   2-3 조건문

   4-6 결코 거짓을 말하지 아니하고 나의 결백을 주장할 것이다

7-10 원수의 운명

11-12 나의 가르침

13-23 악한 자의 운명

욥은 첫 번째와 두 번째 싸이클과는 달리 세 번째에서는 엘리바스에게 직접적인 응대를 하지 않고 바로 하나님 앞에 자신의 사정을 아뢰고 있다. 이는 욥의 태도에서 드러나는 주된 발전적 모습 중 하나로서 이미 두 번째

욥의 새로운 생각의 변화나 사상의 발전인가? 아니면 학자들의 견해처럼 편집상의 오류인가? 즉, 원래는 친구들의 이야기가 이곳에 잘못 들어온 것일까?(포프는 이 부분을 소발의 세 번째 발언으로 간주하며 표준새번역도 각주에서 이를 묘사하고 있음).

160   이곳에서의 빌닷의 언급은 앞선 욥의 심판 부재와 어둠 속에 판치는 죄인들(24:1-12; 13-17)에 대한 교정으로 등장한다.

161   이 언급은 욥의 무고함에 관한 주장(23:6-7; 10-12)을 공격하기 위함이다.

싸이클에서 욥은 친구들을 더 이상 의지나 호소의 대상으로서 보지 않는다. 두 번째 싸이클에서의 욥의 마지막 발언을 상기하라(21:34): "그런데 어찌하여 너희는 빈말로만 나를 위로하려 하느냐? 너희가 하는 말은 온통 거짓말뿐이다."[162]

세 번째 싸이클의 주목할 만한 점들은 다음과 같다:

1. 엘리바스는 직접적으로 욥을 죄인으로 고발(22:5 이하)하면서 동시에 직접적 회개를 종용하고 있다(22:23).[163] 그러나 빌닷과 소발에게는 직접적 회개 종용은 나타나지 않는다.
2. 욥의 응답
   1) 엘리바스의 발언에 대해 욥은 23장에서 철저히 무시한다. 단지 하나님에게 향한 탄식으로 일관한다. 이는 첫 번째와 두 번째 싸이클에서 항상 친구들에게 반응하고 있는 모습과 대조된다. 물론 이곳에서 빌닷에게는 응답하나 곧이어 소발에 대해서는 무시한다(27:1-12).
   2) 욥의 최종적인 응답에서 처음으로 욥의 대적자들에 대한 저주를 표현한다 (27:7-10).

친구들은 세 번째 싸이클에 이르기까지 여전히 똑같은 주장을 반복한다. 특히 본인들이 이제껏 이야기한 자신들의 요지를 정리하고 있다. 즉 엘리바스는 욥을 범죄자로 규정한다. 빌닷은 하나님과 인간 사이의 어쩔

---

162 "어찌하여 너희들은 헛되게 위로를 하느냐. 너희의 답변들은 모두 다 거짓의 찌꺼기 뿐이로구나." (사역)
163 악인의 구체적 행사를 욥에게 동일시 - 첫 번째와 두 번째 싸이클에서는 2인칭으로 욥을 지칭할 때에는 하나님께 대한 불평으로 인한 범죄만을 지적한다. 그러나 세 번째 싸이클에 이르러서는 구체적인 악인의 행실과 운명을 직접 욥과 결부시킴!

수 없는 괴리를 지적한다. 편집상 상실된 소발의 본문을 재구성할 경우,[164] 소발은 악인의 운명을 이야기하는 셈이다.

본 싸이클에서 욥이 언급하는 주제는 다음의 다섯 가지다. 첫째, 욥은 자신의 무죄함이 법정 소송을 통해 증명받으리라는 확신에 차 있다(23:3-7). 그래서 그의 소망의 정도가 확대되고 극대화되고 있다.[165] 둘째, 신정론에 대한 물음(24:1-17)이 부각된다. 하나님의 세상 섭리에 대한 가장 신랄한 질문으로 발전하고 있다. 셋째, 하나님의 자유하심을 동시에 피력한다(26:1-14). 욥의 소망과 절망의 교차 정서를 읽을 수 있다. 넷째, 자신의 무고함에 대한 맹세로 나아가고 있다. 더불어 대적자에 대한 저주로 그의 이야기가 발전한다(27:1-10). 끝으로, 이제까지의 친구들의 말들을 한 마디로 다음과 같이 요약한다: "터무니없는 말" הבל תהבלו(헤벨 테흐발루: 터무니없게 되다; 무익하게 되다).

본문 연구 23:1-17

발견적 질문하기

vv.3-5 하나님을 직접 만나려는 욥의 표현의 과격성은?

164　세 번째 싸이클의 재구성:
　　22:1-30 엘리바스의 세 번째 연설: 너는 범죄자다! 그러나 회개하면 구해 주실 것이다.
　　23:1-24:17 욥의 응답
　　25:1-6 빌닷의 세 번째 연설: 하나님과 인간 사이의 갭
　　26:1-14 욥의 응답
　　24:18-25; 27:13-23 소발의 세 번째 연설: 악인의 운명
　　27:1-12 욥의 응답

165　욥의 새로운 언어 찾기의 절반은 성공이다. 통전적 태도를 통해 자신의 무죄함에 대한 소망과 삶의 보람을 바라보고 있다.

v.7a "거기서는 정직한 자가 그와 변론할 수 있다"?

v.14 "내게 작정하신 것을 이루실 것이라"?

v.16 "하나님이 나의 마음을 약하게 하시며"라는 표현은 앞선 "내가 순금 같이 나오리라"(v.10)의 확신과 배치되지 않는가?

v.17 "내가 두려워하는 것"은 무엇인가?

본문 구조
23:1-7 탄식과 소망 가운데 법정 변론을 위한 간구
   1-5 탄식
   6-7 소망
8-9 하나님을 뵐 수 없음을 탄식
10-12 하나님의 길로만 걸었음을 주장
13-17 하나님의 뜻을 돌이킬 수 없음을 탄식하며 두려워함
   13-15 하나님의 전능성
   16-17 내가 두려워하는 것

질문에 답하기-주석

vv.3-5 하나님과의 직접적 대면을 요구하는 욥의 표현의 과격성?

욥은 법정 공방의 상황을 이미 첫 번째와 두 번째 싸이클에서 언급한 바 있다. 4절의 "변론"이나 7절의 "변론"과 "심판자"의 언급은 앞선 법정 용어와 그 맥을 같이한다. 이미 신-인 재판의 상황이 충분히 과격한데 본문에서는 더욱 과격한 장면이 연출된다. 그것은 바로 욥이 하나님의 처소(His dwelling place תכונתו: *테쿠나토*)에까지 나아가려고 하는 장면이다. *테쿠나*는 에스겔 43:11(arrangement)과 나훔 2:10(treasure, preparation)에서 사용되지만 실제로 하나님의 계신 곳을 의미하는 곳은 욥기 본문 단 한 군데이다.

BDB 히브리어 사전에 의하면 מכון(*마콘*)¹⁶⁶이 동일한 의미로 나타난다. 하나님 임재의 성막(משכן: tabernacle)과는 달리 *테쿠나*는 보좌(seat) 또는 내전(court)을 의미한다.¹⁶⁷

그렇다면 지금 욥은 단순한 법정 재판의 현장을 의미하는 것을 떠나서 하나님의 내전까지 들어가 하나님과 독대하는 것을 상상하고 있다("그 앞에서 내가 호소하며 [23:4]"). 이는 바로 친구들을 법정으로 초대했던(13:1-12) 그의 시도가 실패로 돌아가자 이제는 오직 하나님 앞에서, 그리고 어떤 면에서는 하늘의 천상 회의의 현장에서 하나님 뵙기를 간청한다. 그래야 욥이 원하는 바를 이룰 수 있기 때문이다: "내게 대답하시는 말씀을 내가 알고 내게 이르시는 것을 내가 깨달으리라"(개역).

v. 7a *"거기서는 정직한 자가 그와 변론할 수 있다"*?

구약성서의 세계에서 부정한 인간이 하나님을 대면하면 죽게 되어 있다. 따라서 욥 13:16에서, "경건하지 않는 자는 그 앞에 이르지 못하나니 이것이 나의 구원이 되리라"라고 말했다. 같은 맥락에서 하나님의 처소에까지 나아가 하나님과 대화를 나눌 수 있다는 사실 자체는 곧 욥 자신이 무죄하다는 증거가 될 것이다.¹⁶⁸ 이를 통해 볼 때 욥이 왜 그렇게 하나님과의 법정 재판의 현장을 주장하는지 알 수 있다. 신-인 법정 현장 자체가 욥의 결백 선포의 재판장이 되기 때문이다: "내가 심판자에게서 영원히 벗어나리라"(v.7b).

---

166 출 15:17; 왕상 8:13; 시 89:15; 사 4:5. 출 15장에서는 시내산의 하나님 처소를 의미하며 이사야 4장에서는 시온산의 하나님 처소를 의미한다. 흥미로운 사실은 이사야에서는 천상 회의(*미크라*)의 장소와 병렬되어 표현된다.
167 David J. A. Clines, *Job 21-37*, 575.
168 Norman C. Habel, *The Book of Job*, 349.

v. 14 "내게 작정하신 것을 이루실 것이라"?

10-12절까지 자신의 죄없음을 주장하다가 13-14절에 이르면서 다시금 절망의 자리로 떨어진다. 그러나 이는 이미 본문 8-9절에 예견되어 있었다. 전후좌우, 동서남북을 헤매고 다녀봐도 하나님은 발견될 수 없기에 결국 그의 결백은 증명될 수 없다는 절망감이다. 그러기에 13절의 뜻이 일정하신 하나님께서 결국 14절에 욥에게 "작정하신 일을 이루실 것이다"라고 했을 때에는 비극적인 결말을 앞둔 자의 비애가 담긴 탄식이라고 할 수 있다. 그 작정하신 바는 바로 욥을 파괴코자 하시는 하나님의 불가해한 결정이다.[169]

v. 16 "하나님이 나의 마음을 약하게 하시며"? vs. "내가 순금 같이 나오리라"(v. 10)는 확신과 대조되어 상호 모순되지 않는가?

23장에서 드러나는 욥의 정서는 한 마디로 불안과 공포로 인한 분열적 증상을 보이는 것으로 판단된다. 즉, 처음에는 법정 용어를 빌어 소망 가운데 자신의 온전함을 주장하는 것으로 시작했다(3-7절). 그러나 또다시 만날 수 없는 하나님에 대한 절망을 경험한다(8-9절). 그럼에도 불구하고 10절에서 목격되듯이 다시금 자신의 결백을 주장하는 방향으로 급변한다. 그리고는 결국, 그의 마음이 약해져서 절망으로 치닫게 된다(17절).

왜 이런 감정의 기복이 생기는가? 클라인즈는 욥이 이 시점에서 자신이 지금 소원하고 있는 하나님 앞에 선다는 것의 궁극적 의미를 실감하고 있는 것으로 설명한다.[170] 즉, 6-7절에서 그가 바라는 바, 하나님께서 자신의 말을 들으시고 정직자로서 하나님의 무죄 선언을 받을 수 있으리라 상상했던 그의 꿈이 불가함을 스스로 자각하고 있는 것으로 본다. 고통받는 욥

---

169 Carol A. Newsom, *The Book of Job*, 509.
170 David J. A. Clines, *Job 21-37*, 600.

의 처절한 고뇌의 현장을 우리는 목격하고 있는 셈이다.

v.17 "내가 두려워하는 것"은 무엇인가?

바로 하나님이다! 욥은 일찍이 3:25에서 자신이 두려워하는 것이 임하였다고 탄식했다. 그때에 그가 두려워하던 것은 혼돈이었다(로게즈: 3:26). 그런데 본문에 이르러 그가 두려워하는 것은 어둠이나 흑암 즉, 혼돈이 아님을 분명히 한다(23:17). 바로 앞 절인 23:16b에서 그의 두려움의 대상이 하나님임을 밝힌다: "전능자가 나를 두렵게 하셨나니." 왜냐하면 그분은 욥이 기대하는 바 무죄 선포를 해주실 법과 공평의 하나님이기보다는 당신의 하고자 하시는 것을 행하시고(13절) 작정하신 것을 이루시는 분(14절)이기 때문이다. 이제 그 하나님에 대한 묵상이 다음 장인 24장에서 무고한 자가 고통을 받는 일반적인 사회 현상에 대한 고발로 치닫게 된다.

신학적 주제

하나님에 관하여

본문에서 하나님은 신비의 세계로 들어가신다. 욥의 새로운 언어의 발견을 통하여 하나님을 고통 가운데 새롭게 이해하려고 했던 시도가 한계에 다다른 느낌을 준다. 하나님의 흔적을 그 어느 곳에서도 발견할 수 없고(23:8-9) 그의 섭리는 돌이키는 법이 없기에 인간의 상황과 형편과는 상관없이 성취된다(23:13). 그 결과 하나님은 더욱더 사람에게 두려움의 존재가 된다.

신비는 곧 두려움과 관계가 있다. "여호와를 경외하는 것이 지혜의 근본"(잠 9:10)이라는 지혜서의 근본 취지는 곧 하나님의 신비에 대한 인정이다. 어쩌면 인간의 할 수 없음에 대한 고백이다. 따라서 하나님을 두려워하지 않게 되는 세대는 하나님의 신비를 인정하지 않는 세대이다. 인간의 생각과 체제 속에 하나님을 가두어 두고 자신들이 조절(manipulate)하려는 세대이다.

욥의 새로운 언어 찾기의 노력에도 불구하고 욥기의 하나님은 인간의 어떠한 개념적 그물을 벗어나 계신다. 욥은 본문에서 뼈저리게 하나님의 하나님 됨을 경험하고 있다. 그러나 신비의 하나님 인정은 욥에게는 큰 낙심과 애탄을 가져다 줄 수밖에 없다.

사람에 관하여

그렇다면 이런 하나님의 전능하심 앞에 인간은 두려움에 떨 뿐인가? (23:15-16) 비상구는 마련되어 있지 않는가? 그렇지 않다. 욥의 23:10에서의 순금 단련의 고백과 또 다음 장 24장에서의 불공평한 사회 현실에 대한 고발은 하나님의 신비에도 불구하고 욥의 계속되는 기대와 항변을 동시에 보여준다.

먼저, 하나님께서는 신비 가운데 계신다. 그래서 인간은 그를 감지할 수 없으나(23:8-9) 분명한 것은 하나님께서는 인간을 굽어 살피고 계신다는 사실이다. 그래서 욥은 소망이 있었다: "내가 가는 길을 그가 **아시나니** 그가 나를 단련하신 후에는 내가 순금 같이 되어 나오리라"(23:10). 나는 알 수 없으나 그가 아신다. 그래서 소망이 있다. 우리는 할 수 없으나 하나님은 할 수 있다. 그래서 인간에게 구원이 주어진다. 결국, 욥의 기대와 소망은 모든 것을 다 보시고 알고 계신 하나님에 의해 이루어지게 될 것이다.

또한, 하나님의 무정한 폭력의 현장 앞에서 공포에 떨 수밖에 없었던 욥은 그 상황 속에서 그대로 매몰되지 않고 오히려 새로운 지평을 개척한다. 바로, 자신의 개인적 고통으로부터 공동체 전체에 닥친 고통의 문제로 나아가게 된 것이다. 하나님의 신비 또는 불가해성에 직면한 인간은 두려움 속에 절망에 빠지게 된다. 그러나 절망과 자포자기가 인간의 마지막 옵션은 아니다. 한 발 뒤로 물러나서 자기를 둘러싼 전체의 상황을 보게 되는 계기가 마련된다. 아니, 어쩌면 고통의 현장 속으로 더욱 깊이 들어가 인간 사회의 엄연한 모순을 발견하게 된다고 표현할 수 있겠다. 고통을 당한 자가 고통을 당한 자들을 이해할 수 있는 통로가 비로소 열리며 이웃과의 연대감이 형성된다.

세계에 관하여

우리는 때때로 세상 가운데 하나님의 부재를 경험한다. 실제로, 욥이 애절하게 찾는 하나님은 그 어디에서도 발견되지 않는다(23:8-9). 그런데 욥은 끝까지 하나님이 없다고 선포하지 않는다. 반면에 악인은 하나님이 없다고 선포한다: "악인은 그의 모든 사상에 하나님이 없다 하니이다"(시 10:4).

하나님 없는 세상 경험은 우리로 하여금 악인의 선포를 따르게 한다. 결국 불가해한 하나님 이해가 하나님의 신비가 아닌 하나님의 부재로 흘러버린다면 악인의 길에 접어들게 되는 것이다. 솔직히 이 세상 속에서 살아가는 동안 우리는 얼마나 많은 시간 가운데 하나님을 의식하며 또한 의지하며 살아가고 있는가? 오히려 하나님 없음을 은연 중 긍정하며 살고 있지는 않는가? 때문에 문제가 있으면 사람을 찾고 어려움이 닥치면 전전긍긍한다. 하나님 앞에 무릎을 꿇기 전까지는 동원할 수 있는 모든 인간적인 방법을 다 동원한다. 급기야 모든 길이 막힌 후에야 하나님 앞에 마지막으로 호소하는 모습이 바로 우리의 모습이 아닌가?

아이러니컬하게도 욥은 고통 속에서 하나님을 계속해서 의식했고 의지했다. 물론, 그는 고통이 찾아오기 이전부터 항상 자녀들이 하나님 앞에 범죄한 사실이 없는지 점검하던 사람이었다. 그러나 그에게 닥친 고통은 세상 속에서 더욱 간절하게 하나님의 실존을 요구하도록 인도하고 있다.

참혹한 욥의 고통의 세계 속에서 하나님은 여전히 살아계셨고 그의 음성을 다 듣고 계셨다. 욥이 그의 하나님 부재를 선언하지 않는 한, 이해할 수 없는 상황 속에서 하나님은 신비 가운데 머물러 계신다. 그러나 욥의 포기하지 않는 하나님 발견의 노력이 마침내 살아계신 하나님 체험으로 이어졌다. 그리고 그 때에 이 세계는 본래 창조 세계의 온전한 모습으로 새롭게 하나님의 사람에게 체험되었다(38-39장). 하나님 부재의 세계에서 하나님 신비의 세계로, 더 나아가 하나님 현존의 세계로 나아가는 것이 욥의 세계이다.

실천적 메시지: 고통 속에서의 소망의 기도

본문 23장에서 욥의 기도는 다음의 다섯 단계에 걸쳐서 나타난다고 볼 수 있다. 첫째, 하나님의 계신 곳을 찾고 있다(3). 둘째, 그 하나님 앞에 자신의 사정을 호소하리라 말한다(4). 셋째, 그렇게 하나님께 아뢸 때 하나님께서 대답해 주시고 깨닫게 해주시기를 간구한다. 물론, 소망의 형태로 가정하며 아뢰는 기도이다. 넷째, 하나님께서는 나와 다투시기보다는 나의 기도를 들어주시리라 확신한다. 결국, 마침내 하나님과 교통함을 통하여 무죄선언을 받아 심판자에게 영원히 벗어나리라 선포한다. 그러나 바로 다음 절인 8절에서 그 하나님을 대면할 수 없기에 절망한다. 욥이 가정했던 하나님 대면이 가능하다면 자신의 무죄증명이 성취될 수 있지만 문제는 어디서 하나님을 만날 수 있느냐 하는 것이다.

흥미로운 사실은 욥이 절망하고 있는 상황 속에서도 이미 욥이 아뢴 기도 항목에서 밝힌 소망들은 우리가 장차 보게 되겠지만 다 이루어진다. 첫째, 하나님의 계신 곳을 찾을 때 아예 하나님께서 오히려 우리에게 찾아와 주신다. 폭풍우 현현으로 말이다. 둘째, 이미 자신의 사정 아룀을 욥 드라마의 처음부터 끝까지 하나님은 침묵 가운데 듣고 계셨다. 셋째, 폭풍우 현현 이후 욥에게 실제로 대답하시고 수사적 질문으로 깨닫게 하신다. 넷째, 하나님께서 다투시기보다는 들으신다. 더 나아가 하나님에 대하여 친구들보다 더 잘 말했음을 판정하시며 욥의 손을 들어주신다(42:7b). 다섯째, 결과적으로 죄인 혐의에서 벗어난다. 오히려 하나님을 귀로만 듣는 상태에서 직접 눈으로 뵙는 경지로 올라선다(42:5).

오늘도 우리는 곤고하고 앞뒤가 막힌 상황 속에서 하나님께 기도한다. 그러나 그 기도는 이미 응답 받았다. 하나님께서 듣고 계시고 우리가 낙심하지만 않는다면 어느 순간에 마침내 나타나셔서 우리의 소원을 만족케 하시기 때문이다. 그러니까 가장 중요한 것은 기도하는 자의 믿음이 관건이다. 왜냐하면 우리의 믿음대로 간구가 이루어지기 때문이다.

마무리

절망과 소망의 교차점에서 욥이 경험한 것은 도약이었다. 견디기 힘든 고통이 그의 정신과 감정을 위로 아래로 정신없이 뒤흔들어 놓았다. 그러나 그 상황 속에서도 욥은 두 종류의 도약을 경험한다. 하나는 하나님의 신비의 세계로 또 다른 하나는 이웃과의 연대적 삶으로 점프한다. 나는 알 수 없으나 하나님이 나를 아시기에 그분의 섭리에 나를 전적으로 내어맡길 때 정금과 같이 단련된 하나님의 사람으로 탄생됨을 고백하기에 이른다. 또한 센티멘탈한 개인적 고뇌 속에 매몰되어 모든 관계로부터 단절된 사태로 추락하기보다 주변을 돌아보고 현실을 직시함으로써 의인의 고통의 문제를 전체 사회의 공동체적 문제로서 인지하는 단계로의 도약을 목격하게 된다.

인생살이에 있어서 소위 "운명의 장난"을 때로는 경험한다. 감정을 추스를 수 없고 아무도 만나기 싫은 상황이 수없이 다가온다. 그러나 위기의 파도는 기회를 주는 파도타기를 가능케 한다. 고난은 변화의 계기를 열어 준다. 그리고 그 변화로의 도약을 위한 발판은 바로 하나님 사랑(하나님의 신비로!)과 이웃 사랑(공동체로!)이다.

Sapiential Interpretation of the Book of Job

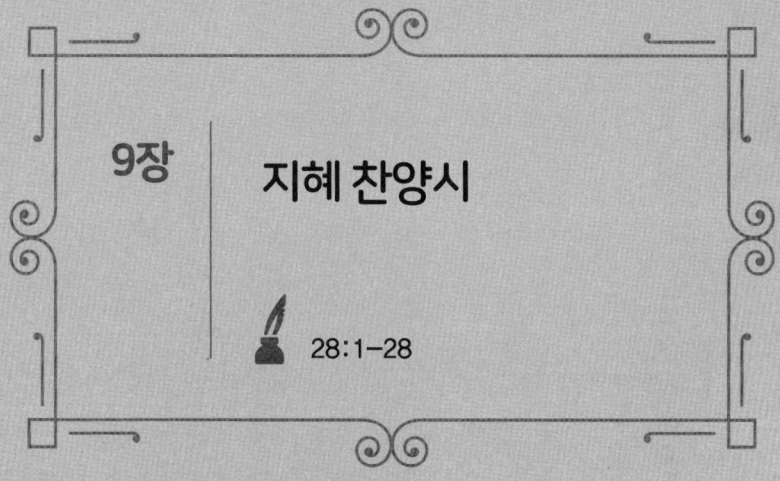

욥기 28장의 정경적 위치와 잠언 8장과의 비교

    욥기 전체의 이야기를 추론해 보면 28장은 갑작스런 출현이다. 무엇보다도 이 부분은 세 친구와의 논쟁의 종결부(27장)와 욥의 마지막 독백(29-31장) 사이를 갈라놓아 논쟁에서 마지막 탄원으로의 자연스런 흐름을 방해하고 있다. 뿐만 아니라 분위기에 있어서 28장 이전과 이후는 논쟁과 탄원으로 인해 열정적이고 격한 상황인데 그 사이에 찬물을 끼얹은 듯한 정적인 지혜 묵상시는 주변 상황과 어울리지 않는다. 욥기 28장을 다루면서 그 내용도 내용이거니와 현재의 정경적 위치를 해결하는 문제가 대두된다.

    이에 관한 학자들의 견해는 다양하다. 존 하틀리는 28장이 문학 전개상 새로운 상황 변화를 위한 적절한 위치에 놓여 있는 것으로 본다. 즉, 세 친구들과의 대화(3-27장) 이후에 등장하는 굵직굵직한 담화들(욥의 마지막 독백 29-31; 엘리후의 발언 32-37; 하나님의 언설 38-41)에 앞서서 독자들로 하여금 준비시켜 주는 역할을 한다는 것이다.[171] 또한 프랑스의 주석가 도름(Dhorme)

---

[171] John E. Hartley, *The Book of Job*, 27, 373.

은 욥기 전체의 문학적 흐름 가운데 지혜의 찬양이라는 하나의 고요한 명상적 시는 친구들과의 열띤 공방과 욥의 마지막 강렬한 독백 사이에 꼭 필요한 중간 정착지이며 앞서 이야기된 토론에 대한 평가(인간의 무지)로서 필수적인 부분으로 본다.[172] 레베크 신부 역시 앞선 하나님의 지혜에 대한 토의의 부적절성을 지적함과 동시에 후에 나타날 하나님 언설의 기초를 놓는 작업으로서 28장의 위치를 의미있게 평가한다.[173]

반면 기존의 역사비평적 학자들은 욥기 28장을 후대의 첨가물로 보면서 욥기의 주된 흐름과 상반되기에 본문으로부터 따로 취급하는 경향이 있었다. 최근에 출판된 데이비드 클라인즈(Clines)의 WBC 주석시리즈 *Job 21-37* 에 의하면, 욥기를 재구성하여 28장을 오히려 엘리후의 발언으로 보고 있다.[174] 즉, 엘리후의 네 차례에 걸친 발언(욥 32-37장) 이후 클라이막스의 결론부로서 욥 28장이 위치하여야 한다고 주장한다. 그러나 기존의 정경적 위치를 재배열하기보다는 앞선 학자들의 견해대로 현재의 위치에서 욥 28장을 정경적으로 읽어내는 것이 실천적 성서 주석가들의 1차적 과제라고 본다.

욥과 친구들 사이의 논쟁이 지혜 찬가로 끝나는 이유는 지금까지 양자가 하나님의 세상 섭리를 추구해 왔지만 그것을 깨닫는 일이 그만큼 어렵다는 것을 밝히기 위함이다. 친구들은 이미 '지혜'를 소유하고 있는 체했다. 그래서 그들은 현자처럼 욥에게 충고도 하고 꾸중도 했다. 반면에 욥은 하나님의 '지혜'를 궁구해 왔다. 자신에게 닥친 상황은 하나님에 대하여

---

172 E. Dhorme, *A Commentary on the Book of Job*, Translated by Harold Knight (London: Nelson, 1967), xcvii.

173 "인간의 무능에 대한 고백이면서 동시에 하나님의 응답 안에 새로이 밝혀질 진리로 향해 열려있게 하는 시": 장 레베크, 「욥기」, 84.

174 David J. A. Clines, *Job 21-37*, 708, 907.

기존의 어떤 교리로도 설명할 수 없었기 때문이다.[175] 욥은 친구들의 무지를 지적하면서도 동시에 자신의 전적인 하나님 의뢰를 본문의 지혜시에서 담고 있다.

이따금 욥기 28장을 잠언서 8장과 비교하기도 한다. 왜냐하면 두 개의 시는 지혜에 관한 시이면서도 동시에 지혜에 대한 다른 측면들을 부각시키기 때문이다. 욥기에서는 지혜의 출처를 다루고 있는 반면에 잠언에서는 지혜의 정체성을 다루고 있다. 전자가 지혜를 3인칭으로 놓고 어디서 지혜를 찾을 수 있는가(where is wisdom?)에 관심을 둔다면 후자는 지혜가 1인칭으로 의인화된 지혜의 목소리로 지혜가 무엇인가(what is wisdom?)에 관심을 둔다.

본래 지혜시는 잠언서 8장에 나타나는 것처럼 지혜 자체에 대한 묘사들이 주를 이루고 있다.[176] 이에 비하면 욥기 28장의 지혜시는 분명한 차이를 보인다. 지혜의 성격이나 역할에 대한 내용이기보다는 지혜의 출처와 가치에 대한 내용을 다룬다. 결국, 욥기서의 지혜 찬양시는 지혜 자체에 대한 설명이라기보다는 그 지혜의 접근 여부에 관계하고 있음을 알 수 있다. 의인의 고통에 대한 친구들과 욥 사이의 논쟁은 하나님에게만 가능한 지혜로써 그 해답이 가능하게 된다는 사실을 본문은 전하고 있다. 본문의 끝 절이 전통적인 지혜 전통의 가르침인 "여호와를 경외함이 지혜"라고 선포함으로써 욥은 기존의 신앙적 바운더리를 마지막으로 붙잡고 있다. 그러나 곧 이어지는 29-31장의 욥의 마지막 탄원은 이윽고 그로 하여금 최후의 울타리를 넘어가게 한다.

---

175 목회와 신학 편집부, 『욥기: 어떻게 설교할 것인가』 (서울: 두란노,아카데미, 2008), 259.
176 예를 들어, 지혜서 7:15-30, 집회서 1:1-10, 24:1-29 등은 한결같이 지혜의 특성과 기능에 대한 묘사가 두드러진다: 안근조, 『지혜 말씀으로 읽는 욥기』, 165-172.

본문 연구 28:1-28

발견적 질문하기 및 관찰
[28:1-28]

v.3b "어둠과 죽음의 그늘에 있는…"?

v.5b "그 밑은 불처럼 변하였도다"?

v.9b "산을 뿌리까지 뒤엎으며"?

v.11a "누수를 막아 스며 나가지 않게 하고"에 대한 번역은?

v.27 "그 때에 그가 보시고 선포하시며 굳게 세우시며 탐구하셨고"에서 목적어는?

본문 구조

1-11 인간의 가능한 광물 발견
    1-4 광물의 출처를 알아내어 캐내는 인간의 발굴
    5-8 광물을 캐내는 길의 어려움과 비밀스러움
    10-11 그럼에도 불구하고 인간은 그 보물들을 획득

12-22 인간의 불가능한 지혜 발견
    12-14 지혜의 장소를 알 수 없음
    15-19 지혜의 값을 측량할 수 없음
    20-22 지혜의 길을 알 수 없음

23-24 하나님은 지혜의 길과 위치를 아심
25-28 창조시 지혜 발현과 사람에게 명령
    25-26 하나님의 창조 질서 제정

27 지혜를 사용하시고 연구하심

28 하나님을 경외함이 지혜이다[177]

질문에 답하기-주석

[28:1-28]

v. 3b "어둠과 죽음의 그늘에 있는…"?

앞선 10:21-22에서 "어둠과 죽음의 그늘"이라는 표현이 스올, 즉 음부를 가리킬 때 나왔다. 즉, 땅 깊은 곳 스올에 이르는 곳에서 조차 광석을 캐내는 광부들의 놀라운 작업을 묘사한다. 3a절의 "모든 것을 끝까지 탐지하여"에서 "끝"은 תכלית(타클릿)으로서 어둠과 빛의 경계를 의미하며 더 나아가 죽음의 세계와 생명의 세계의 경계까지도 의미한다. 따라서 현재 벌이는 광부들의 채굴 작업은 땅 끝까지 파고들어가는 대단한 기술을 요함과 동시에 극도의 위험성을 동반하는 일임을 알 수 있다.[178]

마찬가지로 이제까지 벌어진 친구들과 욥의 논쟁은 하나님의 정의를 궁구하는 일이다. 그 일은 엄청난 지혜를 요함과 동시에 신성에 도전하는 위험천만한 일이 될 수도 있음을 암시하고 있다.

v. 5b "그 밑은 불처럼 변하였도다"?

앞선 5a의 "음식은 땅으로부터 나오나"와 대비되어 예측 가능한 땅 위에서의 소작물 수확과 예측 불허의 땅 밑에서의 광석 채굴 활동을 상치시

---

[177] 사실상, 28절은 맨 나중에 외따로 독립된 구절로 보기도 한다. 왜냐하면 첫째, "그리고 인간에게 이야기하셨다 (18:28a)"는 산문체의 시작은 앞선 운문체와 구별되기 때문이다. 둘째, אדני(아도나이)는 욥기 전체에서 이곳만 나오기 때문에 후대 첨가로 간주된다. 셋째, 내용상 앞의 시들의 맥락과 일치하지 않는 "여호와 경외"라는 전통적 경구를 결론으로써 도입하는 점 등이다.

[178] Carol A. Newsom, *The Book of Job*, 529.

켜 놓고 있다.[179] 물론 산 아래에서의 화산 활동을 가르치는 것으로도 볼 수 있으나 땅 위와 땅 아래의 대조는 인간에게 명확히 알려진 것과 알려지지 않는 것의 대조를 더욱 부각시키고 있는 것이다. 즉, 여전히 알려지지 않은 하나님의 뜻, 불처럼 모양을 변화시키는 신의 섭리를 소개한다.

v.9b "산을 뿌리까지 뒤엎으며"?

이는 앞선 욥 9:5("그가 진노하심으로 산을 무너뜨리시며 옮기실지라도 산이 깨닫지 못하며")의 하나님의 능력 있는 행사와 그 맥을 같이하는 행위이다.[180] 더불어 본문 28장의 다음 절인 10절에서는 이스라엘 백성의 광야 여정 가운데 만났던 하나님의 행사가 묘사된다: "반석에 수로를 터서…." 반면에 11a절에서는 "누수를 막아 스며나가지 않게" 하는 놀라운 인간의 기술을 기록하고 있다. 결국 우리가 28장의 전반부에서 발견하는 인간의 광물 채굴의 능력은 어떤 면에서 하나님의 행사를 방불케 하고 있음을 목격하게 된다. 인간에게 주어진 지혜 능력에 대한 긍정적 평가로서 이해된다.

v.11a 에 대한 번역?

한글성경의 개역판과 표준판의 번역이 확연히 차이가 있으며 영문 성경 또한 다음과 같이 번역본마다 차이를 보인다:

개역개정: "누수를 막아 스며 나가지 않게 하고" 감추어져 있던 것을 밝은 데로 끌어내느니라.

표준새번역: "강의 근원을 찾아내고" 땅에 감추어진 온갖 보화를 들추어낸다.

공동번역: "물줄기를 더듬어 샘을 찾아 내며" 숨은 것들을 활짝 드러내고야 만다네.

---

179 David J. A. Clines, *Job 21-37*, 912.
180 Carol A. Newsom, *The Book of Job*, 530.

NIV　Job 28:11 "He searches the sources of the rivers" and brings hidden things to light.

NRS　Job 28:11 "The sources of the rivers they probe"; hidden things they bring to light.

RSV　Job 28:11 "He binds up the streams so that they do not trickle", and the thing that is hid he brings forth to light.

TNK　Job 28:11 "He dams up the sources of the streams" So that hidden things may be brought to light.

מִבְּכִי נְהָרוֹת ¹⁸¹חִבֵּשׁ וְתַעֲלֻמָהּ ¹⁸²יֹצִא אוֹר
(미브키 느하롯 힙베쉬 브타아루마 요찌 오르)
강들의 근원에까지 거슬러 올라가서 감추어져 있었던 것을 드러낸다 (사역)

강물의 근원(미브케이 네하롯)은 우가릿어 *mbk nhrm*(sources of the rivers)¹⁸³, 즉 엘 신의 거하는 거주지인 두 강 사이를 이야기함으로써 신의 영역에까지 나아가는 인간의 지평 확대를 의미한다. 어떤 의미에서 감히 하나님과 대면하기 원하는 현재 욥이 처한 상황과도 일맥상통하는 것이다 (cf. 23:3). 곧 감추어져 있던 것, 신비한 신의 영역까지 드러내는 일을 인간이 한다. 하나님과의 법정 소송을 요구했던 욥에게 폭풍우 현현으로 하나님의 계시가 드러나는 하나님 응답 부분을 떠올리게 된다. 그러나 그럼에도 불구하고 하나님의 궁극적인 지혜는 욥 28장에서는 여전히 감추어져 있다.

181　묶다 또는 제어하다 등의 의미로 해석되나(RSV) 많은 학자들은 חפשׂ(탐색하다, 찾다)로 읽는다: David J. A. Clines, 900.
182　weeping.
183　Marvin H. Pope, *Job*, 202.

v.27 "그 때에 그가 보시고 선포하시며 굳게 세우시며 탐구하셨고"에서 목적어는?

히브리어 원문에서는 3인칭 여성어미가 각 동사와 연결되어 지혜를 분명히 지칭하고 있다. 그러나 하나님께서 지혜를 보시고(라아), 선포(사팔)하며 굳게 세우시고 (쿤) 탐구(핫칼)하신다고 할 때에 두 번째와 세 번째 동사는 어울리지만 첫 번째와 네 번째, 즉 지혜를 "보시고" 지혜를 "탐구하신다"는 의미는 쉽게 다가오지 않는다. 무엇보다도 하나님께서 직접적으로 지혜와 관계하시는 장면의 첫 번째 동사가 "창조하다"가 아닌 "본다"라는 점이 이상하다. 하나님과 지혜와의 첫 번째 관계성이 "본다"라고 했을 때에는 지혜가 독립된 어떤 객체라는 의미인데 그렇다면 모든 것의 근원되는 하나님과 상응하는 어떤 다른 근본자로서의 지혜 존재를 상정할 수밖에 없게 된다.[184] 이는 잠언서 8장에 지혜가 하나님에 의해 창조된 피조물 (22, 25절)[185]이라고 하는 개념과 달리, 야웨 유일신 신앙과는 거리가 있는 모습이다. 네 번째 동사인 "탐구한다"는 더 어려운 문제를 내놓는다. 전지전능하신 하나님이 지혜를 탐구한다는 것 자체가 어울리지 않는다. 아마도 광부들이 보화를 찾아 얻어내듯이 하나님께서 지혜를 찾아 얻게 된다는 시적 은유를 위한 평행적 의미처리일 것이다.[186] 그러나 여전히 시초에는 하나님과 상관없는 독립된 객체로서의 지혜 존재가 상정되는 것이 해석을 어렵게 만든다.

이에 대하여 Newsom이나 Clines는 하나님과 지혜의 관계를 어떤 대등한 존재 사이의 관계라기보다는 장인과 그의 기술이라는 관계로서 푼다. 즉, 하나님께서 천지를 창조하였을 때에 발휘된 하나님의 능력으로서

---

184 이집트의 *Maat* 개념과 같은 다신론적 배경.
185 David J. A. Clines, 922.
186 Norman C. Habel, *The Book of Job*.

의 지혜를 의미한다는 것이다.[187] 그래서 하나님의 지혜로서 세상을 보시고 질서를 선포하시고 세우시고 보다 아름다운 세상을 찾으셔서 이루어 놓으셨다는 것이다. 이와 같은 설명은 현재 욥기 이야기 맥락상 의미심장하다. 즉, 욥이나 친구들이 구하는 하나님의 세상 섭리의 지혜는 객관적 추구로서 획득 가능한 독립된 대상이라기보다는 경험 가운데 체현되는 본질상의 성품에 해당된다는 것이다. 따라서 하나님의 본성적 성격 가운데 하나로서의 지혜를 파악할 수 있다.

신학적 주제
하나님에 관하여

지혜 찬양시가 우리에게 보여주는 하나님의 모습은 유일한 지혜의 통로이시다. 하나님의 창조적 행동 가운데 비로소 지혜가 드러나며 인간으로서는 하나님 경외를 통해서만이 지혜에 이를 수 있기 때문이다. 사실, 본문 28장은 지혜의 출처 곧 "지혜의 기원과 머무는 곳"(12, 20절)을 묻는다. 그러나 실제로 지혜의 장소가 이곳에 있다, 저곳에 있다라고 언급되지는 않는다. 대신에 하나님의 창조 *가운데* 지혜가 깃들어 있음을 증거한다.[188]

본문 25-26절에서 바람의 세기를 적절히 조정하며, 빗물의 양을 또 알맞게 측정하며, 필요한 시기에는 비를, 또한 천둥과 번개를 내시는 모든 자연의 운행 속에서 하나님의 지혜가 존재한다. 이렇게 창조의 능력이 드러나는 때, "그 때에"(27절) 하나님께서 지혜를 "보시고" "선포하시며" "굳게 세우시며" "탐구하신" 것이다. 결국 지혜의 출처는 바로 하나님의 창조적 움직임 속에 있는 것이다. 이는 철학적, 개념적 대상이 아니라 구현되

---

187 Norman C. Habel, 394; Carol A. Newsom, 533; David J. A. Clines, 922.
188 cf. 눅 17:21.

고 실천되는 동사적 실체인 것이다.[189] 따라서 피조 세계에서 그 어떤 것도 지혜를 터득할 수 없다. 단지, 하나님을 경외하는 자만이, 악을 떠난 자(28절)만이 하나님의 창조 행위에 참여할 때에 그곳에서 지혜의 길이 열리게 된다. 이 세상에서 지혜는 잡히지 않기에 어떤 의미에서 감추어진 신비이다. 그러나 하나님 안에서 지혜는 창조하는 행동이다.

사람에 관하여

본문은 인간이 갖는 지혜의 능력과 한계를 동시에 말해준다. 사람이 어둠을 뚫고 모든 것을 그 경계까지 탐지하는 능력, 심지어 죽음의 그늘에 있는 광석까지 발견하는 능력, 인간 이외의 어떠한 피조물도 밟아보지 못한 곳에 이를 수 있는 능력, 강물의 근원까지 거슬러 올라가 감추어져 있는 것을 이끌어내는 능력 등이 지혜시의 전반부(1-11장)에서 증언되고 있다. 그만큼 인간의 기술력(호크마)은 뛰어나다. 위의 질문들에 대한 답변에서 보았듯이 신적인 능력에 가까울 정도의 광산 채굴 솜씨를 뽐내는 것이 인간의 지혜이다.

그러나 최고의 인간 문명의 노력에도 불구하고 진정한 지혜에 이르지 못하는 것이 인간의 어쩔 수 없는 한계 상황이다. 여기에서 말하는 진정한 지혜란 욥이 친구들과의 대화를 통해서 찾을 수 없었던 하나님의 세상 섭리에 대한 지혜이다. 인간에게는 물리적이고 현실적인 지혜는 가능하다. 그러나 아무리 인간의 머리로 짜내고 계획한다 할지라도 그 실제 걸음을 인도하시는 하나님의 역사하심을 깨닫는 것은 불가능한 것이다. 그래서 전도자는 다음과 같은 고백을 한다: "형통한 날에는 기뻐하고 곤고한 날에는 되돌아 보아라 이 두 가지를 하나님이 병행하게 하사 사람이 그의 장래

---

189 J. Gerald Janzen, *Job*, 197.

일을 능히 헤아려 알지 못하게 하셨느니라"(전 7:14).

욥은 자신의 울타리들이 다 허물어져 버린 상황 속에서 끝까지 하나님의 섭리를 알고자 발버둥치고 있다. 그러나 동시에 하나님의 뜻을 아는 것이 불가능한 것임을 안다. 전도자의 또 다른 음성이 이러한 욥의 마음을 대변한다: "하나님께서 행하시는 모든 것은 영원히 있을 것이라 그 위에 더할 수도 없고 그것에서 덜할 수도 없나니 하나님이 이같이 행하심은 사람들이 그의 앞에서 경외하게 하려 하심인 줄을 내가 알았도다"(전 3:14).

욥은 실로 본문의 다음 장인 29-31장의 자신의 최후의 항변을 진술하기 이전에 전통적인 지혜 신앙의 목소리로 하나님 경외를 고백하고 있다. 그러나 이후 욥은 관습적 신앙을 끝내는 넘어선다. 어떤 의미에서 지혜 찬양시의 맨 마지막 구절인 28:28을 정점으로 하여 욥의 마지막 남아있던 신앙의 최후의 보루가 끝내는 허물어진 것으로 볼 수 있다.

인간의 실존적 고통의 체험은 이같이 불가능의 도전에까지 나아가도록 한다. 그 누가 뭐라 해도 지금 욥은 하나님의 섭리를 알고자 한다. 욥이 당하는 처절한 고통의 유일한, 그리고 독특한 강점은 모든 관습적 울타리를 초월하는 경지를 보여주고 있다는 점이다.

세계에 관하여

세상은 하나님의 지혜가 드러나는 현장이다. 우리가 당연한 것으로 받아들이는 태양의 뜨고 짐과 사시사철의 변화들, 맑고 명랑하게 흐르는 시냇물과 귓가에 스치는 바람이 신적 지혜의 산 증인들이다. 그러나 그럼에도 불구하고 그러한 자연 세상과 사람들이 모여사는 사회 세상은 차이가 엄연히 존재한다. 그리고 그 차이는 인간의 죄성 때문이다. 하나님께서 창세기 1장에서 땅을 정복하고 다스리라 했을 때에는 하나님의 창조적 섭리 가운데 있는 인간에게 명하신 것이다. 그러나 타락 이후의 인간들의 행사는 자연 세상으로부터 사회 세상을 분리시켜 놓았다. 에덴 동산으로부터 쫓겨난 인간들은 도시를 건설하고 사회를 이룩할 수밖에 없었다. 그리고 그 사회 구성의 치명적인 결과는 하나님을 대적하는 일이었다(바벨탑).

그러나 욥 28장의 지혜 찬양시는 단지 도시 사회 뿐만 아니라 자연 세계에서조차도 하나님의 지혜를 찾을 수 없음을 명시하고 있다. "깊은 물"과 "바다"에도 지혜는 함께하지 않는다(14절). "모든 생물"과 "공중의 새"도 지혜를 발견할 수 없다(21절). 결국 무엇을 말하는가? 자연 세상 속에서조차도 하나님 경외의 신앙이 없다면 하나님의 지혜를 경험할 수 없다는 의미이다. "주를 경외함"과 "악을 떠남"이 지혜요, 명철이다(28절). 그렇다면 인간이 이룩한 사회 세상도 소망은 있다. 하나님 지혜를 구현할 수 있다면 말이다. 그리고 그 원형을 인류 역사상 최초로 이룬 사건이 예수 그리스도의 성육신이다. 바로 하나님의 십자가의 사랑과 생명이 이 세상(자연 세계와 인간 사회)을 구원하시는 능력임을 다시금 고백하게 된다.

실천적 메시지: 지혜의 장소는 인간의 믿음 현장

욥기 28장의 지혜 찬양시 묵상을 통하여 뜻밖에 큰 깨달음을 얻는다. 그것은 바로 진정한 지혜란 하나님을 경외하는 신앙 가운데 행동하는 믿음의 현장에서 발견된다는 사실이다. 지혜는 철학자들이 주장하는 추상적 개념이나 또는 고대 이스라엘의 국제적 지혜의 성격으로서의 실용적 기술이나 처세 능력에 있지 않다. 욥기가 증언해 주는 지혜는 창조적 동사이며 경건의 능력이다. 본문의 시가 반복하듯 지혜의 장소는 이 세상 그 어느 곳에서도 발견될 수 없다. 하나님과 떨어져 있는 인간의 어느 영역에서도 지혜는 발현될 수 없다.

그러나 하늘과 땅이 만나는 곳, 인간이 믿음으로 하나님과 연결될 때 그곳에서 하나님의 지혜는 그 빛을 발하게 된다. 바로 하나님의 사람들이 세상 속에서 믿음을 살아가는 현장이 지혜의 장소인 것이다. 왜냐하면 그곳에 창조 질서가 깃들어 있기 때문이다. 또한 그곳에 그리스도의 사랑이 피어나며 궁극적으로 하나님 나라의 질서가 도래하기 때문이다.

세상 사람들은 이렇게 저렇게 재테크도 하며 자신과 가족들의 인생 설계를 지혜롭게 꾸리며 살아간다. 본인에게 조금이라도 해가 되는 일에 있어서 결코 희생하지 않는다. 그러나 하나님의 사람들은 물질이나 자신의 이익을 바라보기 이전에 하나님을 경외한다. 선하지 않는 일은 손해가 되는 한이 있어도 멀리해 버린다. 그것이 세상 속에서 '루저'(loser)가 되는 길일 수 있음을 알면서도 말이다. 그러나 그 믿음자의 삶 속에 하나님의 사랑이 꽃피며 생명의 창조가 구현된다. 미련한 것 같으나 무던히 믿음의 길을 꿋꿋이 가는 하나님의 사람들에게 진정한 지혜는 자리한다. 교회를 위해 영혼들을 위해 일하는 자리가 바로 지혜의 장소이다. 이런 면에서 하나님은 당신의 세상 섭리를 묻는 욥에게, 무고한 고통으로 인하여 괴로워하며 탄식하고 있기보다는 여전히 믿음으로 나아가고 사랑으로 실천하는 것이 진정한 지혜요 하나님의 정의(신정론)임을 알려주고 있다고 볼 수 있다.

마무리

욥기 28장 지혜 찬양시의 정경적 위치를 어떻게 이해할 수 있을까? 본문 분석의 결과 우리는 두 가지 상반된 입장을 역설적으로 주장하게 된다. 하나는 관습적 지혜 전통의 입장을 반영하고 있다는 입장이다. 또 다른 하나는 새로운 지혜 이해의 길이 열려 있다는 관점이다. 관습적 지혜라 함은 욥이 하나님과의 공식적 법정 소송을 가장 극적으로 벌이게 되는 29-31장으로 넘어가기 이전에 최후로 붙들고 있었던 "여호와 경외"의 전통적 지혜 신앙의 마지막 경계선이라는 의미이다. 그러나 동시에 새로운 지혜 이해의 입장은 그럼에도 불구하고 욥은 기존의 친구들의 교리에 근거한 형식적 지혜가 아닌 실존의 경험에 근거한 실천적 지혜의 길로 넘어가고 있다는 점이다. 그래서 28장의 지혜 찬양시가 3-27장의 친구들과의 논쟁을 끊고 불가능한 도전을 29장부터 전개하는 전후 간격 사이에 다리 역할을 하는 래디컬한 지혜시로도 취급될 수 있다는 것이다.

얀센이 주장하듯 관습적 태도를 가진 자와 변혁적 사고를 가진 자가 동시에 똑같은 땅에 존재할 수 있음을 자주 보게 된다. 중요한 것은 각각의 입장에서 어떻게 자신의 세계를 달리 추구해 나가느냐가 문제이다.[190] 정경적 읽기를 위한 욥기 28장의 위치는 모순되는 듯하지만 절묘하게 각각의 입장에서 인접 본문들과 긴밀하게 관련되어 있다. 욥의 바운더리 개념과 실존적 지혜 개념을 통해서 말이다.

---

190 J. Gerald Janzen, *Job*, 188.

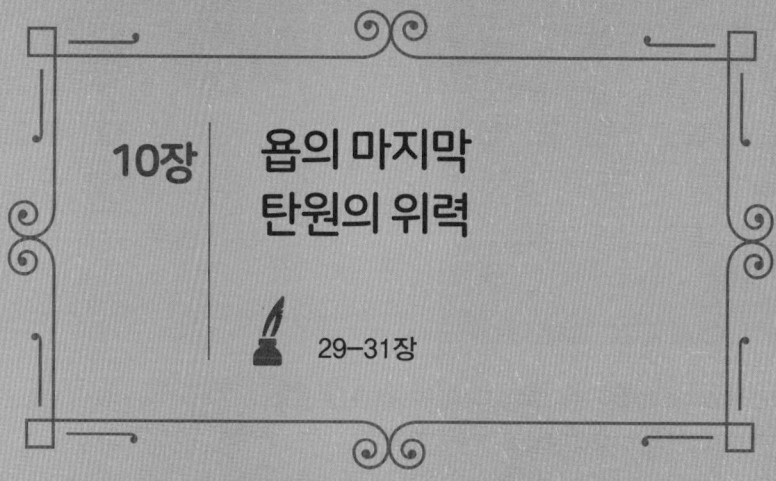

10장 욥의 마지막 탄원의 위력

29-31장

욥의 새로운 윤리

28장의 지혜 묵상시가 흐른 다음 욥은 자신의 마지막 독백과 탄원을 시작한다. 28장이 자신의 신앙적 울타리 깨기와 넘어서기로서의 독백이었다면 29장과 30장은 기존 삶의 부수어진 울타리와 관련된 독백이라고 할 수 있다. 31장은 그 울타리의 경계를 확장하는 의미의 마지막 탄원이다. 기존의 안정된 질서의 세계는(29장) 현재의 고통 속에 와해되어 버렸다(30장). 그런데 욥은 비극적 삶의 현실에 매몰되지 않고 용기어린 날갯짓으로 새로운 세계로 비상한다(31장).

아래에서 펼쳐질 본문 주석의 내용이 증명하겠지만 욥기 31장은 구약성서의 세계에서 상상할 수 없었던 새로운 신앙 윤리의 보고이다. 예수 그리스도의 산상 수훈에서 나타난 바, 마음으로 지은 죄 또한 유효한 죄목이 되는 과격한 율법 정신의 기틀이 마련되어 있으며(31:1), 원수까지도 용서하라는 윤리 명령 또한 관찰된다(31:29). 뿐만 아니라 기존의 구약성서의 약자 보호법의 근거가 창조 신학의 윤리로서 설명되고 있다(31:15). 더 나아가 창조 세계의 질서는 피조 세계와 더불어 인간이 유기체적으로 연관되어 함께 호흡하는 삶임을 극명하게 밝혀주고 있다(31:40).

어째서 욥은 가장 비극적이고 어두운 인생의 바닥에서 이토록 놀라운 새로운 윤리를 선포할 수 있었을까? 그것은 마치 진주 조개가 모진 파도물결과 싸우며 아픔을 통과하며 영롱한 진주를 결국에는 만들어 내는 것과 비견될 수 있다. 모든 것이 허물어져 내린 이후에 자포자기가 아니라 끝까지 붙들고 있었던 "하나님을 바라봄"이 그에게 더 넓은 세계의 새로운 윤리 강령을 생산토록 하였다.

우리는 이곳에서 욥기의 탄원과 응답의 과정이 시편에서 주로 발견되는 탄원 시편의 구원 과정과는 다른 차이점을 발견하게 된다. 소위, "분위기의 급전"으로 통칭되는 탄원 시편에서 탄식으로부터 찬양으로의 급변하는 것에 대하여 다양한 설명들이 대두되었지만[191] 일관된 원인은 그 사이에 놓여진 직접적인 구원 경험이다. 즉, 생략된 제사장의 구원 선포가 있었든지, 구원 제의의 재연을 통한 확신이 있었든지, 아니면 기도의 과정 중 경험하는 하나님 구원의 확신 경험이 있었든지 간에, 탄원자의 구원 찬양은 항상 초월적 하나님의 역사를 경험한 후에 일어난 것이다. 사실 기존의 욥기 주석서들 또한 욥의 최종적 깨달음의 응답이 가능했던 것은 하나님의 폭풍우 음성을 들은 후의 일로서 보기 때문에 욥기 또한 탄원시 시편의 응답의 과정과 다를 바 없는 것처럼 취급하여 왔다.

그러나 욥기 31장은 하나님의 폭풍우 언설이 있기 전, 즉 하나님 구원 경험 전의 상태인데도 불구하고 욥은 이미 기존의 세계를 뛰어넘는 새로운 지평의 윤리 세계를 노래하고 있다. 그 형식은 당시의 법정 공방의 삶의 자리에서 주로 사용되었던 결백 맹세문으로서 소개되어 있지만 그 내

---

191 요아킴 베그라히의 "Heilsorakel"(제사장적 구원 신탁); 아더 봐이저(Arthur Weiser) 의 구원 제의 (salvation cult)의 재연의 영향; 하일러(F. Heiler)의 기도자의 순수한 현상 등.

용을 살펴보면 전혀 뜻밖의 신선하고도 과격한 신앙 정신과 윤리 세계가 그려져 있다.

    욥은 하나님의 음성을 듣기 전, 곧 하나님의 구원을 직접적으로 체험하기 이전부터 이미 하나님의 구원을 경험한 사람들에게 나타날 수 있었던 새로운 영성의 세계에 상당한 수준에 도달해 있었다. 이것이 시편의 탄원시들과의 차이점이다. 바닥으로부터 정상으로 갑자기 뛰어오르는 탄원시들과는 달리 욥기의 탄원과 응답의 과정은 중간 단계를 거치고 있다. 그리고 그 중간 단계가 가능했던 것은 욥의 "항변하는 용기"였다. 교만과 불평 중심의 항변이 아니라 전방위적인 신뢰와 기투의 항변이었다. 폭풍우 속의 하나님의 음성은 끝내 그 항변을 정당한 것으로 받아주셨고 마침내 그가 제기한 새로운 윤리정신을 완성시켜 주셨다.

본문 연구 29-31장

발견적 질문하기 및 관찰

[29장]
v.5 "전능자"의 함께하심과 "나의 젊은이들"의 둘러있음이 평행 본문(parallelism)의 짝이라면 하나님의 함께하심의 상징으로서 젊은이들의 함께함이 부각되고 있는 것 아닌가?
v.18 욥이 스스로 자신의 안정과 장수를 말하는 것은 축복의 표현인가 아니면 교만의 표현인가?
v.20b "내 손에서 내 화살이 끊이지 않았노라"의 의미는?

[30장]

v.1 "나 보다 젊은 자들이 나를 비웃는구나 그들의 아비들은 내가 보기에 내 양 떼를 지키는 개 중에도 둘 만하지 못한 자들이니라"에서 혹평을 받고 있는 "젊은 자들"은 누구인가?

v.19 "하나님이 나를 진흙(호멜) 가운데 던지셨고 나를 티끌과 재(아팔 봐에펠) 같게 하셨구나"는 욥의 어떤 상태를 가리키는가?

v.22 "나를 바람(루아흐) 위에 들어 불려가게 하시며"는 무엇을 의미하는가?

v.28 "회중 가운데 서서 도움을 부르짖고 있느니라"에서 현재 욥의 물리적 위치는 어디인가?

[31장]

v.1b "어찌 처녀에게 주목하랴"라는 음욕에 대한 무고 맹세문이 가장 먼저 나오는 이유는?

v.7 "내 마음이 내 눈을 따른다"의 의미는?

vv.33-34 "내가 언제 다른 사람처럼 내 악행을 숨긴 일이 있거나 나의 죄악을 나의 품에 감추었으며 내가 언제 큰 무리와 여러 종족의 수모가 두려워서 대문 밖으로 나가지 못하고 잠잠하였던가"는 어떤 상황을 묘사하는가?

vv.38-40의 위치는 적절한가? 본문 5절에서 "만일-"로 시작된 결백 맹세문이 34절에서 종결된 후 욥의 최후 법정 소송장이 제출되었다(35-37절). 그런데 모든 사태가 끝난 상황에서 엉뚱하게 38-40절이 다시금 결백 맹세문을 기록하고 있다. 과연 이 마지막 절들의 정경적 위치는 어떻게 규정할 수 있는가?

본문 구조

29:1 도입(설화자)	A
2-17 복된 시절 추억(존경)	B
18-20 욥이 생명을 자랑(長壽)	C
21-25 말의 大家(왕과 같은 다스림)	D
30:1 도입	A´
2-15 현실의 악한 시절 경험(조롱, 수치)	B´
16-24 욥의 쇠퇴와 죽음 경험	C´
25-31 애곡의 大家(구걸하는 신세)	D´

29장과 30장의 대조를 주목하라!: 1. 질서와 무질서; 2. 과거(그때)와 현재(이제); 3. 왕과 거지; 4. 수금과 통곡/ 피리와 애곡(30:31); 5. 존경과 수치; 6. 하나님의 친밀하심(29:4)과 하나님의 공격(30:18-24).

[31장: 하나님 앞에서]　　　　　무고함을 맹세[192]

31:1-4 음욕 反	1st 나의 행위와 나의 발(5)
5-8 무고함	2nd 내 걸음, 내 마음, 내 눈, 내 손(7)
9-12 간음 反	3rd 내 마음이 남의 아내를 탐냈다면(9)
13-15 종들 선대	4th 나의 남종, 여종(13)
16-20 과부와 고아를 구제	5th 가난한 사람(16); 6th(19); 7th(20)

---

[192] Oath Form: 1. Complete form: "만약 내가 X를 했다면, Y와 같은 일이 내게 일어나리라!"(욥 31:7-10, 21-22, 38-40); 2. Abbreviated form: "만약 내가 X를 했다면, ···." 결과는 분명히 밝혀져 있지 않음 (욥 31:5, 13, 16, 19, 24, 25, 26, 29, 31, 33); Carol A. Newsom, *The Book of Job*, 551-52. ⇒ 욥의 무고함을 법정 배경에서 주장/호소!

21-23 공정한 재판	8th 내가 재판에서(21)
24-25 부를 자랑 反	9th 내가 황금을(24)
26-28 천체 숭배 反	10th 내가 재산을(25)
29-30 원수 저주 反	11th 내가 해와 달을(26)
31-32 나그네 환대	12th 내 원수를(29)
33-34 상처받기 쉬움, 개방성	13th 내가 나그네를(31)
35a – 자신의 정식 고소장 완성	14th 다른 사람들은(33)
35b-37 정식 법정 소송 기대[193]	15th 나의 땅이(38)
38-40 땅에 대한 정직한 입장	16th 땅의 소산을(39)

31장의 특징은 다음과 같다: 1) 상당히 구체적인 인간사들(특히 욥의 대사회 관계)을 다루고 있음; 2) 욥은 계속해서 하나님 앞에서의 자기 행사의 결백을 주장하며 하나님의 구체적인 죄목 지적을 공식적인 법정 용어로 호소/도전; 3) 결백 맹세문(oath of innocence/clearance)으로 구성; 4) 하나님 앞에서 직접적인, 공식적인 대결!(전적인 기존의 신앙적 울타리 탈피!)

질문에 답하기-주석

[29장]

v.5 "전능자"의 함께하심과 "나의 젊은이들"의 둘러 있음이 평행 본문으로 타당한가?

클라인즈에 의하면 "나의 젊은이들"은 욥기 1장의 네 차례에 걸친 재난 보도에서 희생된 종들과 자녀들을 일컫는다고 제안한다.[194] 그렇다면 "나의 젊은이들"이 둘러싸여 있었다라는 표현 자체는 물질적으로, 그리고 가정

---
193 35a 는 자신의 정식 고소장 완성, 35b-37은 하나님의 고소장을 요구!
194 David J. A. Clines, *Job 21-37*, 984.

적으로 충만한 복을 누릴 때의 삶을 의미한다. 구약적인 세계관 속에서 물질적 번영과 자녀의 축복은 곧 하나님의 함께하심과 동일한 뜻이기에 평행 본문으로 쓰인 것은 극히 자연스러운 일이다.

그러나 본문에서 울타리 개념인 "둘러싸여"(*싸비브*)[195]를 사용하여 그 울타리가 무너져버린 사정을 내포하고 있다. "나의 젊은이들"을 넘어서 더욱 기가 막힌 사실은 하나님의 함께하심의 울타리가 붕괴되었다는 사실이다. 욥의 비극의 시작은 욥 주변으로부터 하나님의 퇴거였다.[196] 그러나 그것은 궁극적 "해피 엔딩"의 시작이었다. 왜냐하면 욥에게 향하신 하나님의 분명한 의도가 있었기 때문이다.

v. 18 욥이 스스로 자신의 안정과 장수를 말하는 것은 축복의 표현인가 아니면 교만의 표현인가?

문맥상 하나님의 축복의 표현으로 볼 수도 있다. 그러나 "자신이 스스로" 자족하는 모습은 교만의 모습으로 비쳐지기도 하다. 흥미로운 것은 앞선 21:7-13에 보면 악인의 가정이 안정되고 악인 자신이 장수하는 모습이 욥의 모습과 똑같이 그려지고 있음을 확인할 수 있다. 똑같은 표현을 사용하면서 욥은 악인의 모습도 하나님의 축복받은 자의 모습도 동시에 표현하고 있다. 중요한 것은 본문에서 과거의 안정된 세계를 회고하면서 그때 자신의 미래를 알지도 못하면서 한 말에 대한 회한이 담겨 있음을 볼 수 있다. 그렇다면 스스로 자신의 인생에 대해 언급한 것은 전형적인 지혜 전승의 언어로서 "무지한 자" 또는 "미련한 자"의 발언으로 간주할 수 있을 것이다.

---

195   cf. 욥 1:10a "주께서 그와 그의 집과 그의 모든 소유물을 울타리로 두르심(*싸비브*) 때문이 아니니이까."

196   욥 1:12; 2:6.

v.20b "내 손에서 내 화살이 끊이지 않았노라"의 의미는?

호세아 1:5이나 예레미야 49:35, 시편 37:15 등에 의하면 "활을 꺽는다"는 표현은 어떤 사람을 무기력하게 만든다는 의미이다. 이를 통하여 유추해 보건데 욥의 안정의 때에 그는 항상 새로운 힘과 능력을 지니고 살았음을 의미한다.

[30장]

v.1 "나 보다 젊은 자들이 나를 비웃는구나"에서 "젊은 자들"은 누구인가?

젊은 자들(짜이르)은 "어린"의 의미도 있지만 "미천한"의 의미도 있다. 따라서 욥보다 어린 자들이라기보다는 신분이 저급한 자들을 지칭한다고 볼 수 있다.[197] 더군다나 그들의 아버지를 "개들(dogs)"보다도 더 못한 존재로 표현하고 있으며 이후 2-8절에서 그들의 미천하고도 소외된 형편을 냉소적으로, 그리고 있다.

놀라운 사실은 29장에서 힘없고 약한 자들을 위해 그렇게 자애롭고 정의롭던 욥의 모습이(29:12-17), 30장에 들어서는 180도 돌변한 모습이다: "그들은 본래 미련한 자의 자식이요 이름 없는 자들의 자식으로서 고토에서 쫓겨난 자들이니라"(30:8). 이와 같은 감정 양립에 대해 장 레베크는 가난한 사람들처럼 자신이 불의 또는 독선의 희생물이라 느낄 때 욥은 자발적으로 그들을 변호하고 나서지만, 불행한 그들이 이제는 자신의 역경을 비웃고 외면하려 할 때에는 그들에 대항하여 공격적으로 변하는 것으로 설명한다.[198] 그렇다면 욥이 발휘하는 선행과 정의의 근거는 자신이 중심임을 알 수 있다. 하나님을 위한 행사가 아니라 자신에게 사람들이 어떻게 대하느냐에 따라서 그때그때 달라지는 신앙 윤리이다.

---

197 David J. A. Clines, *Job 21-37*, 996.
198 장 레베크, 『욥기』 90-91.

정경비평적 입장에서 29-30장은 관습적 신앙의 울타리 내에서 욥의 모습이다. 기존의 신앙의 모습은 그만큼 자기중심적이다. "신앙의 동기"의 질문을 사탄이 1-2장에서 처음 꺼내는 이유가 있는 것이다. "자신"에게 뭔가 이로움이 있기에 하나님을 믿고 선을 행한다. "오직 하나님"만을 위한 신앙이 관습적 신앙의 세계에 결여되어 있음을 볼 수 있다. 그러나 이윽고 펼쳐지는 31장의 새로운 윤리는 하나님과의 친밀한 관계성 안에 있는 자만이 고백할 수 있는 순전한 동기의 신앙 윤리라 할 수 있다. 그만큼 욥은 지금 복잡하다. 절망과 소망, 그리고 관습적 신앙과 개혁적 신앙이 혼재해 있다. 한 가지 분명한 것은 기존의 관습적 울타리로부터 새로운 신앙의 세계로 나아가고 있다는 사실이다.

v. 19 "하나님이 나를 진흙 가운데 던지셨고 나를 티끌과 재 같게 하셨구나"의 표현은?

욥의 탄식 가운데 9:31에서 "주께서 나를 개천(샤하트)에 빠지게 하시리니 내 옷이라도 나를 싫어하리이다"에서와 같이 자신의 고통받는 처지를 하나님의 처사와 관련하여 이야기할 때 종종 나타나는 표현이다. 욥기 전체에서 "진흙"(호메르)은 대부분 하나님과 대조되는 연약한 인간의 모습을 그릴 때 등장한다(4:19; 10:9; 13:12; 33:16). 더군다나 다음의 "티끌과 재"(아팔 브에펠)는 하나님 앞에 선 보잘것없는 인간의 모습을 고백할 때 나타난다(창 18:27). 이는 욥이 경험하는 자신에 대한 하나님의 거절과 경멸을 극적으로 드러내는 상징적 표현이다. 한 가지 유의하여 볼 것은 폭풍우 가운데 임하신 하나님을 체험한 이후의 욥의 최후의 응답에서도 "티끌과 재"에 대한 언급이 드러난다(42:6). 일반적으로 욥의 응답 속의 "티끌과 재"를 공간적 자리로 해석하지만 실제로는 인간 존재에 대한 욥의 새로운 이해로 보는 것이 옳다. 보다 자세한 논의는 42장을 주석할 때 이루어질 것이다.

v.22 "나를 바람(루아흐) 위에 들어 불려가게 하시며"는 무엇을 의미하는가?

뉴썸은 "바람을 타고" 다니는 표현은 구약성서에서 하나님에게 해당되는 것을 지적하면서(시 18:10[199]; 104:3[200]) 하나님께서 욥을 올리셔서 거의 하나님과 같은 높이로 올리셨다가 바닥으로 곤두박질치게 하셨음을 묘사하는 것으로 본다.[201] 반면에, 클라인즈는 욥이 안정된 상태를 상실한 상태와 그가 경험하는 최대의 공포를 드러내 주는 것으로 설명한다.[202]

그러나 한 가지 기억할 일이 있다. 하나님께서 욥에게 나타나실 때 폭풍우 가운데 등장하신다는 점이다. 그리고 온 세상 만물을 욥에게 다 보여 주신다. 38장 이후에 나타나는 하나님의 언설 장면에서 욥은 실제로 하나님의 폭풍우 경험을 한다. 회오리바람과 같은 하나님 경험은 욥으로 하여금 새로운 의미의 하나님 경험이요 세상 경험이다. 그렇다면 본문 22절은 뒤에 경험할 욥의 창조 세계의 깨달음의 폭풍우와 좋은 대조를 이룬다. 즉, 똑같은 바람 경험이지만 22절에서는 욥을 곤두박질치게 하는 하강인 반면, 38장 이후에서는 하나님의 분명한 의도를 통한 욥의 하나님 이해와 세계 이해의 상승으로 이해된다.

v.28 "회중 가운데 서서 도움을 부르짖고 있느니라"에서 현재 욥의 물리적 위치는?

고대 사회에서 정의를 호소하는 이들은 일반적으로 성문 어귀에서 모여든 회중들을 향하여 부르짖곤 하였다. 따라서 욥의 과거 시절에는 자신이

---

199 그룹을 타고 다니심이여 바람 날개를 타고 높이 솟아오르셨도다.
200 물에 자기 누각의 들보를 얹으시며 구름으로 자기 수레를 삼으시고 바람 날개로 다니시며,
201 Carol A. Newsom, 546.
202 David J. A. Clines, 1008.

성문에 나아가(29:7) 부르짖는 빈민과 고아를 도운 것으로 나온다(29:12). 따라서 지금 욥은 마냥 자신의 무너진 집 티끌더미에 주저앉아 있기만 한 것이 아니라 본인도 성문 어귀에 나아가 자신의 억울함을 하소연했음을 추측해 볼 수 있다.

그러나 정작 실제적인 욥의 위치를 가리키는 것이 아니라 그가 탄원자의 입장으로 바뀌었음을 뜻하는 것으로 보는 이도 있고(뉴썸), 영광스런 재판장 자리에서 떨어져버린 욥의 쓰라린 경험을 증언하는 단순한 비유적 표현으로서 설명하는 이도 있다(클라인즈). 하나님과의 법정 소송을 주된 욥기의 코드로 읽는 하벨과 같은 주석가는 실제로 욥이 공공연히 회중 가운데 서서 하나님 앞에 자신의 의로움을 재판받기 위해 기다리고 있는 모습으로 해석한다.[203]

종합해 보건데, 본문의 표현은 어떤 일정한 위치에 대한 것이라기보다는 문맥상 욥 자신의 상태를 드러내기 위한 상징적 언어임을 알 수 있다. 더 나아가 하벨이 지적하듯이 하나님 앞에서 항변하는 욥의 실존적 상태를 그린 표현으로 받아들일 수 있다.

[31장]
v. 1b "어찌 처녀에게 주목하랴"라는 음욕에 대한 무고맹세문의 의미는?
본문에 대한 원문의 문자적 의미는 다음과 같다:

וּמָה אֶתְבּוֹנֵן עַל־בְּתוּלָה
(-우마 에트보넨 알 베툴라)
무엇 때문에 처녀를 더듬듯 바라보겠는가?(사역)

---

203   Norman C. Habel, 422.

표준새번역: 젊은 여인을 음탕한 눈으로 바라보지 않겠다고

공동번역: 젊은 여인에게 눈이 팔려 두리번거리지 않겠다고

NIV　not to look lustfully at a girl.

NRS　how then could I look upon a virgin?

RSV　how then could I look upon a virgin?

구약성서에서 처녀를 '더듬듯 바라본다'라고 하는 표현은 아주 생소하다. 실제로 처녀에 해당하는 *베툴라*라는 단어는 새로운 신부를 이야기할 때 주로 쓰이며 어떤 음욕의 대상자로서는 나오지 않는다. 따라서 여인을 음욕의 대상으로 바라본다는 표현은 구약에는 거의 그 용례가 없다. 그렇다면 31장의 본 절에서는 전혀 새로운 인간 죄성의 근본을 밝혀주는 부분으로 볼 수 있다. 즉, 욥은 지금 관습적 신앙의 울타리에서 새로운 신앙의 경지로 나아가는 경계선 상에 있기에 이러한 새로운 죄의 관념에까지 이르고 있다고 볼 수 있다. 그리고 이러한 관념은 오히려 신약성서에서 예수님의 하신 말씀과 무척 가깝다: "나는 너희에게 이르노니 음욕을 품고 여자를 보는 자마다 마음에 이미 간음하였느니라"(마 5:28).

지금 욥은 자신의 결백 맹세문으로 선포하는 자리에서 죄성의 가장 근본적인 마음의 동기에 대해서조차 순전하였음을 고백하고 있다. 구약성서의 윤리가 한 걸음 도약하는 순간으로 고려할 수 있는 부분이다.

v.7 "내 마음이 내 눈을 따른다"?

내 마음이 내 눈을 따라간다(*아하르 예이나이 할락 립비*)는 창세기 3장의 인류 최초의 죄의 시작에서도 볼 수 있듯이 죄의 시작은 눈으로부터임을 지적한다(창 3:6[204]). 그리고 마음은 인간의 왜곡된 의지가 자리하는 곳이다(민

204　"여자가 그 나무를 본즉…."

15:39b[205]). 주로 구약성서에서 마음과 눈이 등장할 때에는 양자 간의 특별한 관계성을 일컫기보다는 유사한 의미로 쓰인다.[206]

그러나 본문에서는 양자 간에 특별한 논리적 관계로 연결되어 있다. 죄악된 마음의 시작이 보는 눈에 있다는 것이다. 이는 기존의 구약성서적인 표현과는 거리가 있으며 인간의 심리적 기저에 깔려 있는 죄악된 본성에 대한 새로운 정보를 주고 있다. 욥이 본문에서 강조하는 것은 눈이 가는대로 마음이 갈 때에 죄악을 범한다는 사실이다. 그러나 의인은 보이는 것에 좌지우지되지 않고 견고한 믿음의 마음을 품는 자임을 시사하고 있다.[207]

vv. 33-34 "*내가 언제 다른 사람처럼 내 악행을 숨긴 일이 있거나 나의 죄악을 나의 품에 감추었으며 내가 언제 큰 무리와 여러 종족의 수모가 두려워서 대문 밖으로 나가지 못하고 잠잠하였던가*"?

욥은 행위의 잘못이 있는 자들이 마땅히 취해야 할 도덕적 태도를 이야기하고 있다. 즉, 공동체의 성원들이 받아들일 수 없는 죄악을 범한 경우 범죄 당사자는 공적인 자리에서 희생제와 보상을 통하여 죄악의 대가를 치루어야 하는 율법서의 규정(레 4:1-6:7)을 욥은 온전히 쫓았음을 당당히 선포하고 있다.[208]

---

205 "너희를 방종하게 하는 자신의 마음과 눈의 욕심을 따라 음행하지 않게 하기 위함이라."
206   1)시 19:8 "여호와의 계명은 마음을 기쁘게 하고 눈을 밝게한다"; 사 6:10 → 하나님의 은혜의 체험 기관; 2)왕상 9:3 "…나의 이름을 영영히 그곳에 두며 나의 눈과 나의 마음이 항상 거기 있으리니" → 관심, 소통; 3)시 38:10 나의 심장은 뛰며 눈은 쇠약하도다 → 육체의 질병, 어려움; 4)시 101:5, 잠 21:4 교만한 눈과 마음 사 10:12, 깨닫지 못하는 눈과 마음 렘 22:17(←전 2:10, 11:9) 욕심, 탐욕 → 죄악의 온상.
207   고후 5:7 "이는 우리가 믿음으로 행하고 보는 것으로 행하지 아니함이로라."
208   Carol A. Newsom, 554.

vv. 38-40의 정경적 위치?

포우프는 38-40절을 1-8절 뒤에 따라 나오는 것으로 본문의 위치를 수정하고 있다.[209] 그러나 오히려 본 구절은 욥의 결백 맹세문과 그에 따른 정식 법정 소송장을 제출한 뒤에 최종적으로 현재의 위치에 등장하여 자신의 의로움을 극적으로 강조하고 있는 것으로 해석된다. 결론적으로 자신의 죄악상이 밝혀진다면(38-39절) 무질서를 받아들일 것이라는 주장이다(40절).[210] 곧, 자신의 범죄함이 증명된다면(하나님과의 법정 소송을 통해), 콩 심은 데 팥이 나는 무질서라도 받아들일 수 있듯이 본인의 작금의 고통의 상황을 받아들일 것이라는 최후 변론으로 볼 수 있다.

신학적 주제

하나님에 관하여

욥의 마지막 탄원과 항변이 담겨 있는 본문에서 그려진 하나님의 모습은 물러나 계시면서도 동시에 어느 순간 폭군으로 다가와 계신 전능자이다.

과거에 함께 하시던 "그 때에는"(29:3, 5, 7) 건강과 물질적 풍성함과 존귀와 위엄이 충만한 삶을 욥이 살 수 있었다. 그러나 그 하나님이 퇴거한 순간부터(29:5a[211]) 욥은 모든 것을 상실하게 되고 비천한 자들의 조롱거리가 되었다. 전통적 시편 시인의 정서와 마찬가지로 하나님의 숨으심이 고통의 원인이다.

그러나 욥기가 시편과 다른 점은 그 물러나신 하나님의 나타나심 또는 다가오심이 구원이 아닌 멸망으로 체험된다는 사실이다:

209　마빈 H. 포우프, 「욥기」 335.
210　"밀 대신에 가시나무가 나고 보리 대신에 독보리가 나는 것이 마땅하니라 하고 욥의 말이 그치니라."
211　"그 때에는 전능자가 아직도 나와 함께 계셨으며."

그가 큰 능력으로 나의 옷을 떨쳐 버리시며 나의 옷깃처럼 나를 휘어잡으시는구나
하나님이 나를 진흙 가운데 던지셨고 나를 티끌과 재 같게 하셨구나(30:18-19)

주께서 돌이켜 내게 잔혹하게 하시고 힘 있는 손으로 나를 대적하시나이다
나를 바람 위에 들어 불려가게 하시며 무서운 힘으로 나를 던져 버리시나이다
(30:21-22)

현재 고통의 한 가운데에서 신음하고 있는 욥에게는 여전히 하나님 경험은 아픔이요 잔인함이다. 그러나 그 고통의 끝이 이제 다가오고 있다. 그리고 마침내 모든 것이 밝혀질 때에 욥은 하나님의 섭리를 비로소 깨닫게 될 것이다. 그때까지 하나님께서는 안타까운 침묵을 지키실 수밖에 없다. 하늘 아래에서 욥이 고통한다. 그러나 하늘 위에서는 하나님께서 고통하신다. 한 사명자를 온전히 훈련시키기 위한 하나님의 인내의 신음소리가 욥 드라마 이면에 펼쳐진다.

사람에 관하여

29장에서 욥의 행복했던 과거 회상을 살펴보면 욥의 삶은 온통 관계성[212] 중심이었음을 알 수 있다: 하나님과의 관계(2-4절); 자녀들과의 관계(5); 사회적 관계(젊은이들, 노인들, 원로들, 귀족들, 내 소문을 들은 사람들, 가난한 자들, 고아들, 죽어가는 자들, 과부들…. 8-17). 이와 맥을 같이하여 욥의 만족 또한 사회적 관계성 안에서 찾을 수 있다. 그중에서도 도와줌을 통한 칭송(gratitude)과 주변 사람들의 존경(respect) 등이 특히 그렇다(14, 18, 21-25). 문제는 그러한 관계성에서 대등한 상호 교류의 나눔과 사귐이 있기보다는

---

212 "relational character": Carol A. Newsom, 540.

29장이 우리에게 주는 인상은 모든 내용이 욥인 "나"를 중심으로 정리되고 있다는 점이다.[213]

사실 오늘 우리 인간들의 만족은 어디로부터 오는가? 사람들의 칭송과 존경이 아닌가? 그것도 나 중심적인 시각에서 말이다. 어찌보면, 나 자신의 잘난 맛에 모든 인간들이 살고 있다(자존심, 자긍심). 그러한 욥에게 또 우리에게 하나님께서 원하시는 것은 나 중심이 아닌 하나님 중심이요 폭풍우 언설에서 후에 살펴볼 바, 창조 세계의 질서 가운데 조화와 참여의 삶을 원하신다.

그럼에도 불구하고 기존의 울타리를 넘어선 31장의 욥의 새로운 세계관은 상당히 성숙한 신앙 윤리를 보이고 있다. 그것이 가능하였던 가장 근본적인 이유는 욥이 직접적으로 하나님과 대면하는 경지에 거의 이르렀기 때문이다. 다시 말하면, 하나님과 욥 사이를 가로막았던 모든 인위적인 울타리들(물질, 가족, 육체, 관습적 신앙 등)이 벗어졌기 때문이다. 그 취약한(vulnerable) 상황 속에서도 끝까지 하나님을 바라보았기 때문이다. 결국 욥의 전 존재는 하나님의 폭풍우 음성 속으로 녹아드는 경험을 하게 될 것이다.

세계에 관하여

욥이 경험한 세상은 관습적 신앙에 머물러 있을 때 자신의 상태에 따라 요동치는 세상이다. 그러나 관습의 울타리를 넘어설 때의 세상은 어떤 상황 속에서도 신실하게 살아가는 터전이 된다. 즉 29장과 30장에서 각각 확인하였듯이 자신의 존재가 인정되고 사회의 존경을 받을 때에는 내가 봉사하고 기여할 만한 세상이라 할 수 있다. 그러나 내게 등을 돌리고 오

---

213 레베크, 88.

히려 손가락질하는 사람들이 있는 세상은 나 역시도 경시와 저주의 대상일 수밖에 없다.

그러나 세상이나 사람을 향하지 않고 하나님을 향하는 자들은 그 하나님 앞에 항상 머물러 있다. 세상의 유혹이나 거짓, 탐욕과 불평등이 삶의 영역으로부터 떠나게 된다. 마침내 31장에서 욥이 결백 맹세문을 통하여 우리에게 증언해 주듯 새로운 신앙의 윤리를 세상 속에서 선포하고 구현하게 되는 것이다.

세상을 있는 그대로 보지 못하게 하는 것이 인간의 마음이다. 흔들리는 인간의 욕심과 감정에 휩싸여 있다면 진정한 세상을 경험치 못한다. 그저 죄된 세상만을 탓하게 된다. 그러나 하나님을 굳건하게 붙들고 믿음의 눈으로 사는 사람들에게는 하나님의 진정한 창조 세계의 섭리가 열린다.

실천적 메시지: 자연적 삶에서 영적 삶으로의 도약

신앙인의 실존은 믿음의 세계를 바라보면서 여전히 물질적 세계를 살아가고 있는 현실이다. 따라서 믿음과 영성만을 치중하여 살아갈 수도 없으며 물질과 현실만을 추구하며 살아갈 수도 없다. 어떻게 두 이질적인 삶 가운데 균형을 이루며 살 수 있을까?

욥기 1-2장의 완벽한 삶의 욥은 현실적 번영과 축복의 삶을 누리고는 있었지만 그의 영적인 신앙의 세계는 다분히 율법적이고 형식적이었다 (1:5). 호된 고통의 시간들과 원망스런 친구들과의 대화를 거친 후 욥은 자신의 번영과 존경의 시기를 회고한 후(29장) 이윽고 현실의 삶을 저주하고 한탄한다(30장). 형식적 신앙 위에서 현실적 삶이 영적인 삶으로 승화되기란 이렇듯 쉽지 않다. 그런데 31장에 이르러 우리는 새로운 세계로 욥이 들어가는 것을 목격한다. 기존의 껍데기에 불과한 선행과 종교 행위가 아니라 진정한 정신이 담겨 있는 새로운 윤리의 삶이 펼쳐지고 있다. 모든 삶의 영역에서 욥은 관습적 신앙을 뛰어넘어 관계적 신앙의 세계에 서게 되었다.

그것은 바로 "내 길을 살피시는 하나님"(31:4), 그리고 "심판하시는 하나님"(31:14)을 경험하며 그 앞에 서는 것이다. 동시에 나 자신은, 모든 울타리가 허물어 내리듯 나의 자아가 철저하게 부인되는 경험이 요청된다. 자기를 부인하고 그분의 임재 앞에 경외와 순종으로 나아갈 때 자연적 삶으로부터 영적인 삶으로 변화하며 도약하는 계기가 마련된다.

마무리

왜 31장의 대부분은 자신의 의로운 삶의 구체적인 실례들을 들고 있는가? 이는 욥이 하나님 앞에서 자신의 의로움을 증명하려 하는 마지막 노력인가? 이제까지 강하게 하나님의 불공평한 섭리를 항변하던 태도는 어디에 있는가?

문학적인 형식면에서 이제껏 살펴보았듯이, 31장 본문은 하나님과 욥 사이의 공식적인 법정 소송의 상황 속에서 전개된다. 욥은 자신의 의로움을 증명하기 위하여 마지막으로 항변하고 있다. 삶의 구석구석 모든 영역에서 순전함을 지켰음을 "무고 맹세문"의 형태로 하나님(법정 소송의 상대자; 31:35)앞에서 아뢰고 있는 것이다. 딕(M. B. Dick)에 의하면, 욥이 이제까지 친구들 앞에서 행해 왔던 모든 비공식적인 법정 소송과 공방이 문제 해결에 도움이 되지 않은 채 끝나 버린 상황에서 이제는 마지막으로 친구들로부터 벗어나 하나님께 직접적으로, 그리고 공식적으로 소송을 제기하는 것으로 본다. 특히 31:35에서 "내 변명을 들어줄 이"를 9:33의 "중재자"[214]와 같은 존재로 보면서 욥 자신(피고)이 전능하신 분(원고)의 고발을 듣기를 원한다. 그래서 정식으로 36절에서 욥의 죄목을 정식으로 기록하여 제출할 것을 요구하고 있는 것으로 해석한다.[215] 그 결과 전무후무한 법정 공방이 정식적으로 수행되었다(31:35-37).

31장이 결백 맹세문임을 기억할 필요가 있다. 이는 기존의 인과응보적 틀을 기준으로(전통적 입장에서의) 본인의 결백을 주장하는 형식이 아니다. 도리어 그가 생각하는 새로운 틀을 가지고(개혁적인 입장에서), 즉 **새로운 하나님과의 법정 관계에서**(달리 말하면 하나님만을 향하여) 마지막 독백이 진행되고 있는 것이다. 이런 면에서 이는 욥의 새로운 용어 찾기의 마지막 총력전이라고도 볼 수 있다.

---

214 오늘날과 같은 재판관처럼 절대적인 법정 권위는 갖고 있지는 않으나 두 분쟁자 사이에서 그 해결을 위해 노력해 주는 이를 일컬음: M. B. Dick, "The Legal Metaphor," *CBQ* 41(1979), 46.
215 Dick, "The Legal Metaphor," 47-49.

Sapiential Interpretation of the Book of Job

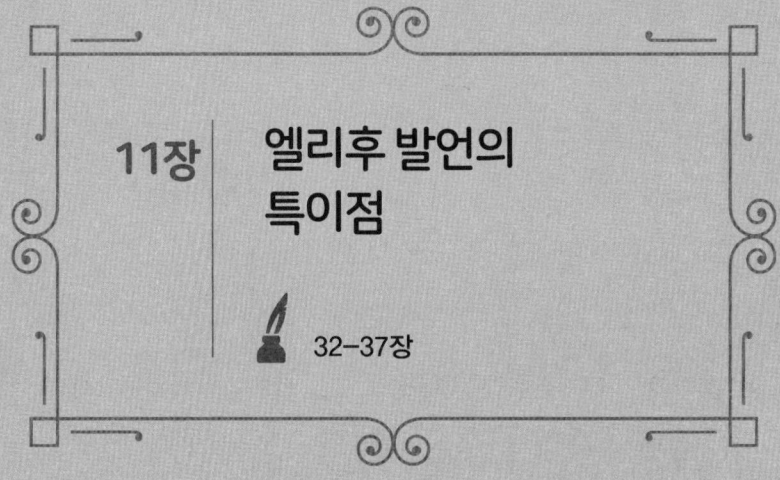

11장 엘리후 발언의 특이점

32-37장

욥기 전체에서 엘리후 발언의 위치

엘리후의 발언이 본래의 욥기를 구성하는 이야기에 속해 있지 아니하고 후대에 첨가된 것으로 보는 견해는 다음과 같은 근거들에 의해 지지를 받는다. 첫째, 서론에서의 세 친구들의 방문과 결론에서 하나님의 친구들에 대한 꾸중 등을 통틀어 살펴보더라도 엘리후는 본문 32-37장 이외에는 어디에도 나타나지 않는다. 둘째, 욥기의 등장인물들 가운데 엘리후의 이름만이 유일하게 이스라엘적 이름을 갖는다: 그의 이름의 뜻은 '나의 하나님은 야훼'이다. 셋째, 다른 친구들과는 달리 엘리후만이 욥을 언급할 때 욥의 이름을 직접 부른다(32:12, 33:1, 31, 34:5, 7, 35, 36, 35:16, 37:14). 문장 표현 방식이 전적으로 달라져 있는 것이다. 넷째, 그는 욥의 말들을 직접 인용하는 독특한 논증(33:8-13, 34:5-6, 35:2-3)을 사용한다. 다섯째, 엘리후는 욥뿐만 아니라 친구들의 잘못 또한 지적한다.

이와 같은 요점들을 종합해 보건데 엘리후 발언 부분은 욥기 전체에 대한 일반적인 교정책으로 후대의 욥기 전승에 속한 사람에 의해 가필되었음을 짐작할 수 있다.[216] 문제는 현재의 본문의 형태 속에서 첨가된 엘리후 발언이 욥기 이야기 전체에 어떠한 영향을 주고 있는가를 살펴보는 일이다.

일반적으로 주석가들의 견해는 두 가지로 나뉜다. 하나는 엘리후 발언의 긍정점을 부각시키면서 가장 하나님 편에 가까운 입장에서 욥에게 충고해 주었으며 궁극적으로는 하나님의 현현을 준비하고 있는 인물로 보는 입장이다. 그러나 또 다른 견해는 엘리후 연설의 부정점을 지적하면서 앞서 출현했던 세 친구들과 별 다를 바 없는 진술들을 쏟아놓고 있기 때문에 오히려 하나님의 직접적 현현을 지체시키고 있다고 평가절하한다.

전자의 입장을 취하는 주석가들은 엘리후 발언이 다른 세 친구들의 진술들에 비하여 보다 진전된 논의들이 이루어졌음을 보고자 한다. 예를 들어, 고난이 주는 유익을 진술하는 장면(33:29-30; 36:9-10)이나, 완고한 욥의 태도를 효과적으로 무력화시키는 논증들(34:31-33; 35:12-16), 또는 자연현상을 들어 하나님의 다가오심을 드러내 주는 묘사(36:27-33; 37:21-22) 등이 그렇다.

후자의 입장을 견지하는 주석가들은 기본적으로 엘리후 태도의 주제넘는 성격을 지적한다. 근본적으로 지혜 문학에 있어서는 말 많음과 교만함을 악하고 불의한 것으로 간주한다. 엘리후는 욥이 말을 많이 했음을 지적하고 있지만(34:37; 35:16), 오히려 본인이 이미 논쟁이 종결된 상태에서[217] 많은 말들을 내고 있다(32-37장의 총 6장에 걸쳐서). 더군다나 엘리후의 발언이 더욱 위험스럽게 느껴지는 이유는 자신이 감히 하나님의 대언자 또는 심지어 하나님의 변호자인 것처럼 나서는 데 있다(32:13b;[218] 36:2[219]). 하나님의 지혜에

216　Carol A. Newsom, *The Book of Job*, 558.
217　세 친구들과의 대화가 종결된 후 욥의 최후 변론이 31:35-37의 정식 법정 고소장 제출로 이미 마무리가 된 상태임을 기억하라!
218　"그를 추궁할 자는 하나님이시오 사람이 아니라 하지 말지니라."
219　"나를 잠깐 용납하라 내가 그대에게 보이리니 이는 내가 하나님을 위하여 아직도 할 말이 있음이라."

관한 한 이미 28:12[220]과 28:23[221]에서 인간이 터득할 수 없는 것으로 선포되었으나 엘리후는 본인이 그 지혜의 길을 아는 양 행세하고 있다(32:7-9; 36:4).

그러나 양자 가운데 어떤 입장을 취하든 주석가들이 똑같이 동의하는 부분이 있다. 엘리후의 발언은 동정이나 위로하고는 거리가 멀다. 오히려 논법이 일방적이고 정서는 우월감에 가득 차 있다. 욥에게 침묵을 요구하거나 답변을 촉구하는 장면이 나오고 있으나 실상은 억지에 불과하다. 자신은 결코 말을 중단하지도 않으며 자신 이외에 아무의 말도 듣지 않고 있기 때문이다.[222] 욥의 친구들의 설득 실패를 지적하며 시작하는 엘리후의 발언은 처음부터 자신만이 잘못된 세상을 바로 잡을 수 있다는 오만한 착각에 사로잡혀 있다. 욥이 처한 인간적 상황과 실존적 아픔보다는 논리와 교리가 앞서고 있는 날카로운 젊은이를 우리는 대하고 있는 것이다.

본문 연구 32-37장

발견적 질문하기 및 관찰

[32장]
v.2a 엘리후는 누구인가?
v.3 "또 세 친구에게 화를 냄은 능히 대답하지 못하면서도 욥을 정죄함이라"? 엘리후가 세 친구들에게 화를 낸 이유가 불분명하다. 그들이 설득력 없이 욥을 잘못 정죄한 것에 대해 화를 낸 것이라면 지금

---

220 "그러나 지혜는 어디서 얻으며 명철이 있는 곳은 어디인고."
221 "하나님이 그 길을 아시며 있는 곳을 아시나니."
222 장 레베크, 「욥기」, 102.

엘리후는 욥을 두둔하고 있는 것이 아닌가?

v.8 "그러나 사람의 속에는 영이 있고 전능자의 숨결이 사람에게 깨달음을 주시나니"?

[33장]

v.13 "하나님께서 사람의 말에 대답하지 않으신다 하여 어찌 하나님과 논쟁하겠느냐"는 무엇을 말하려 하는가?

v.19 "혹은 사람이 병상의 고통과 뼈가 늘 쑤심의 징계를 받나니"에서 엘리후는 욥이 당하는 고난의 이유를 말하고 있는가?

[34장]

v.35 "욥이 무식하게 말하니 그의 말이 지혜롭지 못하도다 하리라"에서 "무식하게"는 무엇을 의미하는가?

[35장]

v.14 "하물며 말하기를 하나님은 뵈올 수 없고 일의 판단하심은 그 앞에 있으니 나는 그를 기다릴 뿐이라 말하는 그대일까보냐"?

[36장]

v.3 "내가 먼데서 지식을 얻고 나를 지으신 이에게 의를 돌려 보내리라"는 무슨 뜻인가?

v.18 "그대는 분노하지 않도록 조심하며 많은 뇌물이 그대를 그릇된 길로 가게 할까 조심하라"의 언급은 현재 욥의 어떤 상태를 반영하는가?

[37장]

v.7 "그가 모든 사람의 손에 표를 주시어 모든 사람이 그가 지으신 것을 알게 하려 하심이라"?

본문 구조

32:1-5 설화자의 서론 – 엘리후의 분노

6-14 엘리후가 말하게 된 동기[223]

15-22 참을 수가 없어 말을 하게 됨 – 엘리후 발언의 정당성 I

33:1-7 논쟁 전 주의 집중: "나를 들으시오" – 엘리후 발언의 정당성 II

8-11 **욥의 말 인용 1**

12-16 **반박** – 하나님은 크신 분(12) & 하나님의 말씀을 듣게 하심(16)

17-30 회복을 이야기

 17-19 하나님께서 바른 길로 인도

 20-22 오히려 시험받는 자의 과정 부각

 23-30 하나님의 천사가 중보자로 도움 → 회복

31-33 논쟁 준비(주의 집중: "나를 들으시오")

34:1[224] 서론

2-4 논쟁 준비 – '이제 잘 듣고 시비를 분간하자'

5-9 **욥의 말 인용 2**

10-15 **반박** – 하나님의 주권과 인간의 미약

---

223 1. 나이와 지혜의 무관성; 2. 세 친구들의 실패; 3. 하나님의 대답을 듣게 하려고.

224 Newsom은 34:1-37을 지혜 담화로 봄.

16-30 엘리후의 설득 노력 – 인과응보에 근거한 악한 자의 운명 강조
31-33 회개 종용
34-37 **욥을 정죄: 욥의 죄목은 하나님 앞에서 말을 많이 한 것**

35:1 서론
2-3 **욥의 말 인용 3**
4-16 **반박**
  4-8 욥의 말을 일단 인정하는 것 같음
  9-13 그러나 욥은 하나님께 돌아가야 하는데 돌아가지 않고 있음
  14-16 욥의 지식없는 말 견책

36:1 서론
2-4 계속되는 논증 – "하나님을 대신하여" 더 할 말이 있다 (2b)
5-15 의인 구원, 악인 멸망 – 인과응보
16-21 악한 마음을 버려라 – 간접적 죄인 선포
22-26 하나님의 위대하심과 인간의 미약함

27-37:18 겨울 폭풍 가운데 창조주 하나님을 묵상
19-20 하나님 앞에 항변/법정 공방의 불가능성
21-24 하나님의 위엄과 인간의 당연한 하나님 경외

  연소한 엘리후 발언의 궁극적 근거는 32:7-9에 의하면 "전능자의 숨결" 곧 하나님의 영으로 나타난다. 특히 32:8과 33:4에서 더욱 분명히 부각된다:

그러나 사람의 속에는 영(루아흐)이 있고 전능자의 숨결(니쉬맛 샤다이)이 사람에게 깨달음을 주시나니

하나님의 영(루아흐)이 나를 지으셨고 전능자의 기운(니쉬맛 샤다이)이 나를 살리시느니라

그러나 이 하나님의 영에 의한 지식의 근거는 전혀 새로운 것이 아니다. 이미 엘리바스의 첫 번째 언설에서 자신의 주장의 근거를 특별한 영적 경험으로 언급한 바 있다: "그 때에 영(루아흐)이 내 앞으로 지나매"(4:15). 소발 역시 "슬기로운 마음(루아흐)"[225]을 자신의 언급의 정당한 근거로 언급한다(20:3). 빌닷은 간접적으로 영적인 가르침이 발언의 근거임을 욥에게 조롱조의 질문을 통해서 주장한다: "네가 누구를 향하여 말하느냐 누구의 정신(니쉬맛 미)이 네게서 나왔느냐?"

친구들의 경우, 엘리후를 포함하여 하나같이 발언의 근거를 영(루아흐) 또는 정신(니샤마)에 두고 있다. 이는 관념론적 근거이다. 그러나 욥의 경우 지금 그의 모든 발언의 근거는 생생한 삶의 현장이다. 무질서의 중심으로부터의 실존적 외침이다. 여기에 친구들과 욥의 차이는 더욱 분명해진다.

질문에 답하기-주석

[32장]

v.2 엘리후는 누구인가?

"람 족속 부스 사람 바라겔의 아들 엘리후". 구약성서에서의 엘리후라는 이름은 사실상 다윗 시대에 흔한 이름이었다: 다윗의 형(대상 27:18), 사

---

225 한글 표준새번역에서는 "깨닫게 하는 영."

무엘의 증조부(삼상 1:1), 그 외(대상 12:20, 26:7). 먼저, 람 족속은 유다 지파에 연관된 족속으로 나타난다: "헤스론은 람을 낳고 아비나답을 낳고…."(대상 2:9). 다음, 부스는 아브라함의 동생 나홀의 둘째 아들의 이름이다. 반면, 첫째 아들 이름은 우스로서 욥이 속한 족속의 조상(창 22:20-21)이 된다. 또한 셋째 아들은 그무엘은 아람의 조상이 된다. 끝으로, 바라겔은 "하나님께서 축복하셨다"는 뜻인데 다른 곳에서는 발견되지 않는 이름이다.[226]

v.3 "또 세 친구에게 화를 냄은 능히 대답하지 못하면서도 욥을 정죄함이라"? 엘리후가 세 친구들에게 화를 낸 이유는?

엘리후가 화를 낸 이유는 욥의 자기 정당화뿐만 아니라(32:2b) 욥이 하나님을 고발하는 것을 친구들이 막지 못했기 때문이다. 그래서 결국 하나님을 정죄하도록 놔두고 있기 때문이다.[227] 엘리후가 자신이 나서지 않을 수 없었던 상황을 상정하고 있다.[228]

사실상, 본문 3절에서 "욥을 정죄함이라"의 본래 히브리어 본문 전통은 욥이 아니라 "하나님"을 정죄하고 있는 것으로 기록되어 있다. 이는 신성모독의 발언이기 때문에 서기관들은 의도적으로 본문을 하나님에서 욥으로 수정해 놓았다.[229] 의도적 수정 이전의 본문을 고려할 때, 욥을 효과적으로 공박하지 못한다면 하나님께서는 "유죄"로 지목될 위기에 처해지는 상

---

[226] 마빈 H 포프, 『욥기』, 348.
[227] 근거 발언으로써 욥 24:1을 살펴보자: "어찌하여 전능하신 분께서는 심판하실 때를 정하여 두지 않으셨을까? 어찌하여 그를 섬기는 사람들이 정당하게 판단받을 날을 정하지 않으셨을까?"(표준새번역) 이곳에서 욥은 하나님의 불공평한 세상 섭리, 공의로운 판단에 대한 의문을 제기하고 있다.
[228] cf. 빌닷: "너는 하나님이 심판을 잘못하신다고 생각하느냐? 전능하신 분께서 공의를 거짓으로 판단하신다고 생각하느냐?"(8:3)
[229] 구약성경에서는 서기관들의 의도적 수정의 본문이 가끔씩 등장한다. BHS 의 각주에 Tiq soph으로 나타나는데 "tiqqune sopherim"(scribal corrections)의 약자이다. 또 다른 예는 창 18:22에서도 목격된다(구약성경에는 총 18군데 나타남).

황이다. 결국, 엘리후 등장의 근본적 입장은 하나님을 변호하기 위함이다. 여기에 엘리후 등장의 위험 요소가 도사리고 있다. 누가 하나님의 변호자가 될 수 있는가? 하나님께서 직접 나타나 말씀하실 것이기 때문이다(38장 이하).

v.8 "그러나 사람의 속에는 영이 있고 전능자의 숨결이 사람에게 깨달음을 주시나니"?

연소한 엘리후가 자신보다 나이 지긋한 어르신들 앞에서 행하는 발언의 정당성을 주장하고 있다. 즉, "지혜는 나이 많고 연륜이 쌓인 사람에게 보다는 사람 안의 영, 곧 전능하신 분의 입김으로부터"라는 것이다.

[33장]
v.13 "하나님께서 사람의 말에 대답하지 않으신다 하여 어찌 하나님과 논쟁하겠느냐"?

엘리후는 하나님께서 아무 말씀도 하지 않는다고 하여 욥이 함부로 하나님에게 항변하는 것이 오류임을 지적하고 있다. 하나님은 실제로 말씀하시는데 인생들이 깨닫지 못할 뿐임을 역설한다(33:14-16). 그러나 이미 욥은 빌닷에게 대답할 때 하나님 앞에 행하는 변론의 무익함을 충분히 인지하고 있다(9:3-4). 그럼에도 불구하고 욥은 항변을 진행하지 않으면 안 되었기에, 불가능 속에서도 가능성을 찾아가며[230] 신-인 법정 소송의 현장으로 마침내 나아간 것이다(31:35-37).

---

230 "주께서 그 막대기를 내게서 떠나게 하시고 그 위엄으로 나를 두렵게 하지 아니하시기를 원하노라 그리하시면 내가 두려움 없이 말하리라 나는 본래 그런 자가 아니니라(9:34-35); 곧 주의 손을 내게 대지 마옵시며 주의 위엄으로 나를 두렵게 마옵실 것이니이다 그리하시고 주는 나를 부르소서 내가 대답하리이다 혹 나로 말씀하게 하옵시고 주는 내게 대답하옵소서(13:21-22).

v.19 "혹은 사람이 병상의 고통과 뼈가 늘 쑤심의 징계를 받나니"에서 엘리후는 욥이 당하는 고난의 이유를 징계로 말하고 있는가?

엘리후는 하나님께서 인간과 교통하시는 방법 중에 하나가 질병을 통한 징계(야카흐)임을 밝히고 있다. 그러나 이미 엘리바스의 논의에서도 똑같은 단어를 사용한 진술이 있었다: "볼지어다 하나님께 징계받는 자는 복이 있나니 그런즉 너는 전능자의 징계를 업신여기지 말지니라"(5:17). 엘리바스는 욥의 고난의 이유를 확실하게 궁극적 유익을 위한 것임을 밝히고 있다. 그러나 이에 반해 본문의 엘리후는 33:19 이후의 문맥을 통해 판단하건데 고난의 이유를 설명하기보다는 고난의 과정 자체에 관심을 보이고 있다.[231]

[34장]
v.35 "욥이 무식하게 말하니 그의 말이 지혜롭지 못하도다 하리라"에서 "무식하게"는 무엇을 의미하는가?

"무식하게"에 해당하는 히브리어 원문은 다음과 같다:

אִיּוֹב לֹא־בְדַעַת יְדַבֵּר
(이욥 로-브다앗 예다벨)
욥은 지식 없이 말했다(사역)

이는 후에 하나님의 폭풍우 음성을 연상케 한다:

בְמִלִּין בְּלִי־דָעַת
(브밀린 벨리 다앗)

---

231 Carol A. Newsom, 569.

지식없이 말함으로써…. (38:2; 사역)

엘리후가 주장하는 욥의 "지식 없음"과 하나님의 욥의 "무지한 말"이 똑같은 뜻을 지니는지 그렇지 않은지는 명확치 않다.[232] 그러나 분명한 것은 엘리후의 경우 바로 앞선 절에서 욥이 회개치 않는 모습을 지적하고 있었던 것으로 볼 때(34:31-32) "지식 없음"은 곧 "회개 없음"과 관련된다. 다시 말하면 여호와 경외라는 전통적 지혜 가르침과 일관된 견책이다.

[35장]

v.14 "하물며 말하기를 하나님은 뵈올 수 없고 일의 판단하심은 그 앞에 있으니 나는 그를 기다릴 뿐이라 말하는 그대일까 보냐"?

욥은 절대로 하나님의 음성을 들을 수 없음을 선포하는 대목이다. 왜냐하면 하나님께서는 인간의 헛된 말은 결코 듣지도 돌아보지도 않으시기 때문이다(13절). 그러나 흥미로운 것은 하나님께서 끝내는 응답하셨다는 사실이다(38장 이하). 엘리후의 기대와는 달리 욥이 하나님의 음성을 듣게 된 것이다. 욥의 항변은 하나님 앞에 헛된 것이 아니었음을 의미한다. 엘리후가 욥의 불의함을 공격하는 자신의 발언으로 말미암아 오히려 욥의 정당성을 반증해 주는 결과에 이르는 아이러니컬한 장면이 연출되었다.

[36장]

v.3 "내가 먼데서 지식을 얻고 나를 지으신 이에게 의를 돌려 보내리라"?

אֶשָּׂא דֵעִי לְמֵרָחוֹק וּלְפֹעֲלִי אֶתֵּן־צֶדֶק׃

---

232 Carol A. Newsom, 578.

(엣사 데이 르메라혹 브르포알리 에텐 쩨덱)

나는 나의 지식을 먼 곳으로부터 가져왔다. 나는 의를 나의 창조자에게 드릴 것이다.(사역)

NIV   I get my knowledge from afar; I will ascribe justice to my Maker.
NRS   I will bring my knowledge from far away, and ascribe righteousness to my Maker.
RSV   I will fetch my knowledge from afar, and ascribe righteousness to my Maker.
TNK   I will make my opinions widely known; I will justify my Maker.

엘리후 자신이 힘들게 지식을 소유한 것은 하나님/나의 창조자를 공의롭게 하기 위한 것임을 주장하고 있다. 이에 반해, 그가 동료 인간인 이웃, 특히 욥을 이해하고 정당화시키는 모습은 없다.[233] 하나님 사랑과 이웃 사랑의 율법 강령의 의미를 되새겨 볼만한 구절이다. 보이지 아니하는 하나님 사랑은 보이는 이웃 사랑으로부터 시작되어야 함을 엘리후는 간과하고 있다.

v.18 "그대는 분노하지 않도록 조심하며 많은 뇌물이 그대를 그릇된 길로 가게 할까 조심하라"

כִּי־חֵמָה פֶּן־יְסִיתְךָ בְסָפֶק וְרָב־כֹּפֶר אַל־יַטֶּךָ׃

(키 헤마 펜 에시트카 브사펙 브라브 코펠 알 야테카)

당신이 부로 인하여 유혹받지 않게 조심하시오 많은 뇌물로 (판단을) 굽게 하지 마시오.(사역)

---

233 장 레베크, 102-103.

NIV　Be careful that no one entices you by riches; do not let a large bribe turn you aside.

RSV　Beware lest wrath entice you into scoffing; and let not the greatness of the ransom turn you aside.

TNK　Let anger at his affluence not mislead you; Let much bribery not turn you aside.

지금 욥은 모든 것을 잃은 상황 가운데 있는데 엘리후의 이런 충고는 얼핏 어울리는 것 같지 않다. 바로 앞 절인 17절을 보면 욥을 악인으로 규정하고 심판과 정의의 보응을 받게 되었음을 신랄하게 고발하고 있다. 그렇다면 지금 엘리후는 욥이 더 심한 심판과 형벌을 받지 않기 위한 방안을 나름대로 제시하고 있는 것이다. 그러나 이미 모든 것을 잃은 욥에게 이런 엘리후의 충고는 아무런 효험이 없다. 오히려 상처만 더 낼 뿐이다.

[37장]

v. 7 "그가 모든 사람의 손에 표를 주시어 모든 사람이 그가 지으신 것을 알게 하려 하심이라"?

בְּיַד־כָּל־אָדָם יַחְתּוֹם לָדַעַת כָּל־אַנְשֵׁי מַעֲשֵׂהוּ׃

(브야드 콜 아담 야흐톰 라다앗 콜 안셰이 마아세후)

그가 모든 사람의 손에 표를 찍어 사람들로 하여금 그의 행사를 알게 하셨다.(사역)

NIV　So that all men he has made may know his work, he stops every man from his labor.

RSV　He seals up the hand of every man, that all men may know his work.

창조주의 섭리를 명백하게 알려주셨다는 의미를 지닌 것으로 보인다. 그러나 뉴썸의 사역은 설득력이 있다. 본문의 문맥상 천둥과 번개를 동반한 풍풍우 가운데 서 있는 피조 세계를 묘사한다고 보고 בְּיַד־כָּל־אָדָם(브야드 콜 아담), 즉 "모든 사람의 손"을 "모든 사람을 감싸고"의 의미로 대치한다. 왜냐하면 8절의 짐승들이 땅속에 들어가 그 처소에 머무는 것처럼 사람 또한 자신들의 울타리 내에 감싸져서 하나님의 위대한 행사를 목도하도록 하기 때문이다.[234]

신학적 주제: 엘리후 발언의 특이점

엘리후의 발언은 욥에 대한 세 친구들의 발언내용에 비하여 그다지 새로운 변화는 없다. 그러나 엘리후 발언에 나타나는 하나님과 세계 이해, 그리고 인간(자기 자신)에 대한 이해는 아래와 같은 특이점들이 발견된다.

하나님에 관하여

기본적으로 인과응보의 지지자로서 하나님을 이해하는 것은 친구들과 다를 바 없다. 그러나 엘리후에게 진전된 하나님 이해는 "자유하신 하나님"[235](34:29-33)과 "창조주 하나님"(36:27-37:18), 그리고 고통을 통하여 "교육하시는 하나님"[236](36:10, 15) 개념이다.

사람에 관하여

엘리후의 자기 이해는 한 마디로 자기중심적 에고이즘의 전형적 사례로

---

234 Carol A. Newsom, 590.
235 cf. 사실상 자유의 하나님은 욥이 확실히 주장함: "그는 뜻이 일정하시니 누가 능히 돌이킬까 그 마음에 하고자 하시는 것이면 그것을 행하시나니 그런즉 내게 작정하신 것을 이루실 것이라 이런 일이 그에게 많이 있느니라 그러므로 내가 그의 앞에서 떨며 이를 생각하고 그를 두려워하는구나"(23:13-15).
236 cf. 엘리바스의 첫 번째와 세 번째 발언에서도 고통의 의미에 대한 묵상은 수행되고 있다 (5:17-27; 22:21-30).

꼽을 수 있다. 무엇보다도 그의 발언은 온통 1인칭 주어로 꽉 차 있다: 내가 말하기를…,(32:7); 그러므로 내가 말하노니…,(32:10); 내 말을 들어 보라; 내게 귀기울여 보라.

심지어 하나님께서 38장 이후에 하나님의 창조 사역을 이야기하실 때에도 '내가 이것을' '내가 저것을…창조했다' 등등, 충분히 1인칭을 사용하실 수 있는데도 불구하고 1인칭 주어를 최소로 사용하는 것을 상기한다면, 엘리후는 얼마나 '교만하며 자기중심적인' 존재인지 모른다!

엘리후의 발언 자체가 갖는 인간에 대한 반성적 의미는 첫째, 인간이 하나님의 자리를 대신하려는 주제넘는 열심을 볼 수 있다. 즉 본인이 욥에 의해 실추된 하나님의 권위를 세울 수 있는 하나님을 위한 중재자 또는 변호자인양 행세한다. 둘째, 우리가 하나님의 본성에 대하여 즉, 신적인 정의를 변호하려 할 때 오히려 우리 자신의 어리석음만 나타난다는 사실을 확인할 수 있다. 하나님께서 하나님 자신을 변호하게 하라![237] 셋째, 인간의 새로운 용어 찾기가 그리 쉽거나 새로운 것은 아니라는 사실을 밝히고 있다. 엘리후는 나름대로 새로운 신학적 접근과 개념을 시도하고 있으나 여전히 기존의 신학적 용어들을 극복, 초월하지 못하고 있다. 왜냐하면 엘리후 역시 세 친구들처럼 기존의 삶의 울타리에 여전히 둘러싸여 있으면서 실존적 삶의 현장이 아닌 관념적 신앙의 틀로부터 자신의 주장을 펴고 있기 때문이다. 새로운 언어를 통한 근본적 넘어섬은 바로 욥에 의해서만 가능하다. 아무런 보호망, 그리고 장애물 없는 무질서의 중심에(vulnerable) 서 있는 자라야 새로운 하나님 이야기와 세상 이해로 넘어갈 수 있다.

---

[237] cf. 삿 6:31.

세계에 관하여

엘리후의 창조 이야기(36:22-37:20)와 하나님의 창조 이야기(38-41장)는 근본적으로 다음과 같은 차이를 보인다. 우선 엘리후의 창조 이야기는 "하나님의 알 수 없는 위대하신 일"을 강조하기 위하여 쓰여졌다(36:22-26). 그러나 실상 이야기되어진 바는 단순히 하나의 자연적 현상에 매여 있다. 곧 폭풍 또는 태풍[238] 현상이다: 1) 비의 순환(36:27-29); 2) 번개(36:30-33); 3) 천둥(37:1-5); 4) 겨울 폭풍/눈보라(37:6-13). 이는 결국 욥을 궁지로 몰아넣기 위한 장치(37:14-22)에 불과하며 관습적 테두리 내에서의 하나님 경외 도출을 위한 도구에 지나지 않는다(37:23-24).

반면, 하나님의 창조 이야기는 첫째, 기상학적인 태풍에 대한 국한된 영역보다는 전체적인 창조 세계에 대한 것이다. 둘째, 특히 38:22-38에는 천문기상학적인 묘사들이 나타나는데 여전히 근본적인 차이점이 발견된다. 즉 자연 현상에 대한 있는 그대로의 관찰과 이해가 하나님의 언설이라면, 엘리후 발언에서는 자연 현상을 꼭 인간과 연관하여 도덕적인 평가를 내리고 있음을 볼 수 있다. 예를 들어, 37:13에서 사람에게 물을 주시고 또 벌을 주시기 위해 비를 내리는 것으로[239] 국한되어 있다. 그 외에도 엘리후는 꼭 자연 현상을 사람과 관련시켜 인간 중심적인 관점에서 설명한다 (36:28, 36:31, 37:6-7, 37:13).

결국, 엘리후의 자연 세계, 창조 세계 묘사는 하나님의 창조 능력에 대한 찬미나 영광 돌림보다는 인간 중심적인, 엘리후 중심적인 논리를 전개키 위한 수단에 불과하다. 이는 엘리후 자신이 기존의 관습적 이해의 틀에 머물러 있음에 대한 반증이다.

---

[238] Carol A. Newsom, 590.
[239] 아전인수격 이해 즉 엘리후의 자기중심적인 성향과 관련되어 있다.

실천적 메시지: 사람을 향한 사랑

세 친구도 그렇고 지금 엘리후에게도 똑같은 문제는 그들의 하나님 이해가 자신들의 신앙적 교리를 신봉하기 위함이지 진실로 친구에 대한 인간에 대한 사랑으로 방향 설정되어 있지 못하다는 점이다(36:2-3[240]). 이에 반하여 예수 그리스도는 하나님 사랑과 이웃 사랑의 새로운 계명을 주셨다. 즉, 내 옆에 있는 형제와 자매를 먼저 사랑하는 것이 곧 하나님을 온전히 알고 신앙하는 길이라는 것이다.

이웃을 향할 때 가장 중요한 태도는 겸손이다. 더 이상 나 중심이 아닌 타인을 있는 그대로 받아들이고 함께 삶을 나누는 일이다. 교만은 패망의 선봉이다. 엘리후의 교만은 자신이 유일한 지혜의 소유자인양(32:7-8; 33:4, 14; 36:2), 자신이 무언가를 깨닫고 먼저 앞장선 자 인척할 때 위험에 처했다. 하나님을 위한다는 자신의 열심히 오히려 신앙의 가장 치명적 죄인 하나님의 자리를 찬탈하는 국면으로 치닫게 된다. 따라서 우리에게는 예수 그리스도의 온유와 겸손의 멍에가 절실하게 필요하다.

마무리

엘리후의 발언은 한 마디로 하나님의 지혜 앞에 실패한 인간의 지혜이다(failed enterprise of human wisdom before divine wisdom). 이미 욥 28장의 지혜 찬양시에서 기존의 인간 지혜의 불가능성을 고백한 바 있었다. 그리고 이후 욥은 최후의 신앙적 또는 종교적 경계를 넘어서 버렸다. 이제 남은

---

[240] 불원천리로부터/힘들게 지식을 얻은 것은 하나님을 정당화시키기 위함이다. 하나님 이해를 명분으로 하는 자기 자신의 중심적 사고의 전개일 뿐, 하나님 지식의 목적인 사람을 정당화(사랑하고 이해하기) 하기 위함이 아니다.

것은 전무후무한 신-인 법정 소송장을 제출한 채 하나님의 직접적인 응답을 기대하는 긴장된 순간뿐이었다.

그런데 뜻하지 않던 일이 벌어졌다. 하늘 바람과 음성이 아닌 가쁜 숨과 허영에 가득한 인간의 소리가 들려온 것이다. 오직 하나님의 응답만이 해결이 될 수 있는 자리에 인간의 소음은 질긴 그림자를 길게 드리우고 있다. 끝까지 하나님의 음성에 자리를 양보하지 않은 채 말이다. 세 친구들과의 논쟁에서와는 달리 욥이 엘리후의 발언에 대한 응답을 일체 금한 것은 이유가 있다. 왜냐하면 일고의 가치가 없는 발언에 불과했기 때문이다. 이미 욥은 기존의 울타리에 둘려 있는 엘리후의 세계와는 전적으로 다른 새로운 지평에 서 있다. 하나님의 폭풍우 음성이 들려지기 직전 욥과 엘리후는 그렇게 전혀 다른 세계에 처해진 것이다.

"노는 물"이 전혀 달랐다. 경계의 저 바깥 세상에 있느냐 여전히 경계 내 기존의 세상에 머물러 있느냐는 고통과 인고의 세월의 결과로 정해진다. 그리고 한 발 더 나아가 이제 들려올 위대한 하늘음성을 들을 수 있는 여부는 바로 경계 경험(liminal experience)의 유무와 긴밀하게 관련되어 있다. 따라서 38장 이하에서 펼쳐지는 하나님의 창조의 파노라마는 욥에게만이 그 깊고 온전한 세계가 경험될 것이다.

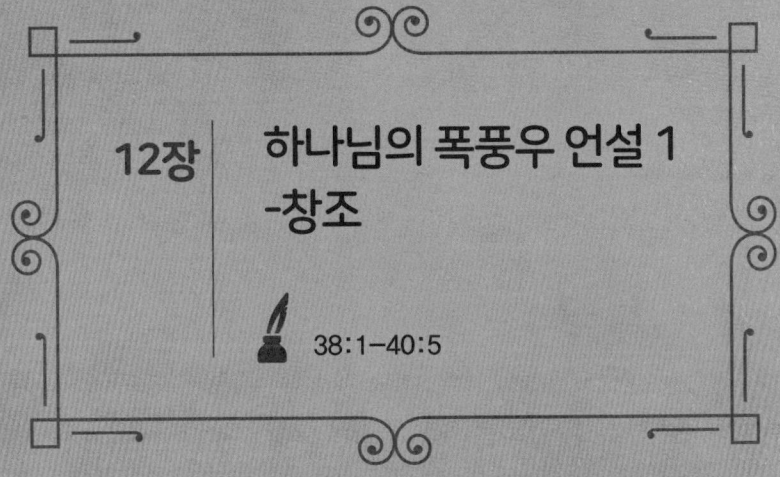

12장 하나님의 폭풍우 언설 1 -창조

38:1-40:5

폭풍우 가운데 들리는 하나님의 응답

전통적으로 인간의 탄식이나 불평 이후에 나타나는 하나님의 응답은 구원 신탁(salvation oracle)이다. 즉, 하나님의 함께하심이나 하나님의 구원을 마침내는 허락하시겠다는 확언의 약속이 탄원자에게 들려지기 마련이다. 베그리히에 의하면 일반적으로 하나님의 응답으로서의 구원 신탁의 내용에는 다음과 같은 요소가 포함된다:[241]

I. 도입: "두려워 말라" (사 44:2)
II. 호칭: "나의 종 야곱아" (사 44:2)
III. 근거: "내가 너와 함께하기 때문이다" (사 41:10)
IV. 확언: "내가 너를 구원하였다" (사 43:1)
V. 약속: "내가 너를 잊지 않을 것이다" (사 49:15)

---

241 Joachim Begrich, "Das priesterliche Heilsorakel," *Zeitschrift für die alttestamentliche Wissenschaft*(1934): 83.

구약성서를 통해 하나님의 응답의 전형을 알고 있는 사람들이라면 욥기에서 들리는 하나님의 응답은 전혀 뜻밖의 음성이다. 욥 38-41장 어느 곳에서도 "두려워 말라"라는 평안 확언이나 "함께하리라"는 동행의 격려나 "내가 너를 구원하였다" 등의 구원 확신이나 약속이 발견되지 않는다. 오히려 폭풍우 가운데 들리는 음성은 확언이나 약속보다는 질문 세례들로 구성되어 있다.

그 이유는 욥이 이제껏 하나님 앞에 탄식했던 내용이 기존의 시편이나 예언자들의 탄식과는 그 내용상 다른 성격을 띠고 있기 때문이다. 하나님의 도우심과 구원을 위해 돌아오심을 간구하는 탄원보다는 하나님의 정의와 세상 섭리에 대한 문제를 질문하는 항변들로 구성되어 있기 때문이다. 흥미로운 것은 하나님의 능력과 정의로운 세상 섭리의 문제를 다루고 있는 본문들이 구약성서에서 종종 발견되는데 그러한 본문들 이후에 등장하는 하나님의 음성들은 한결같이 대답이 아니라 오히려 반문으로 되어 있다는 사실이다. 예를 들어, 다음과 같은 본문들은 하나님의 세상 섭리에 대한 항변과 이에 대한 하나님의 반문으로 나타난다: 민 11:10-23; 렘 11:18-12:6; 렘 15:10-21; 욘 4:1-11. 이 가운데 민수기 11장의 경우를 욥기의 경우와 비교하여 정리하면 아래와 같다.[242]

모세는 본문에서 하나님이 자신에게 목이 곧은 이스라엘 백성을 왜 맡기셔서 자신을 괴롭게 하시는가에 대하여 불만 섞인 목소리로 탄식하고 있다: "왜(למה: 람마) 주님은 당신의 종에게 괴로움을 주십니까? 왜 저는 주님 앞에 고임을 못 봤습니까? 주께서는 제게 이 모든 백성의 짐을 지우셨

---

242 보다 자세한 논의는 다음의 연구를 참조하라: 안근조, "인간의 불평과 하나님의 응답: 구약성서의 감추어진 문학 전승," 『호서신학』 11 (2004).

습니다"(민 11:11).[243] 베스터만은 이 "왜" 라는 질문이 인간이 하나님께 향한 불평(complaint)에서 가장 중심적인 위치를 차지한다고 보았다. 왜냐하면 지금 탄식자는 더 이상 하나님의 뜻을 가늠할 수 없는 지경에 이르렀기 때문이다.[244] 우리가 욥에게서 볼 수 있는 것처럼,[245] 모세는 죽기를 소원하고 있다: "저 혼자서는 도저히 이 모든 백성을 짊어질 수 없습니다. 저에게는 너무 무겁습니다. 주께서 저에게 정말로 이렇게 하셔야 하겠다면, 그리고 제가 주님의 눈 밖에 나지 않았다면, 제발 저를 죽이셔서 제가 이 곤경을 당하지 않게 해주십시오"(11:14-15).

본문의 구조를 살피면, 두 개의 신언설이 11:16-20과 11:23에 나타나 있고 첫 번째 신언설에 대한 모세의 답변이 두 신언설 사이에 놓여 있다(11:21-22). 우리는 욥기에서도 유사한 구조를 발견한다. 두 부분에 걸친 폭풍우 가운데 들린 신언설이 38:1-40:2, 그리고 40:6-41:34에 각각 놓여 있고 각 언설에 대한 욥의 응답이 40:3-5 과 42:1-6에서 각각 나타난다. 그리고 그 문체에 있어서도 민수기에 나타난 신언설은 명령문과 수사 의문문으로[246] 구성되어 있는데 욥기의 신언설 또한 여러 개의 수사 의문문과 명령문으로 구성되어 있다.

그러나 이러한 유사성이 있는 반면, 상이성 또한 발견된다. 하나님의 첫 번째 응답은 모세에게 직접적인 해결책을 제시하지만 욥에게 주어진 첫 번째 폭풍우 신언설은 답변을 주기보다는 도리어 하나님이 창조 세상의 우주적 구조와 질서(욥 38:4-38), 그리고 동물의 세계(38:39-40:30)에 대한

---

243 필자 사역.

244 Claus Westermann, "The Complaint Against God," In *God in the Fray: A Tribute to Walter Brueggemann*(ed. Tod Linafelt and Timothy K. Beal; Minneapolis: Fortress Press, 1998), 238.

245 욥 3:3-26.

246 특별히 민 11:23 전반절.

질문들을 욥에게 묻고 있다. 또한 첫 번째 신언설 뒤에 나타나는 모세의 응답은 하나님의 말씀에 대하여 비아냥거리는 의심어린 대답(민 11:21-22)이지만, 욥의 첫 번째 응답은 무조건적 굴복의 응답이 나타나고 있다(욥 40:3-5).

그런데 한 가지 주목할 만한 사실은 각각의 인간의 응답 뒤에는 이에 대한 하나님의 두 번째 말씀이 계속해서 따라 나온다는 사실이다. 민수기의 경우, 모세의 비웃는 투의 응답이 하나님의 준엄한 질문을 촉발시킨다: "나의 손이 짧아지기라도 하였느냐? 이제 너는 내가 말한 것이 너에게 사실로 이루어지는지 그렇지 아니한지를 볼 것이다"(11:23). 욥기의 경우, 욥의 첫 번째 응답은 하나님의 두 번째 언설과 전혀 상관없어 보인다. 아니, 오히려 하나님은 욥이 이야기한 것을 무시한 채 당신의 두 번째 언설을 계속해서 이어가는 듯한 인상을 준다.[247] 하나님은 두 번째 언설에서 욥을 더욱 궁지에 몰아넣는 듯한 질문들을 펼치면서(40:7-14) 점차로 수수께끼 같은 두 거대한 피조물들에(베헤못[248]과 리워야단[249]) 대한 상세한 기술에 두 번째 말씀을 집중시킨다(40:15-41:34[26][250]). 이를 통해 보건대, 욥의 첫 번째 응답은 하나님의 시각에 만족할 만한 답변이 되지 못한 것 같다.[251] 그러기에 하나님은 두 번째 언설을 시작하고 계신다. 어쨌든 이곳에서 우리가 관찰할 수 있는 사실은 지금 하나님과 기도자 사이에 긴장된 대화(a dialogue between God and human being)가 오고가고 있다는 사실이다.

일반적으로, 구약성서의 전통적 하나님의 구원 응답의 전승층에서는 하

---

247 Robert Gordis, *The Book of God and Man: A Study of Job*(Chicago: The University of Chicago Press, 1965), 118.
248 한글개역 성경에는 "하마"로 번역.
249 한글개역 성경에는 "악어"로 번역.
250 리워야단 본문에 대한 히브리어 마소라 본문(MT)의 절수 표기는 개신교 구약성경에서와는 다르게 나타난다. 이에 아래에서는 [ ] 안에 마소라 본문의 절수를 표기할 것이다.
251 Athalya Brenner, "God's Answer to Job," *VT* 31(1981), 133.

나님의 답변은 간구자에게 직접적인 해결을 준다.[252] 민수기 본문에서 나타나는 모세에게 주어진 첫 번째 하나님 응답은[253] 바로 이와 같은 전통에 근거한다. 그러나 하나님의 두 번째 언설은 전통적 대답이 아니다. 그것은 질문으로 시작하고 있다. 이 두 번째 신언설이 우리가 욥에서 발견케 되는 질문들로 가득 찬 하나님의 폭풍우 언설들과 같은 성격을 띄고 있다. **이렇듯 하나님의 답변이 도리어 질문의 형태로 나타나는 것은 하나님께 대한 간구자의 도전적 발언들과 깊이 연관되어 있다.**

모세는 어떻게 60만 명이나 되는 백성에게 고기를 먹일 수 있는가라며 하나님의 능력에 대하여 의심하며 비아냥거렸다(민 11:21-22). 그러기에 하나님은 두 번째 대답에서 모세에게 교훈조의 질문을 하고 계신다: "나의 손이 짧아지기라도 하였느냐?…." 욥의 경우 하나님께 대한 도전적 강도는 더욱 심화되어 있다. 욥은 자신이 당하는 의인의 고통과 이 세상에서 펼쳐지는 악인들의 영화를 목도하면서(욥 21:7-33; 24:1-17) 결국에는 하나님이 부정의 하다고(욥 27:2) 선언한다. 그러면서 감히 하나님을, 잘잘못을 따지는 재판정 자리로 불러내는 히브리 종교 사상 유례없는 도전적 요청을 하였다(욥 31:35-37). 이에 욥에 대한 하나님의 응답은 일련의 역질문 공세들로 시작되고 있는 것이다: "네가 누구이기에 무지하고 헛된 말로 내 지혜를 의심하느냐?"(욥 38:2); "내가 땅의 기초를 놓을 때에 네가 거기에 있기라도 하였느냐?" … "누가 이 땅을 설계하였는지 너는 아느냐? 누가 그 위에 측량줄을 띄웠는지 너는 아느냐?"(욥 38:4-5).

우리는 욥기에서 뿐만 아니라 구약성서에서 나타나는 이와 같은 하나님의 역질문들을 하나님의 도전 신탁(challenge oracle)이라고 부르려 한다. 지

---

252 전통적인 "구원 신탁"은 기도자들이 요청하는 문제들에 직접적인 답변을 주고 있음을 기억하라.
253 지도자로서의 모세의 짐을 덜어주기 위해 백성 중 70장로를 뽑도록 지시하시고 또한 고기타령을 하는 이스라엘 백성들에게 고기를 약속하시면서 모세의 모든 문제를 해결하고 계신다(민 11:16-20).

금 하나님은 욥에게 직접적인 응답을 하시지 않는다. 오히려 그칠 줄 모르는 질문의 세례들을 퍼부으신다. 그러나 그 질문들은 다분히 의도적이다. 욥이 얼마나 알고 있는가를 추궁하고 있다. 그리고 욥이 마땅히 깨달아야 할 바에 대하여 도전하고 있다. 일반적으로 하나님의 신실한 종들에게 들려지는 이 도전 신탁은 하나님의 교육적 의도 속에 진행된다.

본문 연구 38:1-40:5

발견적 질문하기 및 관찰

[38장]
v.1 왜 하나님은 폭풍우 가운데 나타나셨을까?
v.2 "무지한 말로 생각을 어둡게 하는 자가 누구냐"의 의미는?
v.3 "너는 대장부처럼 허리를 묶고 내가 네게 묻는 것을 대답할지니라"에서 나타난 하나님의 첫 번째 명령의 독특성은?
v.4 "내가 땅의 기초를 놓을 때에 네가 어디 있었느냐 네가 깨달아 알았거든 말할지니라"?
vv.8-11 바다에 대한 묘사의 특이성!
vv.12-15 새벽 여명의 악인 노출과 신비성!
v.25 "누가 홍수를 위하여 물길을 터 주었으며 우레와 번개 길을 내어 주었느냐"?
vv.26-27 사람 없는 땅을 언급하는 이유는?
v.36 번역의 문제?

[39장]

v.6 들나귀의 처소는 "소금 땅"?

v.7a "들나귀는 성읍에서 지껄이는 소리를 비웃나니"?

v.16a "그 새끼에게 모질게 대함이 제 새끼가 아닌 것처럼"에서 나타나는 타조의 생태는?

[40:1-5]

v.2 욥에 대하여 "트집 잡는 자", "하나님을 탓하는 자"라는 칭호는 곧 욥이 불의하다는 선고인가?

v.4 "손으로 내 입을 가릴 뿐이로소이다"라고 말하는 욥의 첫 번째 응답의 의미는?

본문 구조

I. 창조 세계에 대한 이해 38:1-40:5

  1. 도입: 폭풍우 현현 38:1

  2. 첫 번째 신언설 38:2-39:30

      A. 서론 38:2-3 첫 질문(욥의 정체성)과 첫 명령(대답하라!)

      B. 우주의 구조 38:4-38[254]

      C. 동물의 왕국 38:39-39:30 – 5 쌍의 동물들[255]

  3. 삽입된 신언설 40:1-2

      A. 서론 40:1

      B. 도전 40:2(하나님과 논쟁하는 자여 대답하라!)

---

[254] 지구의 기초, 새벽별, 바다, 아침(새벽), 바다와 깊음 (죽음)의 기초, 빛의 거처와 길, 기상 현상 (38:22-30), 별자리, 구름현상 (34-38).

[255] 1.사자와 까마귀(38:39-41); 2.산염소와 사슴(39:1-4); 3.들나귀와 들소(39:5-12); 4.타조와 전쟁말(39:13-25); 5.매와 독수리(39:26-30).

> 4. 욥의 첫 번째 응답 40:3-5
>   A. 서론 40:3
>   B. 철회 40:4-5 순종인가? or 여전히 반항인가?

하나님의 응답의 시작은 질문으로 시작된다: "네가 누구이기에 무지하고 헛된 말로 내 지혜를 의심하느냐?"[256](2절) 그리고는 하나님의 질문들에 응답해 보라고 명령하신다: "이제 허리를 동이고 대장부답게 일어서서 묻는 말에 대답해 보아라"(3절). 이후 등장하는 하나님의 언설들은 줄곧 수사학적 질문의 형식을 취하게 된다. 이 질문들에서 다루어지고 있는 우주론과 천체기상학의 내용들을 정리하면 다음과 같다. 우선, 우주론은 총 여섯 부분으로 구성되어 있다: 지구(38:4-7); 바다(38:8-11); 새벽(38:12-15); 심연(38:16-18); 빛과 어둠(38:19-21); 그리고 하늘(38:31-33). 천체기상학적 묘사는 다양한 날씨들의 현상으로 표현되고 있다: 눈; 우박; 바람; 비; 구름; 홍수; 그리고 번개(38:22-30, 34-38). 이후 등장하는 동물의 왕국의 주인공들은 다음과 같다: 1. 사자와 까마귀(38:39-41) 2. 산염소와 들사슴(39:1-4) 3. 들나귀와 들소(39:5-12) 4. 타조와 전쟁말(39:13-25) 5. 매와 독수리(the hawk and the vulture) (39:26-30).

질문에 답하기-주석

[38장]

v.1 왜 하나님은 폭풍우 가운데 나타나셨을까?

40:6에서도 여전히 하나님은 סערה(세아라: 돌개바람)[257] 가운데 음성을 발

---

256 표준새번역.
257 사나운 비바람으로서 은유적으로는 무질서, 혼돈 등의 의미를 드러낸다. 더 나아가서는 심판의 의미로서의 폭풍우로도 사용된다!

하신다. 이는 전통적인 하나님 임재의 상징이다.²⁵⁸ 특별히 이 세아라는 엘리후가 37:9에서 말하는 סופה(수파: 태풍)와는 다른 단어이다. 그러나 9:17에서 욥 자신이 "그가 폭풍으로 나를 치시고…."라고 탄식할 때에는 똑같은 단어가 사용되었다(שערה).

이 폭풍은 물론 하나님의 임재를 상징한다. 그러나 기존의 멸망을 가져오는 심판으로서의 하나님의 이미지보다는 욥에게 새로운 가르침의 세계로 인도하는 지혜의 바람, 깨우침의 폭풍우이다. 왜냐하면 이 폭풍우 후에 욥은 쓸려가지 아니하고 오히려 큰 깨달음의 경지에 이르기 때문이다: "내가 주께 대하여 귀로 듣기만 하였사오나 이제는 눈으로 주를 뵈옵나이다"(42:5).

v.2 "무지한 말로 생각을 어둡게 하는 자가 누구냐"?

מִי זֶה מַחְשִׁיךְ עֵצָה בְמִלִּין בְּלִי־דָעַת׃

(미 제 마흐쉭 에짜 브밀린 블리 다앗)

누가 세상 섭리²⁵⁹를 지식 없는 말로 어둡게 하는가? (사역)

NIV   "Who is this that darkens my counsel with words without knowledge?

NRS   "Who is this that darkens counsel by words without knowledge?

RSV   "Who is this that darkens counsel by words without knowledge?

폭풍우 가운데 나타나신 야웨의 첫 번째 발언으로 의의가 큰 구절이다.

---

258 이군호, 『욥기』 340.
259 עצה(에짜)는 이후 첫 번째, 그리고 두 번째 신언설에서 밝혀질 바 하나님의 세상 섭리를 의미한다. 그것은 첫 번째 언설에서는 "창조의 원리" 즉, 하나님의 신실한, 그리고 자유한 주권적 세상 섭리를 가리킨다. 두 번째 언설에서는 "역사의 원리"로서 그 세상 섭리 내에 욥을, 그리고 인간을 가장 강력한 존재로 만드심을 베헤못과 리워야단을 통해 밝히고 있다.

이곳에서 내용상 하나님께서 지적하고 있는 것은 욥이 지식 없는 말을 했다는 사실이다. 즉 하나님의 불공평한 세상 섭리를 욥이 언급한 장면들이다. 그런데 의문사 מִי(미)를 동원하여 형식상 우리에게 알려주는 정보는 하나님께서 바로 **욥의 정체성**을 묻고 있다는 사실이다. 그렇다면 하나님이 말씀하신 신언설 전체의 주된 관점은 하나님의 세상 섭리를 묻고 있는 욥의 정체성의 문제와 관계하고 있음을 알 수 있다.

v.3 "너는 대장부처럼 허리를 묶고 내가 네게 묻는 것을 대답할지니라"?
אֱזָר־נָא כְגֶבֶר חֲלָצֶיךָ וְאֶשְׁאָלְךָ וְהוֹדִיעֵנִי
(에잘 나 크게벨 할라쩨이카 브에쉬알카 브호디에니)
대장부답게 허리를 동이고 내가 묻겠으니 대답해 보아라

NIV   Brace yourself like a man; I will question you, and you shall answer me.
NRS   Gird up your loins like a man, I will question you, and you shall declare to me.
RSV   Gird up your loins like a man, I will question you, and you shall declare to me.

"대장부답게 허리를 동이라"라는 표현은 욥기에서 본문과 40:7의 두 번째 언설에서 똑같이 나온다. 그리고 구약성서에는 예레미야 1:17[260]에서 나타난다. 이는 새로운 예언자적 사명으로 초대하는 하나님의 초청문이요 격려문이다.

그러나 본문에서 문맥상 욥에게 향한 하나님의 사명으로의 초청이나 격려문으로 보기에는 2절과 4절 이하의 내용은 정반대의 논조로 전개된다. 오히려 책망이나 질타로 주변의 문맥은 전개된다. 그러나 하나님의 폭풍

---

260 "그러므로 너는 네 허리를 동이고 일어나 내가 네게 명령한 바를 그들에게 말하라 그들 때문에 두려워하지 말라 네가 그들 앞에서 두려움을 당하지 않게 하리라."

우 언설의 근본 의도는 욥에게 하나님의 창조 세계와 역사 섭리를 깨닫게 하는 데 있다. 결국, 본문에서 진행되는 하나님의 견책은 마침내 욥을 향한 현자적 가르침으로 수렴된다. 따라서 3절은 욥을 위한 새로운 하나님의 창조 섭리와 지혜 사명으로 이끄는 초청문이요 격려문으로 해석할 수 있을 것이다.

v.4 "내가 땅의 기초를 놓을 때에 네가 어디 있었느냐 네가 깨달아 알았거든 말할지니라"?

이는 엘리바스가 15:7-8에서 욥에게 한 질문과 유사하다: "네가 제일 먼저 난 사람이냐 산들이 있기 전에 네가 출생하였느냐 하나님의 오묘하심을 네가 들었느냐 지혜를 홀로 가졌느냐." 그런데 이 엘리바스의 공격은 사실상 욥이 바로 앞서 본인이 하나님의 오묘하신 뜻을 보았고 들었다고 언급한 것에 대한 비판이었다(12:13-13:1): "지혜와 권능이 하나님께 있고 계략과 명철도 그에게 속하였나니…나의 눈이 이것을 다 보았고 나의 귀가 이것을 듣고 깨달았느니라."

그러나 잔젠은 하나님께서 욥이 이미 하나님의 창조 섭리를 알고 있는 사람으로 전제하고서 본문 4절로부터 6절까지 질문하고 있다고 본다. 즉 4절로 시작되는 질문들은 욥을 보잘것없는 존재로 굴욕시키기보다는 욥이 이미 알고 있는 사실들에 대하여 환기시켜 주는 작업으로서, 특히 7절에서 하나님의 창조 사역에 대한 찬양을 드리는 새벽별들과 하나님의 아들들과 더불어 욥 또한 마땅히 찬양하는 회중 가운데(시 29; 89:5-18) 한 인물로 서 있어야 함을 하나님께서 역설하고 있는 것으로 본다.[261] 이는 욥의 도전을 무력화시키고 하나님 앞에서 인간의 보잘것없음을 다시금 상기시켜주는

---

261 J. Gerald Janzen, *Job*, 233.

입장에 서 있는 대부분의 주석가들의 견해와 반대되는 해석이다. 잔젠의 경우 하나님의 첫 질문에 대한 이와 같은 해석은 이후 계속되는 하나님 언설의 방향을 욥에 대한 깨우침이라는 기조로 이해하게 한다. 이는 본 해설서의 "지혜 말씀"으로서의 욥기 읽기와도 그 맥을 같이한다.

vv. 8-11 바다에 대한 묘사의 특이성!

바다 곧 기존의 혼돈의 상징인 יָם(얌)에 대한 파격적인 표현이다. 이곳에서 바다는 하나님의 창조 세계의 질서를 한순간에 무력화시키는 무질서의 괴물과 아무 상관이 없다. 오히려 하나님의 창조적 모태에서 탄생한 한 아기에 불과하다(8). 구름으로 배냇저고리를 삼고 흑암으로 이불로 덮어 주어야 할 유약한 피조물에 지나지 않는다(9). 그리고는 그 넘실거리는 파도의 경계를 엄하게 통제하는 하나님의 지도와 관리하에 있게 된다(10-11).

결국, 구약성서의 지혜 문학이 어떻게 혼돈과 무질서의 기원으로서의 악의 문제를 다루고 있는가를 극명하게 보여주는 장면이다. 우리 인생에게 어둠과 악으로 다가오는 무질서는 사실 하나님 앞에서는 여린 피조물에 불과하며 하나님의 온전한 통치 아래에 놓여 있음을 알려준다.

vv. 12-15 새벽 여명의 악인 노출과 신비성!

근원적 악은 그 경계 내에 갇혀 있지만 그럼에도 악인들이 인간 사회를 위협하는 소행은 아침 광명과 더불어 소멸된다고 본문은 노래하는 것이다. 마치 사람이 옷에서 먼지를 털어내듯 새벽빛이 지구로부터 악인들을 털어버리는 것으로 비유된다(13). 여명과 더불어 만물이 드러나는 장면을 진흙에 무늬가 새겨지고 옷에 염료를 물들이는 것으로 묘사된다. 그 빛 안에 악인의 행사는 결국 끊기게 될 것이다(14-15).[262]

---

262 목회와 신학 편집부, 『욥기: 어떻게 설교할 것인가』, 326.

하나님의 창조 세계의 첫 번째 작품인 빛으로부터 세상의 악의 문제를 이처럼 신비하게 연관시켜 설명하는 문학 작품이 또 어디에 있을까? 인생사의 악행과 혼돈의 사회를 하나님께서는 방관하지 않으신다. 이미 그의 창조 세계가 이 문제를 조절하고 있다. 태초의 창조의 빛이 여전히 오늘도 이 세계의 어둠을 몰아내고 있는 것이다.

v. 25 "누가 홍수를 위하여 물길을 터 주었으며 우레와 번개 길을 내어 주었느냐"?

사람들이 경험하는 가장 혼란한 자연 재해 가운데 하나가 폭우로 인한 홍수일 것이다. 그런데 본문은 그 가장 걷잡을 수 없는 홍수 또한 하나님께서 내신 길로 진행한다는 것이다.[263] 천둥의 뇌성과 사방으로 뻗치는 번개 또한 창조주에 의해 이미 마련된 길을 따르는 것으로 되어 있다. 모든 것이 다 하나님의 창조 섭리의 지도에서 찾을 수 있으며 창조자의 매뉴얼대로 운행되는 것이다.

vv. 26-27 사람 없는 땅을 언급하는 이유는?

창조주의 섭리가 인간과 전혀 상관없는 광야의 땅에 미치고 그 손길이 황야의 연한 풀에게까지 드러난다. 이는 욥의 인간 중심의 사고를 깰 뿐만 아니라 모든 피조물들이 하나님 앞에 동등하게 서 있음을 상기시키고 있다. 인간 인식의 세계가 미치지 못하는 그곳에서도 하나님은 여전히 활동하고 계신다.

---

263 Norman C. Habel, 542.

v.36 번역의 문제

מִי־שָׁ֭ת בַּטֻּח֣וֹת חָכְמָ֑ה א֤וֹ מִֽי־נָתַ֖ן לַשֶּׂ֣כְוִי בִינָֽה[265][264]
(미 샤트 밧투호트 호크마 오 미 나탄 라스세크비 비나)
누가 지혜를 마음속에 두거나 또는 누가 명철을 밖으로 드러나게 했는가? (사역)

개역한글: 가슴 속의 지혜는 누가 준 것이냐 마음속의 총명은 누가 준 것이냐
개역개정: 가슴 속의 지혜는 누가 준 것이냐 수탉에게 슬기를 준 자가 누구냐
표준새번역: 강물이 범람할 것이라고 알리는 따오기에게 나일강이 넘칠 것이라고 말해 주는 이가 누구냐? 비가 오기 전에 우는 수탉에게 비가 온다고 말해 주는 이가 누구냐?
공동번역: 누가 따오기에게 지혜를 주었느냐? 누가 닭에게 슬기를 주었느냐?[266]

NIV   Who endowed the heart with wisdom or gave understanding to the mind?
NRS   Who has put wisdom in the inward parts, or given understanding to the mind?
RSV   Who has put wisdom in the clouds, or given understanding to the mists?

본문 번역상 혼선을 빚는 이유는 טֻחוֹת(투호)에 대한 의미를 어떻게 결정하느냐에 따라 다양한 해석이 가능하기 때문이다. 고르디스(Gordis)의 경우, 이를 Thoth(토투) 이집트의 지혜의 신으로 보고 그 신의 상징인 따오기로 해석했다. 표준새번역도 그의 견해를 따랐다. 그러나 본래의 뜻은 마음

---

264 appearance, phenomenon.
265 inward parts or cloud layers.
266 고르디스는 טֻחוֹת을 Thoth으로 보고 이집트의 지혜의 신을 가르치는데 그 상징적 동물로서 ibis(따오기)와 관련시킴; שֶׂכְוִי는 수탉과 관련시켜 번역: Norman C. Habel, *The Book of Job*, 523.

으로 해석됨으로 필자는 마음에 지혜를 허락한 자가 누구인가를 묻는 질문으로 번역하였다.

[39장]
v.6 들나귀의 처소는 "소금 땅"?
전반절에서 들(ערבה: 아라바)이 나오고 후반전에서 소금 땅(מלחה: 므레카)는 평행 본문으로서 아라바는 사막 지대요, 므레카는 소금 지대로서 두 곳이 다 공히 사람이 살 수 없는 지대를 일컫는다. 특히 므레카는 소금 지역임으로 식물이 제대로 성장할 수 없는 곳이기에 거의 버려진 영역이 되기 때문에 들나귀들은 그곳에서 오히려 자유롭게⑸ 살아갈 수 있는 터전이 된다.

v.7a "들나귀는 성읍에서 지껄이는 소리를 비웃나니"?
인간의 땅과 관련 없음에 대한 대표적인 묘사이다. 특히 5-12절은 들나귀(פרא: 페레)와 들소(רים: 렘)와 짝을 이루어 줄곧 인간 세상으로부터 떨어져 자유롭게 살아가는 동물의 세계를 묘사한다. 본래 구약성서에서 집나귀(חמור: 하모르)와 집소(שור: 쇼르)는 짝을 이루어 잘 나온다:(신 22:10; 삼상 12:3; 욥 24:3; 사 1:3, 32:20). 대부분의 경우, 이들은 인간 세계의 봉사자로서 묘사된다. 그러나 집나귀와 집소가 아닌 들나귀와 들소가 짝을 이룬 것은 구약성서에서 본문이 유일하다. 근본적으로 강조하고자 하는 것은 자연 세계의 독립성과 자유함이다.

v.16a "그 새끼에게 모질게 대함이 제 새끼가 아닌 것처럼"에서 나타나는 타조의 생태는?
타조는 20여 개의 알을 낳아서 그 중 1/3 정도는 모래에서 부화하고, 1/3은 얕은 모래에 묻으며 1/3은 더 깊은 모래에 묻었다가 새끼가 생기면

얕은 곳에 묻은 알을 깨뜨려 먹이고 모래의 알은 다른 곤충들을 유인해 또 새끼들을 위한 먹이로 쓴다고 한다. 그러나 기본적으로 새끼들을 아주 잔인하게 제 새끼가 아닌 것처럼 대하는 생태적 특징이 있다.[267] 구약성서에는 애가서 4:3에 비슷한 구절이 발견된다: "들개들도 젖을 주어 그들의 새끼를 먹이나 딸 내 백성은 잔인하여 마치 광야의 타조 같도다."

그러나 본문의 타조(13-18)는 다음 구절의 전쟁말(19-25)과 짝을 이루어 지혜가 없어 새끼들에게 잔인하게 대함에도 불구하고 그 속도와 용맹함에 있어서는 다른 어떤 피조물보다 훌륭함을 강조한다.[268]

[40:1-5]

v.2 욥에 대하여 "트집 잡는 자", "하나님을 탓하는 자"라는 칭호의 의미는?

הֲרֹב עִם־שַׁדַּי [269]יִסּוֹר מוֹכִיחַ אֱלוֹהַּ יַעֲנֶנָּה׃

(하로브 임 샤다이 잇솔 모키아흐 엘로하 야아넨나)

전능한 자와 논쟁하는 자, 신을 판단하는 자가 그것을 대답해 보라!(사역)

- NIV   Will the one who contends with the Almighty correct him? Let him who accuses God answer him!
- NRS   Shall a faultfinder contend with the Almighty? Anyone who argues with God must respond.
- RSV   Shall a faultfinder contend with the Almighty? He who argues with God, let him answer it.

---

267   이군호, 「욥기」, 349-350.
268   이외의 구약성서 내에서 타조는 부정한 새로서 취급된다: 레 11:16; 신 14:15.
269   one who reproves, fault-finder.

본문의 하나님의 음성은 욥을 불의한 자로 간주하는 것 같지는 않다. 왜냐하면 "트집 잡는 자"로 번역된 부분은 영어로는 "fault-finder"이고 문자적으로는 "논쟁하는 자"이기 때문이다. 물론 하나님과 감히 논쟁하는 자는 신성 모독에 해당할 만한 죄를 범할 법하지만 실제로 앞서 서론에서 보았듯이 구약성서에는 하나님과 논쟁한 자들이 자주 등장한다. 그리고 그들은 하나같이 하나님의 위대한 사람들이었다. 뿐만 아니라 욥기의 후반부에서 욥은 친구들에 비하여 하나님에 대하여 옳게 말했다고 선고받는다 (42:7, 8).

그렇다면 하나님과 논쟁하며 하나님을 감히 판단하는 자가 곧 욥이라고 하나님께서 역설적으로 인정하시는 장면으로 본문을 읽을 수 있다. 즉, 곧 욥의 정체성은 감히 하나님과 하나님의 섭리에 대하여 대화를 나눌 수 있는 자로 이해할 수 있게 된다. 그리고 이와 같은 욥의 정체성은 38:3과 40:2b에 "너는 … 대답할지니라"라고 하나님께서 욥에게 대답을 요구하시는 장면에서 잘 나타나 있다.

v. 4 "손으로 내 입을 가릴 뿐이로소이다"라고 말하는 욥의 첫 번째 응답의 의미는?

הֵן קַלֹּתִי מָה אֲשִׁיבֶךָּ יָדִי שַׂמְתִּי לְמוֹ־פִי׃

(헨 칼로티 마 아쉬베카 야디 쌈티 레모 피)

보십시오, 나는 하찮은 존재에 불과합니다. 제가 어떻게 당신께 대답을 하겠습니까? 그저 나의 손으로 내 입을 가릴 뿐입니다.(사역)

NIV   I am unworthy– how can I reply to you? I put my hand over my mouth.

NRS   See, I am of small account; what shall I answer you? I lay my hand on my mouth.

RSV Behold, I am of small account; what shall I answer thee? I lay my hand on my mouth.

전통적인 묵종과 잠잠함의 표현이다. 특히 "손으로 입을 가린다" 했을 때의 전통적인 표현법은 놀람과 순종으로 인한 잠잠함이다.[270] 그러나 이러한 묵종의 표현이 하나님께서 욥에게 이끌려 하시는 마지막 모습은 아니다. 하나님께서는 아직도 그에게 원하시는 것이 있다. 그러기에 욥이 40:5에 "다시는 더 대답하지 아니하겠나이다"라고 묵종의 태도를 취하는 상태에 대하여 만족하지 않으시고 하나님께서는 당신의 두 번째 폭풍우 언설을 바로 시작하고 계신다. 여전히 그에게 다른 대답을 요구하시면서 말이다.(40:7)[271]

신학적 주제
하나님에 관하여

하나님의 첫 번째 폭풍우 언설에서 드러나는 품성은 창조주이다. 그러나 이 창조주는 위엄 있는 조물주로서 등장하지 않는다. 대신에 피조된 세계 하나하나에 세심한 관심과 정성을 모으는 부모와 같은 존재로서의 창조주의 모습이다. 갓 태어난 바다에 저고리를 입히고 강보를 싸 주는 모습(38:8-9)과 더불어 광명과 흑암의 길(38:19), 그리고 홍수길과 우레와 번개의 길(38:25)을 안내하는 인도자이다. 광야의 들풀에 비를 내리시며(38:26-27), 배고픈 어린 사자에게 먹이를 제공해 주는 분이시다(38:39). 비와 이슬방울의 아비요 어미가 되시며(38:28-29), 타조의 빠른 스피드(40:18)와 전쟁 말에게 힘을 주시는 분이시요(40:19), 독수리가 공중에서 보금자리를 만들 수

---
270 비교 욥 21:5(경악), 29:9(물러감, 복종), 잠 30:32(미련함을 시인, 배움을 위한 잠잠함).
271 "너는 대장부처럼 허리를 묶고 내가 네게 묻겠으니 내게 대답할지니라" cf. 38:3.

있도록 지혜를 주신 분이다(40:27). 피조된 세상과 뗄래야 뗄 수 없는 자연 만물과 더불어 호흡하는 하나님을 목도하게 한다.

사람에 관하여

얼핏 본문은 위대한 하나님의 창조 섭리 앞에 욥을 대표하는 인간은 그 광대함과 심오함 앞에 입을 다물고 경외로 떨 수밖에 없는 존재로 부각시킨다. 또한 하벨의 경우는 첫 번째 언설(38-39)과 두 번째 언설(40-41)에서 각각 인간은 하나님의 자연 세계의 질서를 어둡게 하는 자로(38:2), 그리고 하나님의 정의를 무너뜨리는 자(40:8)로 그려지고 있다고 지적한다. 고로, 하벨은 하나님의 언설의 두 주제를 하나님의 섭리(counsel)와 하나님의 정의(justice)에 대한 변론으로 본다.

그러나 필자는 욥에 대한 하나님의 응답의 첫 번째 단어가 "이 자가 누구냐"로 시작하고 있고(38:2), 하나님의 첫 번째와 두 번째 언설의 시작이 "대장부처럼 허리를 동이라"는 예언자적 초청 명령(38:3, 40:7)과 연속해서 등장하는 수사적 의문문이 화자와 청자 상호 간의 지식을 전제로 한 질문임을 이해할 때[272] 더 중심적인 주제는 욥의 정체성에 대한 문제임을 주목하고 싶다. 더군다나 40:2에서 욥을 하나님께서 직접 "트집 잡는 자"와 "전능자와 다투는 자"로서 규정하는 것을 볼 때에 하나님의 폭풍우 언설에 전반적으로 흐르는 중심 토의는 욥이 누구인가에 관한 문제이다. **아이러니컬한 사실은 욥은 "하나님이 어떤 하나님"이신가를 알기 위해 이제껏 질문하며 항변해 왔다. 그러나 막상 하나님께서 나타나셔서 답변은커녕 역질문 공세를 취하신다. 그런데 그 질문의 내용은 "욥이 어떤 존재"인가에 대한 물음이다.**

---

272 Michael V. Fox, "Job 38 and God's Rhetoric," *Semeia* 19(1981), 58.

세계에 관하여

본문이 전하는 세상은 하나님의 *에짜*(섭리) 가운데 질서와 조화를 이루며 운행되는 하나님의 터전이다. 이곳에서 등장하는 자연 세계는 인간 사회와는 동떨어진 신비의 세계이다. 특히 동물들에 대한 묘사는 피조된 세계가 어떤 면에서는 인간보다 더 강하고 자유롭고 능력 있는 존재인가를 보여주고 있다. 인간 중심이 아닌 자연 세계 그대로의 동물의 특이성이 그려지고 있으며 기존의 어리석고 부정한 짐승의 이미지로부터 오히려 인간보다도 더 강하고 자유롭고(ex. 들 나귀의 인간 세상에 대한 조롱), 빠르고 능력 있는 존재들로 묘사되고 있다. 특히 피조된 세계를 이야기하면서도 인간이 본문 가운데 등장하지 않는 부분은 주목할 만하다.

실천적 메시지: 생태 환경 속의 인간

"산 염소가 새끼치는 때를 네가 아느냐 그 낳을 때를 아느냐?" 자연 속에 감추어진 하나님의 신비를 드러내주는 대목이다. 물론 오늘날 우리는 다큐멘터리 동물의 *세계*를 통하여 어떻게 들짐승들이 생활하는지를 생생하게 볼 수 있다. 그러나 첫 번째 폭풍우 언설의 하나님께서는 직접 자연 세계의 생태를 관찰했느냐 그렇지 못했느냐를 묻는 것이 아니다. 실상은 창조된 세상의 질서와 더불어 얼마나 인간들이 호흡하며 살아가고 있느냐를 물으시는 것이다. "생육하고 번성하여 땅에 충만하라 땅을 정복하라"(창 1:28)라는 청지기적 명령에 대한 곡해는 인간 주도의 자연 착취와 생태계 파괴로 치닫는 비극을 초래했다. 인간 중심의 자연과의 일방적 관계성은 급기야 모든 생태 환경을 인간의 번영을 위한 수단으로 전락시키고 마는 결과를 가져왔다.

본문 가운데 폭풍우 속에 임한 하나님의 응답은 인간 사회와 전혀 관계가 없는 대자연의 자유와 신비를 그린다. 인간은 그 자연 세계의 일부에 불과하다. 뿐만 아니라 하나하나의 동물을 고려해 본다면 동물보다도 못한 부분이 많은 것이 인간이다. 그러기에 창조 세계의 장대한 파노라마 앞에 인간은 경이로움으로 탄성을 지르며 그 자연과 더불어 살기를 노력해야 한다. 잃어버린 에덴 동산을 다시금 찾기 위한 방법은 그 생태 환경 속에서의 인간 본연의 위치에 대한 각성이요 돌아옴이다.

마무리

드디어 하나님께서 나타나셨다. 이제까지 탄식과 항변으로 하나님의 섭리를 물으며 그토록 만나기를 고대했던 하나님께서 폭풍우 가운데 현현하신 것이다. 그러나 하나님으로부터 들려오는 음성은 평안 확언이나 구원 확신이 아니었다. 대답은커녕 수사 의문문으로 가득 찬 역질문들만이 욥의 귓전을 울리게 된다. 우리는 이와 같은 하나님의 대답을 기존의 구원 신탁에 비교하여 도전 신탁이라 이름을 붙였다. 하나님께서 욥에게 지금 도전하고 계신다. 현자이신 하나님께서(God, the Sage) 새로운 깨달음의 지평으로 안내하고 계신 것이다. 욥은 그칠 줄 모르는 질문들의 숲에서 당황해하거나 길을 잃거나 하지 않을 것이다. 왜냐하면 하나님의 수사적 질문들은 마침내 욥으로 하여금 깨닫게 하시기 위한 계몽의 지경으로 향하기 때문이다. **욥이 폭풍우 가운데 듣는 그 음성은 바로 새 창조의 음성이다.** 그 지혜의 바람으로 인하여 욥의 새로운 정체성이 본문을 거쳐 다음 두 번째 폭풍우 언설을 통해 새롭게 선포될 것이다.

Sapiential Interpretation of the Book of Job

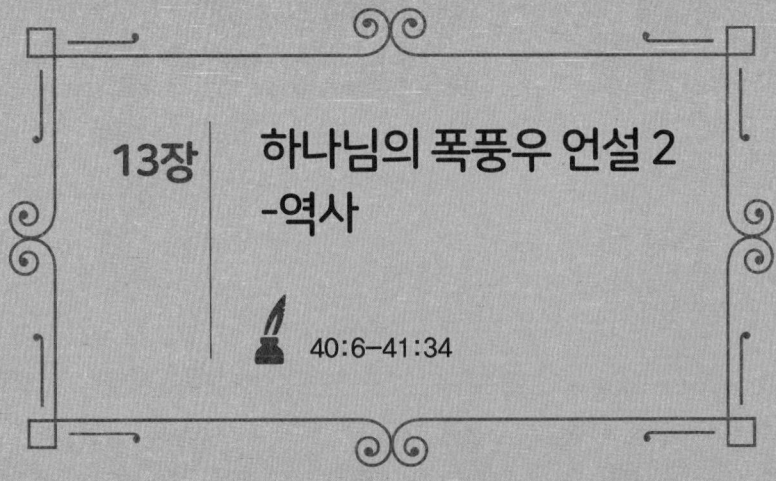

13장 | 하나님의 폭풍우 언설 2 -역사

40:6-41:34

"너 자신을 알라!" - 폭풍우 언설의 주제

하나님께서는 본문 40:6에서 새롭게 두 번째 언설을 시작하신다. 그리고 그 시작은 첫 번째 언설과 유사하다. 7절에서 "너는 대장부처럼 허리를 묶고 내가 네게 묻겠으니 내게 대답할지니라"라고 도전하신다. 이는 첫 번째 언설에서도 초두에 하신 말씀과 동일하다(38:3). 그리고는 8절에서 욥이 지금 어떤 일을 하고 있는 자인가를 묘사하신다: "네가 내 공의를 부인하려느냐 네 의를 세우려고 나를 악하다 하겠느냐." 이는 또한 첫 번째 언설에서 욥이 어떤 자인가를 묻는 정체성의 질문에 대한 내용에 상응한다. 따라서 각각의 언설의 시작 부분의 구조는 아래와 같다:

첫 번째 언설:
폭풍우 가운데 들리는 음성 38:1   A
무지한 말로 생각을 어둡게 하는 자 38:2   B
대장부처럼 허리를 동이고 질문에 대답하라 38:3 C

두 번째 언설:

폭풍우 가운데 들리는 음성 40:6 　　　　　A′

대장부처럼 허리를 동이고 질문에 대답하라 40:7 　C′

자신의 의를 위해 하나님의 공의를 부인하는 자 40:8 　B′

위의 구조에서 발견되듯이 첫 번째와 두 번째 언설의 서론 부분의 내용은 거의 동일하다. 그러나 배열이 달라져 있다. BC 부분이 C′B′로 교차되어 나타난다. B는 욥의 정체성에 대한 질문이요 C는 하나님의 질문에 답하라는 도전적인 초청이다. 하나님 언설의 주된 내용은 이와 같이 욥의 정체성과 도전적 초청으로 요약된다.

그러나 첫 번째와 두 번째 언설의 강조점은 그 순서 배열에 따라 달리 나타난다. 첫 번째 언설에서는 욥의 정체성에 대한 질문으로 시작하여 도전적 초청 질문으로 마무리하면서 이후 하나님의 창조 세계에서의 욥의 위치를 묻는 내용으로 전개된다. 이에 반하여 본문인 두 번째 언설에서는 초청 질문이 먼저 나오고 욥이 어떤 인물인가에 대한 정체성 문제를 상기시키면서 이후 하나님의 역사 섭리에서의 욥의 역할을 묻는 내용이 등장한다(40:9-14). 이는 두 번째 언설에서 구체적인 욥의 정체성에 대한 내용이 계속해서 연결되어 펼쳐질 것을 암시한다.

결국, 하나님의 폭풍우 언설의 핵심은 욥의 정체성에 대한 물음이다. 그러나 첫 번째 언설에서는 창조 세계의 파노라마 속에서 하나님 섭리(*에짜*: 38:2)와의 관련성 가운데 욥의 정체성을 물었다면 두 번째 언설에서는 세상 역사 속에서 펼쳐지는 하나님의 공의(*미쉬팟*: 40:8)와 관련하여 욥의 정체성을 묻고 있는 것이다. 특히 아래에서의 본문 관찰과 주석 작업을 통하여 분명하게 제시될 것이지만 초청 질문을 앞으로 당기고(C′) 욥이 어떤 인물인가에 대한 정체성의 문제를 뒤로 배치시키면서(B′) 욥의 정체성에 대한 문제제기와 설명을 두 번째 언설에서는 계속해서 이어간다. 이와 같은 욥의 정체성에 대한 문제를 중심으로 하나님의 두 번째 폭풍우 언설을 조명하면 다음과 같은 본문 구조를 발견할 수 있다:

40:6	도입
40:7	도전적 초청 질문
40:8	욥의 정체성 1: 자신의 의를 위해 하나님의 의를 부인하는 자
40:9-14	욥의 정체성 2: 위엄과 존귀로 악인을 다스리는 자
40:15-24	욥의 정체성 3: 베헤못과 같은 욥
41:1-3	욥의 정체성 4: 리워야단과 같은 욥

일반적으로 알려져 있듯이 하나님의 폭풍우 언설의 분위기는 욥에 대한 책망 또는 견책이다. 특별히 자신의 의로움을 주장하기 위해 하나님의 의를 부인하려 드는 욥을 지적하는 두 번째 언설의 시작은 하나님의 호된 꾸지람을 연상할 수 있다. 그러나 필자는 첫 번째 언설을 살펴볼 때에 앞에서 밝힌 바, 하나님의 의도는 책망(reproof)이 아닌 도전(challenge)이다.[273] 욥에게 처음부터 계획하셨던, 하나님께서 깨우쳐 주시려고 하는 교육적 훈화(didactic discourse)가 본문에 담겨 있다. 그 중심 내용은 욥이 하나님의 창조 세계와 역사 섭리에서 어떤 위치에 있으며 무슨 역할을 감당해야 하는가에 관한 것이다. 따라서 욥을 부정하는 의미에서가 아니라 긍정하는 의미에서의 "너 자신을 알라"가 본문의 주제이다.

---

273 안근조, "욥기 38-41장의 신언설의 이해와 문학 전승사적 위치," 「구약논단」 20 (2006).

본문 연구 40:6-41:34

발견적 질문하기 및 관찰

[40:5-24]

v.8 "네가 내 공의를 부인하려느냐 네 의를 세우려고 나를 악하다 하겠느냐"에서 하나님께서 무엇을 지적하고자 하시는가?

vv.9-14의 도전적 하나님의 질문들의 특이성?

v.15a "내가 너를 지은 것 같이 그것도 지었느니라"?

v.19 "그것은 하나님이 만드신 것 중에 으뜸이라 그것을 지으신 이가 자기의 칼을 가져오기를 바라노라"?

v.24 "그것이 눈을 뜨고 있을 때 누가 능히 잡을 수 있겠으며 갈고리로 그것의 코를 꿸 수 있겠느냐"?

[41장]

vv.1-2 "네가 낚시로 리워야단을 끌어낼 수 있겠느냐 노끈으로 그 혀를 맬 수 있겠느냐 너는 밧줄로 그 코를 꿸 수 있겠느냐 갈고리로 그 아가미를 꿸 수 있겠느냐"?

v.5 "네가 어찌 그것을 새를 가지고 놀듯 하겠으며 네 여종들을 위하여 그것을 매어두겠느냐"?

v.6 "어찌 장사꾼들이 그것을 놓고 거래하겠으며 상인들이 그것을 나누어 가지겠느냐"?

v.9 왜 8절까지 등장하던 2인칭이 9절 이하에서는 3인칭으로 바뀌었는가(8절에 "네 손을" vs. 9절에 "잡으려는 그의 희망", "그는 기가 꺾이리라")?

vv.12-32 리워야단의 지체와 체구에 대한 심미적 묘사의 특이성은?

본문 구조

II. 역사 섭리에 대한 이해 40:6-41:34
  1. 도입 40:6
  2. 신언설 40:7-41:34[26]
    A. 서언 40:7-8
      a. 서론적 언급 40:7
      b. 서론적 질문 40:8
    B. 도전적 질문과 제안 40:9-14   A
    C. 베헤못 40:15-24
      a. 욥과 베헤못 40:15a   B
      b. 베헤못의 모습 40:15b-18   C
      c. 베헤못의 으뜸성 40:19-24   D
    D. 리워야단 41:1-34[40:25-41:26][274]
      a. 도전적 질문 41:1-8[40:25-32]   A′
      b. 욥과 리워야단 41:9-12[41:1-4]   B′
      c. 리워야단의 모습 41:13-32[5-24]   C′
      d. 리워야단의 으뜸성 41:33-34[25-26]   D′

하나님의 첫 번째 언설이 창조에 대한 이해로 펼쳐진다면 하나님의 두 번째 언설은 역사에 대한 이해에 집중된다. 하벨은 욥의 정체성을 묻는 하나님의 첫 번째 언설과 두 번째 언설의 질문들을 통해 다음과 같이 정리한다: 1) 38:2 하나님의 *에짜*(섭리)를 어둡게 하는 자(자연 세계); 2) 40:8 하나님의 *미쉬팟*(정의)을 무너뜨리는 자(인간 역사).[275] 그러므로 하벨은 하나님 언

---

274 [ ] 표시는 MT(히브리어 원문 성경)의 절수 표기임.
275 Norman C. Habel, *The Book of Job*, 528.

설의 두 주제를 하나님의 섭리와 하나님의 정의에 대한 변론으로 본다. 베스터만 또한 두 언설이 각각 하나님의 자연 질서와 역사 섭리를 이야기하는 것으로 정리한다.

그러나 필자는 본래의 하나님의 언설이 욥의 정체성에 대한 질문에 집중되어 있는 곳에 초점을 맞추려 한다. 곧 욥의 존재성을 부각시키는 것이 오히려 하나님이 하신 말씀의 주제이다. 감히 하나님의 자연 질서와 역사 섭리에 도전하는 자, 그런 자가 바로 욥이다! 왜 욥의 존재성을 부각시키는 것일까? 그것은 바로 본문이 욥에 대한 어떠한 책망이나 경고가 아니라 하나님께서 욥이 창조 세계에서 어떤 위치에 있으며 인간 역사에서 어떤 역할을 감당해야 하는가를 깨우쳐 주시기 위한 뜻이 있다는 소리이다. 그런 의미에서 폭풍우 언설은 무질서 가운데 서 있는 욥을 새롭게 창조하시는 새 창조의 음성이다(cf. 창 1:2[276]).

질문에 답하기-주석

[40:6-24]

v.8 *"네가 내 공의를 부인하려느냐 네 의를 세우려고 나를 악하다 하겠느냐"?*

הַאַף תָּפֵר מִשְׁפָּטִי תַּרְשִׁיעֵנִי לְמַעַן תִּצְדָּק:

(하앞 타페르 미쉬파티 타르쉬에니 르마안 티쯔닥)

너는 정말로 나의 판단을 무너뜨릴 셈이냐? 네가 옳다는 것을 증명하기 위해 나를 그르다고 할 셈이냐?(사역)

NIV Would you discredit my justice? Would you condemn me to justify yourself?

---

[276] 무질서 가운데 하나님의 신의 운행과 이윽고 이어지는 하나님의 창조의 음성!

NRS Will you even put me in the wrong? Will you condemn me that you may be justified?

RSV Will you even put me in the wrong? Will you condemn me that you may be justified?

TNK Would you impugn My justice? Would you condemn Me that you may be right?

하나님의 언설에서 드러나는 욥의 정체성은 하나님의 판단을 자신의 판단과 대비시키는 자이다. 사실상, 본문의 맥락은 욥은 감히 하나님의 의로우신 판단 앞에 자신의 의를 내세울 수 없는 자임을 분명히 하고 있다. 그러나 이러한 언급을 통해서 하나님께서 궁극적으로 밝히고자 하는 바는 욥이 악하고 보잘것없는 존재라는 사실이 아니다. 오히려 감히 하나님과 더불어 세상 섭리(*예짜* 와 *미쉬팟*)를 논할 수 있는 자임을 부각시키고자 한다 (cf. 소돔과 고모라의 심판[*미쉬팟*]에 대한 아브라함과 하나님의 대화 [창 18:16-33]; 니느웨성 운명에 대한 요나와 하나님과의 대화 [욘 3장] 등).

vv. 9-14의 도전적 하나님 질문들의 특이성?

본문의 내용은 비록 풍자적인 뉘앙스가 풍기나 내용 자체를 있는 그대로 묵상한다면 말하고자 하는 바는 구약성서 그 어느 곳에서도 발견될 수 없는 파격적 주제를 다룬다. 욥에게 하나님의 능력과 위엄과 영화를 가지고 악인을 치리해 보라는 주제가 담겨 있기 때문이다. 특히 본문에 등장하는 단어들은 주로 하나님의 본성을 드러낼 때 사용되는 표현들이다.[277] 예를 들어, 9절에 능력(*제로아*)[278]과 천둥(*라암*)[279]은 각각 다음의 구절들에서

---
277 Carol A. Newsom, *The Book of Job*, 616.
278 *제로아*(하나님의 능력)는 구약성서에 자주 등장하는 하나님의 "펴신 팔"(outstretched arm)과 긴밀한 관련이 있다. 즉, 하나님의 목적을 성취하시기 위해 악인을 멸하고 의인을 구원하는 하나님의 능력을 의미한다(출 6:6, 15:16; 신 4:34, 5:15, 7:19, 9:29; 시 44:3, 89:10, 13; Isa 40:10, 51:5, 9, 52:10, 59:16, 63:5); John Hartley, *The Book of Job*, 520.
279 *라암*(하나님의 천둥소리)는 하늘과 땅을 다스리시는 하나님의 권세를 의미한다(욥 37:2-7; 시 29):

만군의 하나님의 능력과 두려움을 드러낼 때 도입된다: 1. 출 15:16, 시 77:15, 89:13, 사 63:5; 2. 욥 37:4, 시 18:13, 77:18, 104:7. 지금 하나님께서는 욥에게 하나님의 펴신 팔(제로아)과 능력의 소리(라암)로 모든 교만한 자를 낮추고 평정하라고 도전하고 계신 것이다.

또한 10절의 "위엄과 존귀"(וגבה גאון: 가온 바고바흐), 그리고 "영광과 영화"(והדר הוד: 호드 브하달)는 모두 두려운 하나님의 영광의 임재를 드러낼 때 사용되는 구절들이다(출 15:7; 시 96:6; 104:1; 138:5, 사 2:10, 19, 21, 24:14). 월슨은 본문을 해석하면서 하나님께서 욥에게 비록 가정이지만 하나님의 본성들을 가지고 있는 자, 곧 하나님과 같은 능력을 지닌 자의 자리로 초청하고 있다고 본다.[280] 특별히 그는 본문 10절의 "위엄"(가온)과 "영광과 영화"(호드 브하달)는 100% 하나님의 권위를 드러내는 곳에서만 쓰는 표현임을 지적한다(사 24:14; 시 96:6). 드라이버는 일찍이 다음과 같은 해설을 남겼다: "욥이 하나님의 세상 섭리의 정의를 물었을 때 아이러니컬하게도 욥은 지금 그 자신이 하나님의 능력과 자리에서 세상 섭리를 행하도록 초청받게 된다".[281]

우리는 지금까지 욥기를 주석해 오면서 전통적 표현들의 전복(twist) 또는 반전을 여러 군데에서 지적해 왔다. 본문은 그러한 반전들 가운데 가장 두드러진 내용을 담고 있다. 비록 하나님의 자리를 인간이 대치한다는 불가능한 가정이 전제되어 있지만 이곳에서처럼 하나님과 인간 사이에 일대일 대응 관계로서 하나님의 본성과 역할을 다루는 곳은 그 어디에도 없을 것이다.

Norman C. Habel, *The Book of Job*, 563.
280　J. V. Kinnier Wilson, "A Return to the Problems of Behemoth and Leviathan," *VT* XXV (1975): 5.
281　S. R. Driver, *The Book of Job in the Revised Version* (Oxford: Clarendon, 1906), 121.

그러나 필자는 한 발 더 나아가 본문을 다음과 같이 해석한다. 욥이 하나님의 자리를 대치하라는 소리가 아니라 하나님의 대리자로서의 역할을 말씀하고 계신다는 사실이다. 즉, 태초에 하나님의 형상대로 인간을 창조하셨을 때에 세상을 "다스리게 하자"라고 말씀하실 때의 의도처럼(창 1:26[282]), 하나님의 대리자로서의 욥의 정체성을 일깨우시려는 의도가 불가능한 가정의 명령문들 속에 흐르고 있다는 사실이다. 곧 욥이 교만한자들, 곧 무질서를 일으키는 자들을 하나님을 대신하여(하나님의 형상을 입은 전권대사로) 물리치라는 도전적 초청인 것이다. 결국, 지금 욥이 당면하고 있는 무질서의 문제, 혼돈의 문제를 하나님 탓으로만 돌리지 말고 하나님의 종으로서 본인이 직접 해결하며 새로운 질서를 정착시켜 나가는 일을 감당해야 한다는 암시적 도전으로 본문을 해석할 수 있다.[283]

v. 15a "내가 너를 지은 것 같이 그것도 지었느니라"?

הִנֵּה־נָא בְהֵמוֹת אֲשֶׁר־עָשִׂיתִי עִמָּךְ

(힌네 나 브헤못 아셸 아씨티 임막)

베헤못을 보아라! 내가 너를 지은 것처럼 그것 또한 만들었다! (사역)

NIV   Look at the behemoth, which I made along with you;

RSV   Behold, Behemoth, which I made as I made you;

TNK   Take now behemoth, whom I made as I did you;

---

282   "하나님이 이르시되 우리의 형상을 따라 우리의 모양대로 우리가 사람을 만들고 그들로 바다의 물고기와 하늘의 새와 가축과 온 땅과 땅에 기는 모든 것을 다스리게 하자 하시고"

283   cf. Samuel E. Balentine, "'What are Human Beings, That You Make so Much of Them?,' Divine Disclosure from the Whirlwind: 'Look at Behemoth,'" in *God in the Fray: A Tribute to Walter Brueggemann*(ed. Tod Linafelt and Timothy K. Beal; Minneapolis: Fortress, 1998), 268.

이 본문은 곧 "which I made along with you"라는 뜻으로서 시간적으로 창조 시기에 함께 만들었다는 뜻이 될 수도 있으며,[284] 아니면 "which I made as I made you"처럼 그 지위나 능력에 있어서 대동소이한 존재임을 의미할 수도 있다. 현재의 본문 내용상, 욥과 베헤못은 거의 동일한 하나님의 피조물임이 강조되고 있다.

앞선 하나님의 첫 번째 대답에서는 창조된 우주의 구조와 질서(38:1-38) 가운데, 그리고 동물들의 세계 속에서도(38:39-39:30) 인간은 발견되지 않았다.[285] 그런데, 본문에서는 욥이 베헤못과 나란히 등장하고 있다! 이제 욥은 하나님의 창조 세계 가운데 베헤못의 위치에 상응하는 자리에 놓이게 되는 것이다.

v. 19 "그것은 하나님이 만드신 것 중에 으뜸이라 그것을 지으신 이가 자기의 칼을 가져오기를 바라노라"?

본래 베헤못은 히브리어 브헤마(בהמה: 소, 가축, 또는 야생 동물)의 복수형이다. 70인역에서도 베헤못은 θηρια(θηριον 의 복수: 야생 동물들)로 번역되어 있다. 그러나 욥기의 본문에서 나타나는 베헤못은 그 동사나 대명사가 다 3인칭 단수로 표기되어 있다. 따라서 마빈 포프 같은 학자는 베헤못을 모든 짐승 가운데 가장 대표적인 존재로(the Beast par excellence) 해석하고 있다.[286] 베헤못을 이렇듯 가장 최고의 동물로서 명명하는 것은 욥기 이외의 구약성서의 어떤 다른 본문들에서도 찾아볼 수 없다.[287]

284　Edwin M. Good, *In Turns of TemVpest: A Reading of Job with a Translation* (Stanford, Ca: Stanford University Press, 1990), 362.

285　Richard J. Clifford, *The Wisdom Literature*(Nashville: Abingdon, 1998), 91.

286　Marvin Pope, *Job*, 320.

287　다른 곳에서 베헤못은 단지 야생 동물이나 가축의 떼로 등장하고 있다. 이 짐승에 대한 집합 명사는 가끔씩 심판 선포에 동원된다: "나는 그들을 굶겨서 죽이고… 짐승(베헤못)의 이빨에 찢겨서 먹히게

더 나아가서, 이 베헤못은 잠언 8:22에서 나타나는 의인화된 지혜(personified Wisdom)와 동일한 하나님의 첫 번째 창조물로서 나타난다:

주께서 태초의 일들을 시작하시기 전,
나를 당신의 으뜸가는 존재로(ראשית דרכו: *레쉿 다르코*) 창조하셨다. (잠 8:22)[288]

그것은 하나님의 창조물들 가운데 으뜸이다 (ראשית דרכי-אל: *레쉿 다르케이 엘*). (욥 40:19a)[289]

따라서 베헤못은 피조물들 가운데 특별한 위치를 차지하고 있으며, 실제로 푸른 산과 푸른 풀이 그것의 먹이이며 모든 짐승들 위에 베헤못이 군림하고 있다(40:20).[290] 그 누구도 베헤못을 굴복시킬 수 없다. 왜냐하면 하나님께서만이 "하나님의 칼"로써 제어할 수 있는 피조물이기 때문이다.[291]

하고, 티끌 속에 기어 다니는 독사의 독을 그들에게 보내겠다"(신 32:24). 또한 가뭄에 대한 묘사에도 쓰인다: "시내에도 물이 마르고 광야의 초원이 다 말라서, 들짐승(베헤못)도 주께 부르짖습니다"(욜 1:20). 그 외에 인간 죄악의 결과로 인해 고통받는 자연의 일부로도 묘사된다: "이 땅에 사는 사람의 죄악 때문에, 짐승(베헤못)과 새도 씨가 마르게 되었습니다"(렘 12:4 중반절).

288 필자 사역.
289 필자 사역.
290 Leo G. Perdue, *Wisdom in Revolt: Metaphorical Theology in the Book of Job* (Sheffield: The Almond, 1991), 222-23.
291 19b절은 본문비평상 학자들 간의 논의가 분분한 구절이다. 필자는 개인적으로 도롬(Dhorme)과 뉴썸(Newsom)의 본문("그것은 피조물들을 다스리도록 지음받았다": E. Dhorme, A Commentary on the Book of Job, Translated by Harold Knight [London: Nelson, 1967], 621; Newsom, *The Book of Job*, 619)을 따르지만 이곳에서는 한글 개역개정의 본문을 그대로 표기하였다. 본문비평상의 논의를 위해서는 필자의 다음 논문을 참조하라: 안근조, "욥과 베헤못, 그리고 리워야단: 하나님의 두 번째 응답(욥 40-41)에 대한 수사비평적 읽기"「신학사상」126 (2004), 62.

v. 24 "누가 능히 잡을 수 있겠으며"?

베헤못은 "하나님이 만드신 것 중에 으뜸"일 뿐만 아니라 이제 베헤못에 대한 마지막 절인 24절에서는 베헤못과 같은 짐승들뿐만 아니라 심지어는 인간들보다 더 우위에 있는 존재로 격상되고 있다. 어떠한 사람의 도구나 무기로도 베헤못을 정복할 수 없음을 가리키고 있다. 더군다나 그 앞절인 23절에 보면 사람들이 두려워할 요단강의 범람에도 그 최고의 피조물은 요동함 없이 태연자약하다.

[41장]

vv. 1-2 "네가 낚시로 리워야단을 끌어낼 수 있겠느냐 노끈으로 그 혀를 맬 수 있겠느냐 너는 밧줄로 그 코를 꿸 수 있겠느냐 갈고리로 그 아가미를 꿸 수 있겠느냐"?

베헤못에 이어서 리워야단의 존재성을 사냥과 관련된 비유로서 묘사하고 있다. 바로 앞선 40:24에서 베헤못을 사냥꾼이 능히 잡을 수 없었던 것과 같이 리워야단 역시 제압할 수 없는 강력한 동물임을 증거한다. 특히, 리워야단 본문 전체에 걸쳐서 인간이 만든 그 어떠한 무기와 도구들로도 이 괴물을 잡을 수 없는 것으로 나타난다: 낚시, 끈, 갈고리(41:1-2); 창, 작살(41:7); 칼, 화살, 표창, 쇠, 놋, 물맷돌, 몽둥이(41:26-29).

반대로, 리워야단의 입으로부터의 "불꽃"(41:21)과 코로부터의 "연기"(41:20)는 너무도 강력해서 그 어떠한 이도 감히 이 괴물과 싸울 수 없다고 보도한다(41:8, 25). 하벨은 41장 18-21절의 리워야단의 불꽃 같은 숨결을 시편 18편 9절에서 나타나는 만군의 하나님 야웨의 연기와 불 가운데에서의 출현 모습과 관련시켜 설명한다.[292] 그러기에 이 무시무시한 괴물은 자

---

292   Norman C. Habel, *The Book of Job*, 572.

신에게 날아오는 인간의 어떠한 공격에도 "코웃음"[293]만 칠 뿐이다(41:29). 결국에 이 괴물은 베헤못과 마찬가지로 창조 세계 내에서 왕좌에 오르게 된다(41:33-34): "세상에는 그것과 비할 것이 없으니 그것은 두려움이 없는 것으로 지음 받았구나 그것은 모든 높은 자를 내려다보며 모든 교만한 자들에게 군림하는 왕이니라."

v.5 "네가 어찌 그것을 새를 가지고 놀듯 하겠으며 네 여종들을 위하여 그것을 매어두겠느냐"?

리워야단에 대한 묘사가 파격적으로 드러나는 본문이다. 왜냐하면 이 무시무시한 괴물을 잡아서 집안에서 애완용으로 기르는 장면을 연출하고 있기 때문이다. 물론, 그럴 수 없음을 본문은 강조한다. 그러나 필자가 주시하는 대목은 리워야단을 취급하는 하나님 언설의 논조가 전투적이거나 대적하는 것이 아닌 가볍고 유쾌하다는 점이다.

본래 리워야단은 구약성서에서 부정적인 존재로 등장한다. 거의 모든 본문에서 리워야단은 하나님을 대항하는 무질서의 세력으로 기술된다:[294] "리워야단의 머리를 부수시고 그것을 사막에 사는 자에게 음식물로 주셨으며"(시 74:14); "그 날에 여호와께서 그의 견고하고 크고 강한 칼로 날랜 뱀 리워야단 곧 꼬불꼬불한 뱀 리워야단을 벌하시며 바다에 있는 용을 죽이시리라"(사 27:1). 욥기서 자체 내에서도 리워야단은 욥의 생일을 저주하는 장면에서 나타나고 있다(3:8).

그런데 구약성서에서 단지 한 본문만이 호의적인 기술을 하고 있다: "그

---

293 하나님 언설에서 "코웃음" 또는 "우습게 여김"(שׂחק: 싸학)의 표현은 자주 등장한다: 39:7, 18, 22.

294 구약성서에서의 리워야단(Leviathan)은 우가릿 신화에서 나타나는 로탄(Lotan; ltn)에 상응하는 존재이다: Marvin Pope, *Job*, 329.

곳에는 배들이 다니며 주께서 지으신 리워야단이 그 속에서 노나이다"(시 104:26). 흥미로운 것은 시 104편에서 리워야단이 깊음 가운데 "노나이다"라고 했을 때의 단어와 본문의 새를 가지고 "놀 듯"에서의 단어가 일치한다(שָׂחַק: 싸학). 그리고 이 단어는 또한 베헤못을 묘사할 때에 모든 짐승들이 "뛰노는" 산(40:20)에서도 똑같이 사용된다.[295]

이를 통해 보건데, 하나님의 폭풍우 언설은 기존의 무질서의 상징으로서의 베헤못이나 리워야단을 하나님 질서의 대적자로서 간주하지 않고 하나님의 피조 세계 가운데 자연스러운 하나의 존재로서 보고 있음을 알 수 있다. 뿐만 아니라 그 어떤 존재들보다도 우위에 있는 피조물들로 긍정적이고 적극적으로 설명되고 있다.

v.6 "어찌 장사꾼들이 그것을 놓고 거래하겠으며 상인들이 그것을 나누어 가지겠느냐"?

거대한 동물인 리워야단을 잡아서 그 몸통을 잘라서 고기를 파는 모습을 상정하고 있다. 상인들이 그것을 나누어 가진다는 것은 그만큼 고깃덩어리가 커서 장사치들 사이에 활발한 거래가 이루어진다는 소리이다. 실제로 리워야단이 몸집이 큰 악어나 또는 다른 거대한 해상 동물이지 않았을까를 생각할 수도 있는 대목이다. 그러나 본문은 구체적 동물들(베헤못은 하마로, 리워야단은 악어로)에 대한 묘사라기보다는 하나님께서 창조한 세계 가운데 상상할 수 있는 최강의 피조물을 상징적으로 표현하고 있음을 기억해야 한다.

---

295 Norman C. Habel, *The Book of Job*, 573.

v.9 왜 8절까지 등장하던 2인칭이 9절 이하에서는 3인칭으로 바뀌었는가?

실제로 본문 9절 이하의 분위기는 더 이상 욥에게 대화하는 형식이 아니다. 하나님께서 8절까지는 욥에게 이야기하다가 9절부터 갑자기 제 3자와 더불어 이야기하는 듯 한다. 만약에 욥과 계속 대화하는 것이라면 9절은 다음과 같이 기록되어야 한다: "참으로 잡으려는 너의 희망은 헛된 것이니라 그것의 모습을 보기만 해도 너는 기가 꺾이리라."

곧 리워야단에 비교하여 욥이 아무것도 아님을 강조해야 할 것이다. 그래서 욥이 리워야단을 제압할 수 없고 오직 하나님만이 리워야단을 잠재울 수 있기에 욥은 하나님 앞에 잠잠해야 함을 결론적으로 제시하는 방향으로 나아가야 한다. 그러나 욥은 갑자기 하나님이 말씀하시는 가운데 사라진다. 베헤못에 대한 언설을 할 때 욥은 있었다: "내가 너를(욥을) 지은 것 같이 그것도(베헤못도) 지었느니라"(40:15). 그런데 리워야단을 본격적으로 묘사하는 9절 이하에서는 욥은 갑자기 나타나지 않는다.

이는 하나님 언설의 주된 포인트가 리워야단과 욥의 대적상황을, 그리고 있는 것이 아님을 드러낸다. 오히려 베헤못 묘사에서 드러난 바(40:15), 두 거대한 피조물과 욥 사이에 긴밀한 관련성 있다고 본다면 본문 41장에서도 리워야단과 욥 사이의 일정한 관계성을 찾을 수 있어야 한다. 다음은 40:9-12에서 사라진 욥을 다시 찾기 위한 필자의 본문비평적 노력이다:

הֵן־תֹּחַלְתּוֹ נִכְזָבָה
(헨 토할토 니크자바)

자, 보아라! 그의 소망[296]은 꺾였다

---

[296] 욥이 갖는 의인이 축복을 받고 구원 받아야 한다는 소망을 의미한다. 욥은 줄곧 그의 탄식 부분에서 그 소망을 표명했다(7:6, 14:19, 17:15, 19:10). 그러나 하나님은 이 전통적 의미에서의 소망이

הֲגַם אֶל־מַרְאָיו יֻטָּל

(하감 엘 마르아이브 유탈)

그러나 그가 그것의 모습297으로 인해서 굴복하겠느냐?　　　v.9

לֹא־אַכְזָר כִּי יְעוּרֶנּוּ

(로 아크잘 키 예우레누)

아무도 그것을 격동시킬 용맹이 없다.

וּמִי הוּא לְפָנַי יִתְיַצָּב

(부미 후 르파나이 이트야짜브)

그렇다면 내 앞에 설 수 있는 자는 누구인가?　　　v.10

מִי הִקְדִּימַנִי וַאֲשַׁלֵּם

누가 나와 맞서서 나로 하여금 응답하게 하는가?298

(미 히크디마니 봐아샬렘)

תַּחַת כָּל־הַשָּׁמַיִם לִי־הוּא

(타핫 콜 하샤마임 리 후)

온 천하 가운데 나는 그를 안다(가지고 있다)!　　　v.11

　　중요하지 않음을 지적하고 있다. 문제의 초점은 욥이 자신에게 닥친 설명할 수 없는 "혼돈"의 상황을 끝까지 맞서고 있는 모습에 있다.

297　리워야단의 모습을 의미한다. 가공할 만한 혼돈과 고통의 한 가운데 놓여져 있는 욥의 상황을 묘사하고 있는 것이다.

298　그가 바로 욥이다! 폭풍우 가운데 나타나신 하나님은 바로 욥에게 응답하시기 위해 현현하셨다. 또한 하나님은 이미 40:2의 전반절에서 욥을 하나님과 맞서고 있는 자로 표현하고 있다: "전능한 하나님과 다투는 욥아, 네가 나를 꾸짖을 셈이냐?"

לֹא־אַחֲרִישׁ בַּדָּיו[299]

나는 그의 항변에 대하여 잠잠치 않으려 한다.

(로 아하리쉬 바다이브)

וּדְבַר־גְּבוּרוֹת וְחִין עֶרְכּוֹ[300]

(부드발 게부라 베힌 예르코)

그의 힘있는 말과 설득력 있는 불평에 대해서 말이다.   v.12

실제로 본문 41장 9-12절의 히브리어 본문은 불안정하며 불분명한 대명사들이 있어서 해석자들에게 어려움을 주고 있는 부분이다.[301] 그러나 위에서 보듯이 해당 본문에 대한 본문비평적 검토와 문학적 분석을 통한 필자의 교정된 번역안은 기존의 번역에서 잃어버렸던 욥과 리워야단과의 관계가 10-11절에서 복구되어 잘 드러난다. 욥은 이 땅의 피조물들 가운데 유일하게 어둠의 세력인 리워야단에 과감하게 대응하며 싸울 수 있는 하나님의 창조물로 인정되고 있다. 더 나아가 그 욥은 하나님 앞에서 당당히 이 땅의 혼돈과 고통의 문제를 질문하며, 끝내는 대답을 얻어내는 하나님의 대화의 파트너로서 등장하게 된다:[302] "누가 나와 맞서서 나로 하여금 응답하게 하는가? 온 천하 가운데 오직 그(욥)뿐이다!"(41:11).

---

299 욥 11:3과 같은 의미: Samuel Terrien, *The Book of Job,* (New York: Abingdon, 1954), 1189. 아이러니컬하게도 욥의 친구 소발은 11:3의 욥의 "말들"을 비판하고 조롱한데 비하여, 하나님은 이 본문에서 욥의 "항변"에 대하여 오히려 긍정적으로 평가하고 있다.

300 하벨은 עָרַךְ(정리하다, 정돈하다)이라는 동사를 욥기에서는 자주 "소송을 위해 준비된 말들"로 나타난다고 해석하고 있다: Habel, 555.

301 Newsom, *The Book of Job,* 622-23; Habel, *The Book of Job,* 554-55. 한글개역 성경과 영어의 NIV, 루터판 독일어 성경은 10-11절의 1인칭을 MT 본문과 상응하게 그대로 유지하고 있으나 표준새번역과 NRSV는 1인칭을 3인칭으로 바꾸어 본문의 해석 자체를 다르게 하고 있다. 이렇듯 잠깐 비교하기만 하더라도 본문의 모호성과 불안정성을 짐작할 수 있다.

302 실제로, 욥의 마지막 응답 장면인 42:4-5절은 하나님과 얼굴을 맞대고 세상 섭리에 대하여 하나님과 대화를 나누게 될 욥 신분의 격상이 표현되어 있다.

vv. 12-32 리워야단의 지체와 체구에 대한 심미적 묘사의 특이성은?

리워야단은 하나님이 자랑할 만한 당신의 훌륭한 작품으로 묘사되고 있다(41:12-32).[303] 뉴썸이 지적하고 있듯이, 이 본문은 단지 리워야단의 막강한 출현을 보여주고 있을 뿐만 아니라 그 형상의 아름다움을 미학적으로 표현하고 있다.[304] 리워야단에 대한 긍정적 묘사는 욥기 저자의 이 같은 심미적 문학 표현에 의하여 더욱 강화되고 있다.

신학적 주제

하나님에 관하여

두 번째 폭풍우 언설에서 드러나는 하나님은 당신의 종을 교육시키는 지혜자 하나님이십니다(God the Sage). 그리고 그 지혜자 하나님은 창조주요 역사의 섭리자이시다. 베헤못과 리워야단과 같은 위대한 피조물을 창조하신 분이실 뿐만 아니라, 그 피조물들을 당신의 섭리하에 복종시키시는 분이시다. 그리고 무질서의 고통 한 가운데에서 신음하고 있던 욥에게 그 무질서의 본질을 하나님의 창조 세계의 일부로 깨닫게 하고 더 이상 탄식하는 자가 아니라 적극적으로 무질서와 대결하며 새로운 창조의 질서를 만들어가도록 격려하시는 위대한 멘토가 되신다. 그 지혜자 하나님은 일방적인 세계 통치의 폭군이 더 이상 아니다. 오히려 이 세상에 하나님의 사랑과 정의를 이루기 위한 새로운 역사 섭리에 끊임없이 당신의 종들을 초청하시는 분이다. 이를 위해 하나님은 오늘도 우리에게 물으신다: "내가 땅의 기초를 놓을 때에(내가 새 일을 이루려 할 때에, 또 다른 창조의 파트너인 너는)

---

[303] Lynn M. Bechtel, "A Feminist Approach to the Book of Job." Pages 222-51 in *A Feminist Companion to Wisdom Literature*. Edited by Athalya Brenner(Sheffield: Sheffield Academic Press,1995), 247.

[304] Newsom, *The Book of Job*, 619.

네가 어디 있었느냐"(38:4a).

사람에 관하여

인간은 고통을 통하여 자신의 정체성을 더욱 분명하게 발견해 나간다. 욥은 고통이 찾아왔을 때 칠 주야의 묵상 후 이 창조 세계의 폐지를 선포했다(3장). 그리고 친구들과의 대화를 통해서 자신의 무익함과 보잘것없는 인간의 운명을 개탄하였다. 그러나 하나님께서는 두 번에 걸친 폭풍우 언설을 통해 다시금 있는 그대로의 창조 세계의 비전을 보이셨고 그 세계 속에서 욥의 위치와 역할을 알려 주셨다. 욥은 그 지혜의 바람과 음성을 통해서 관념적이고 자기중심적 시각에서 벗어나 실제적이고 자유한 하나님의 세계를 보았으며 그 세계와 자신과의 관계를 올바로 정립할 수 있었다. 그리고 더 나아가 그 창조 세계 속에서의 자신의 본분과 사명을 발견하게 되었다. 그것은 바로 하나님의 새 창조와 새 역사의 동역자로서의 지혜자적 사명이다.

세계에 관하여

인간에게 이 세상은 혼돈과 무질서이다. 그러나 창조주 하나님의 시각에서 보면 이 세상은 아름답게 창조된 피조물이다. 인간의 시각에서 하나님의 시각으로 바운더리가 확장될 때에 이 세상은 비로소 하나님의 창조 드라마의 거대한 터전이 된다. 그 속에서는 인간의 기쁨과 슬픔, 환희와 고통은 여전히 아름답고 숭고한 것이 된다. 욥은 욥기 1장에서 관습적 세계에서 최고의 의인으로 살고 있었다. 그러나 그 세계는 "두려워하는 것"(3:25) 곧 혼돈이 언제 닥칠는지 모르는 제한된 코스모스의 세계였다. 그러나 이제 베헤못과 리워야단의 본질을 깨달은 욥은 더욱 온전한 코스모스의 세계로 들어가게 된다. 관념의 틀을 깬 창조 세계 그대로의 하나님 세계에 온전히 녹아들게 된 것이다. 어떻게 보면 그 세상은 아씨시의 프란시스(1181-1226)가 경험한 피조 세계 안에 있는 만물과 하나되는 경험이며 심지어 죽음까지도 형제로 칭할 수 있는 경지일 것이다. 그러나 그럼에도 불구하고 이 세상에 살아가는 한, 욥에게 주어진 분명한 사명이 있다. 곧 교만한 자와 악인을 처리하는 일이다: "모든 교만한 자를 발견하여 낮아지게 하며 악인을 그들의 처소에서 짓밟을지니라"(40:12).

실천적 메시지: 하나님의 역사 섭리의 파트너

하나님은 창세기 18:16-33에서 아브라함을 소돔과 고모라 심판 여부에 있어서 하나님의 결정을 위한 대화의 파트너로서 생각하시고 의논하셨다. 요나와도 니느웨 운명에 대하여 기꺼이 하나님의 의견을 들려 주셨다. 이제 하나님께서는 욥에게 세상의 무질서와 의로운 자의 고통에 대한 비밀을 알려 주셨다. 그것은 하나님의 창조 세계의 일부라는 사실이다. 그럼에도 불구하고 단지 그것으로 끝나지 아니하고 하나님의 사람들은 계속해서 그 무질서와 혼돈을 바로잡기 위해 초청받고 있음을 도전적 질문들을 통해 일깨워주고 계신다.

하나님의 정의로운 세상 섭리는 하나님의 주권으로, 홀로 스스로 이루어지지 않음을 폭풍우 언설을 통해 알려주고 계신다. 하나님의 대우주 운행과 역사 진행의 대서사시는 그의 뜻 안에서 도도히 흐르고 있다. 문제는 만물의 영장으로 창조된 인간들이 얼마나 그 창조의 리듬을 잘 타고 있느냐 하는 데 있다. 곧 하나님의 뜻에 인간이 얼마나 잘 순응하느냐에 달려있다. 오히려 자연 세계는 하나님의 창조 원리와 역사 섭리 가운데 이미 더불어 잘 움직이고 있다. 그러나 인간들은 창조주의 뜻과는 역행하는 방향으로 향하고 있다. 아니, 아예 자신들의 아집과 욕구 가운데 창조자의 지혜의 음성에 귀를 닫고 있는 형편이다.

그러나 인생이 우리의 뜻대로 전개되지 아니하고 아픈 고통과 혼란스런 어둠이 찾아올 때 우리의 막힌 귀가 열리면서 새 창조의 음성에 귀기울이게 되는 것이다. 그것은 단순한 구원 경험으로 끝나지 아니한다. 한 발 더 나아가 하나님의 세상 다스리심의 동역자로서의 새로운 사명자의 자리에까지 나아가게 된다. 하나님의 역사 섭리의 파트너로 서게 되는 순간 신정론(theodicy)의 문제는 바로 인정론(anthropodicy)의 문제로 수렴된다.

마무리

베헤못과 리워야단은 욥의 정체성을 일깨우기 위한 하나님의 교육 교재로 쓰였다.[305] 그러나 꾸중이나 근본적인 교정을 위한 교육은 아니었다. 도전과 격려, 그리고 성숙한 깨달음으로의 초청을 위한 도구였다. 그리고 필자는 한 발 더 나아가 베헤못과 리워야단이 곧 욥과 동일한 존재로 표현되고 있다고 해석해 본다. 그렇지 않다면 굳이 구약성서 내에서 그 유례를 찾을 수 없는 첫 번째 창조물로서의 베헤못을 욥과 더불어 표현할 필요도 (40:15, 19) 없었을 것이요, 전통적인 하나님 대적자인 리워야단을 그렇게 아름다운 용어로 하나님이 칭송(41:13-32)할 필요도 없었을 것이기 때문이다. 진정 욥은 베헤못과 리워야단의 비전을 통해 하나님의 계속되는 새 창조의 파트너로 서게 되었다. 흥미로운 사실은 욥기 전체에서 욥은 자신

305　John G. Gammie, "Behemoth and Leviathan: On the Didactic and Theological Significance of Job 40:15-41:26," in *Israelite Wisdom: Theological and Literary Essays in Honor of Samuel Terrien*, ed. by John G. Gammie, Walter A. Brueggemann, W. Lee Humphreys, and James M. Ward (New York: Scholars Press, 1978), 217-231; James G. Williams, "Deciphering the Unspoken: the Theophany of Job," *Hebrew Union College Annual* 49 (1978), 70-71; Balentine, "What Are Human Beings," 270; Norman C. Habel, 559, 561.

에게 그어진 기존의 한계로부터, 넘실거리는 분노와 항거로 뛰쳐나가려는 무질서한 존재의 전형으로 비쳐지기도 한다. 어떻게 보면 무질서의 근본은 인간 안에 있다.

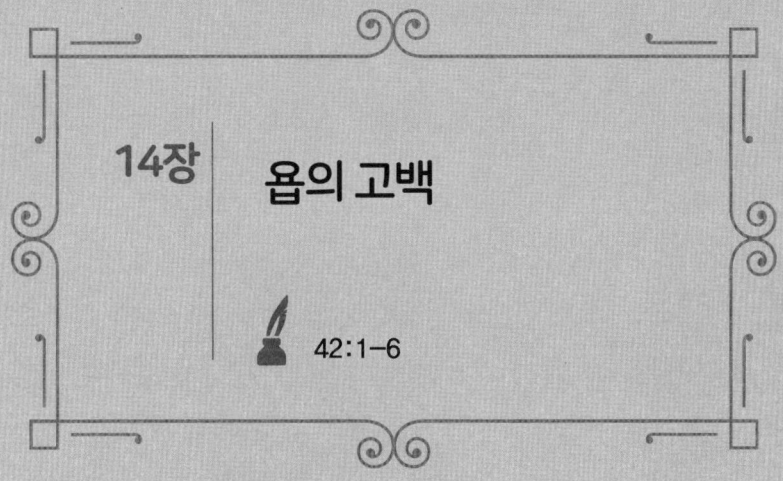

14장 | 욥의 고백

42:1-6

하나님의 초청에 응답하는 욥

　욥의 기나긴 여정이 본문의 욥의 고백과 더불어 그 종착지에 다다르고 있다. 욥은 하나님의 두 번에 걸친 언설들을 통하여 깨달은 바를 최종적으로 드러낸다. 그런데 그의 깨달음은 의인의 고통에 대해 침묵하시는 하나님은 정의로우신가라는 하나님의 정의에 대한 자신의 본래의 질문에 대한 직접적 해결은 아니었다. 그러나 여전히 그 본래 질문에 대한 충분한 대답이 되었다. 왜냐하면 그는 이전에 하나님에 대하여 미처 인지하지 못했던 새로운 부분들을 볼 수 있었으며, 더 중요한 것은 욥 자신에 대하여 모르고 있었던 가능성을 깨달았기 때문이다. 그 일련의 깨달음이 하나님의 세상 다스리심에 대한 근본적 문제의 해결에 이르게 하였다.

　우리는 아래에서 욥의 두 번째 응답을 통해서 나타나는 새로운 깨달음의 경지를 검토할 것이다. 이를 위해 먼저 생각해야 할 문제가 있다. 본문 2-6절에서 응답하는 내용이 첫 번째 응답인 40:4-5의 내용과 보이는 차이에 관한 것이다. 첫 번째 응답에서 욥은 자신의 정체성을 "비천하오니"

(קחלח: 칼티)로 고백했으며(40:4aα) 이후 어떠한 대답도 하지 않을 것임(אענה
אל: 로 에에네) 천명했다(40:4aβ-5). 곧 자신의 정체성에 대한 보잘것없음과
하나님의 응답 요구에 대하여 답할 수 없음을 의미했다.

그러던 그가 본문에서 자신의 입을 막은 손을 떼고 대답하고 있다. 분명한 변화가 그 사이에 있었던 것이다. 베헤못과 리워야단에 관한 하나님의 두 번째 언설이 바로 욥의 변화를 야기시킨 것이다. 우리가 이미 확인한 바 욥은 베헤못과 리워야단의 모습을 통해 자신의 정체성을 새롭게 발견하였다. 하나님의 창조물 중 으뜸으로 지어졌고 감히 무질서에 대항할 수 있는 자가 바로 욥 자신이다. 그러기에 욥은 자신이 막은 입을 떼고 새로운 통찰의 고백을 하나님 앞에 드리고 있는 것이다.

얼핏 욥의 고백은 한글 개역개정 성경에 나와 있는 대로 본다면 회개의 고백으로 비춰진다(42:6). 그러나 본문 42:4-5은 전적으로 회개의 고백으로 다루어지기에는 어려움이 있다:

내가 말하겠사오니 주는 들으시고
내가 주께 묻겠사오니 주여 내게 알게 하옵소서

내가 주께 대하여 귀로 듣기만 하였사오나
이제는 눈으로 주를 뵈옵나이다

회개하는 자가 하나님께 감히 질문하여 자신에게 대답해 달라고 요구할 (4절) 것 같지는 않기 때문이다.[306] 더군다나 회개의 정서상 두려움에 싸여

---

[306] 이러한 어려움을 피하기 위해 다음의 학자들은 본문을 욥의 말이 아닌 하나님 말씀에 대한 욥의 인용문으로 보고 있다: Noraman C. Habel, *The Book of Job*, 576; Carol A. Newsom, *The Book of Job*, 628. 그러나 한글 개역개정 성경에서 읽듯이 욥 자신의 언급으로 읽는 학자들도 있다: Edwin M. Good, *In Turns of Tempest*, 372.

감히 고개를 들어 얼굴을 뵙지 못한 채 목소리만 들어도 황공한 상황인데 눈으로 주를 뵙는다고 하는(5절) 표현이 어쩐지 잘 어울리지 않기 때문이다. 이상의 문제로 인하여 본문에 대한 번역비평과 본문비평을 통한 새로운 본문의 확정과 재해석이 요청된다.

본격적인 해석 작업에 앞서서 첫 번째 응답과 대조되는 욥의 두 번째 응답의 내용을 정리하는 것은 본문 이해에 도움이 된다. 가장 눈에 띠는 차이는 더 이상 응답하지 않겠다던(40:4-5) 욥이 응답하고 있다는 사실이다. 이 사실이 중요한 것은 하나님께서 첫째 언설과 둘째 언설에서 일관되게 요구하셨던 것이 바로 욥의 대답이었기 때문이다: "너는 대장부처럼 허리를 묶고 내가 네게 묻는 것을 대답할지니라"(38:3; 40:7). 욥의 고백의 첫 번째 의의는 하나님의 질문에 응답할 수 있게 되었다는 것이다. 그러나 이보다 더 중요한 의미는 바로 욥 자신에 대한 정체성 의식의 변화이다. 첫 번째 응답에서는 자신이 "보잘것없기에" 손으로 입을 막고만 있을 수밖에 없음을 말했다. 그러나 두 번째 응답에서는 도리어 욥 자신의 질문에 대하여 하나님께서 대답해 주십사 하는 적극적인 질의응답의 주체적 자아로 변해 있다.

필자는 욥의 이러한 변화를 "하나님의 초청에 응답하는 욥"으로 규정한다. 이 구절이 의미하는 바는 크게는, 하나님의 교육적 가르침의 과정이 최종적으로 열매 맺는 순간이라 일컬을 수 있으며, 작게는, 욥이 하나님과 자신에 대한 새로운 발견에 이르렀다는 의미로 볼 수 있다. 한 발 더 나아가서는 하나님의 세상 섭리에 참여하는 사명자로서 욥이 새로운 출발선상에 서 있다고 평가할 수도 있다. 왜냐하면 전통적으로 "대장부처럼 허리를 묶고 대답하라"는 것은 새로운 사명을 부여받은 예언자나 소명자에게 들려지는 음성이기 때문이다.[307]

---

[307] 왕하 4:29; 9:1; 렘 1:17; 단 10:5; 나 2:1; 마 3:4; 막 1:6 cf. 출 12:11a; 눅 12:35; 엡 6:14.

본문 연구 42:1-6

본문 관찰 및 번역

[42:1-6]

v.2

יָדַעְתִּ כִּי־כֹל תּוּכָל וְלֹא־יִבָּצֵר מִמְּךָ מְזִמָּה:[308]

(야다티 키 콜 투칼 브로 이바 밈메카 메짐마)

사역: 저는 주께서 무엇이든 하실 수 있음을 압니다. 주께서 목표하신 바가 헛되게 돌아간 적은 없습니다.

NIV   I know that you can do all things; no plan of yours can be thwarted.

NRS   I know that you can do all things, and that no purpose of yours can be thwarted.

RSV   I know that thou canst do all things, and that no purpose of thine can be thwarted.

TNK   I know that You can do everything, That nothing you propose is impossible for You.

하나님의 능력과 섭리를(purpose) 인정하는 장면이다. 특별히 욥이 그토록 원망하던 하나님의 자신에게 향하신 뜻을 이제야 깨닫게 된 욥의 고백이 담겨 있다. 이제 하나님의 목표하신 바가 자신 안에 마침내 이루어졌음을 시사하는 대목이다.

---

308 목표, 계획.

v.3

מִי זֶה מַעְלִים עֵצָה בְּלִי דָעַת

לָכֵן הִגַּדְתִּי וְלֹא אָבִין נִפְלָאוֹת מִמֶּנִּי וְלֹא אֵדָע׃

(미 제 마으림 에짜 블리 다앗)

(라켄 힉가드티 브로 아빈 니프라옷 밈멘니 브로 예다)

사역: 누가 지식 없는 말로 섭리를 가렸습니까?

그러니 저는 제가 모르는 바, 즉 제가 알기에는 너무도 놀라운 일들을 말했습니다.

NIV You asked, 'Who is this that obscures my counsel without knowledge?' Surely I spoke of things I did not understand, things too wonderful for me to know.

NRS 'Who is this that hides counsel without knowledge?' Therefore I have uttered what I did not understand, things too wonderful for me, which I did not know.

RSV 'Who is this that hides counsel without knowledge?' Therefore I have uttered what I did not understand, things too wonderful for me, which I did not know.

TNK Who is this who obscures counsel without knowledge? Indeed, I spoke without understanding Of things beyond me, which I did not know.

본인이 무지한 말로 이야기한 것을 뉘우치고 있다. TNK을 제외한 영문 성경은 3a절을 하나님의 질문을 인용한 것으로 보고 있다. 즉, '누가 지식 없는 말로 나의 섭리를 가렸는가?'라고 물으심에 대하여 바로 욥 자신이 무지한 가운데 이제껏 이야기한 것을 뉘우치는 심정을 드러내고 있는 것으로 번역하였다. 그러나 필자는 굳이 하나님의 질문 인용문으로 볼 필요 없이 욥 자신이 '누가 지식 없는 말로 섭리를 가리는가'라는 혼잣말에 본인이 대답하는 자문자답의 형식으로 번역하여도 무방하리라 판단한다. 굳이 원문에 명확치 않는 인용문 형식을 취하기보다 있는 그대로 계속된 욥의 발언으로 보는 것이 무리가 없다. 어쨌든 분명한 것은 욥 자신이 무지했음을 이제야 알았다는 사실이다. 따라서 본문은 뉘우침이라기보다는 깨달음이라는 표현이 더 적절하다고 본다.

> **v.4**
> שְׁמַֽע־נָ֭א וְאָנֹכִ֣י אֲדַבֵּ֑ר אֶ֝שְׁאָלְךָ֗ וְהוֹדִיעֵֽנִי׃
> (쉐마 나 브아노키 아다벨 에쉬알카 브호디에니)
> 사역: 이제 들어주십시오! 제가 말하겠습니다. 제가 여쭙겠사오니 대답해 주십시오!
>
> LXE[309] But hear me, O Lord, that I also may speak: and I will ask thee, and do thou teach me.
> NIV   "You said, 'Listen now, and I will speak; I will question you, and you shall answer me.'"
> NRS   'Hear, and I will speak; I will question you, and you declare to me.'
> RSV   'Hear, and I will speak; I will question you, and you declare to me.'
> TNK   Hear now, and I will speak; I will ask, and You will inform me.

본 구절은 대부분의 영문 성경의 번역이 보여주듯 인용문은 아니다. 오히려 70인역이나 TNK에서와 같이 욥과 하나님과의 새로운 관계 설정이 이루어지고 있는 장면이다. 그것은 신-인 대화가 가능해진 경지이다. 하나님과 인간 사이의 질문과 대답이 자유롭게 오고가는 상황이 연출되고

---

309 70인역의 영문 번역.

있다.

> v.5
>
> לְשֵׁמַע־אֹזֶן שְׁמַעְתִּיךָ וְעַתָּה עֵינִי רָאָתְךָ׃
>
> (르쉐마 오젠 쉐마티카 브아타 에이니 라아트카)
>
> 사역: 제가 귀로써 주님을 들어왔습니다. 그러나 이제는 눈으로 주님을 뵙습니다.
>
> NIV My ears had heard of you but now my eyes have seen you.
> NRS I had heard of you by the hearing of the ear, but now my eye sees you;
> RSV I had heard of thee by the hearing of the ear, but now my eye sees thee;
> TNK I had heard You with my ears, But now I see You with my eyes;

신-인 대화의 새로운 관계 설정이 새로운 깨달음과 대화의 경지로 욥을 인도하였다. 무지의 말로 또는 알지도 못하는 말로써 하나님께 말하고 하나님에 대하여 들었던 욥이 이제 똑똑한 말로 분명한 지식으로 하나님을 알게 되었다. 그곳에서 욥은 눈과 눈을 맞대고 보듯 하나님을 직접적으로 대면하게 되었다. 고대 근동의 세계에서 신의 거룩함 앞에 서면 죽는 것이 인간이었다. 이제껏 감히 구약의 세계에서 상상할 수 없었던 일이 욥에게 일어난 것이다. 욥이 경험한 새로운 세상(코스모스)이다.

v.6

עַל־כֵּן אֶמְאַס וְנִחַמְתִּי עַל־ [310] עָפָר וָאֵפֶר:

(알 켄 엠아스 브니함티 알 아팔 바에펠)

사역: 그러므로 저는 저의 미련한 말들을 거두어들이고 티끌과 재에 대한 저의 생각을 달리하겠습니다.[311]

NIV   "Therefore I despise myself and repent in dust and ashes."
NRS   "therefore I despise myself, and repent in dust and ashes."
RSV   "therefore I despise myself, and repent in dust and ashes."
TNK   Therefore, I recant and relent, Being but dust and ashes.

본문에 대한 필자의 사역은 기존의 번역들과 큰 차이를 보인다. 기존의 번역들은 대부분 "욥의 회개"로 본문을 해석한다. 그러나 필자는 "욥의 깨달음"으로 번역한다. 그 이유는 본문의 히브리어 구문 על נחם(*나함 알*: ~에 대한 돌이킴*)의 용례상 발견된 의미가 기존의 "회개"보다는 "깨달음"의 의미가 더 강하게 부각되기 때문에 그렇다. 특히 예레미야 18:8b과 18:10b의 의미는 각각 다음과 같다:

וְנִחַמְתִּי עַל־הָרָעָה אֲשֶׁר חָשַׁבְתִּי לַעֲשׂוֹת לוֹ:

(브니함티 알 하라아 아셸 하샤브티 라아소트 로)

내가 그에게 내리기로 생각하였던 재앙에 대하여 **뜻을 돌이키겠고**

(개역개정)

---

310 비교 욥 30:18-19.
311 목회와 신학 편집부 엮음, 『욥기: 어떻게 설교할 것인가』, 337.

וְנִחַמְתִּי עַל־הַטּוֹבָה אֲשֶׁר אָמַרְתִּי לְהֵיטִיב אוֹתָו׃

(브니함티 알 하토바 아셀 아말티 르헤이티브 오토)

내가 그에게 유익하게 하리라고 한 복에 대하여 **뜻을 돌이키리라**(개역개정)

이곳에서 "뜻을 돌이키는" 당사자는 사람이 아니라 하나님이시다. 하나님께서 "회개"하신다는 의미는 결코 아닐 것이다. 오히려 생각을 달리 하신다는 의미이다. 즉 -에 대한 생각을 돌이키거나 달리한다는 의미이다. 욥기 본문 42:6에서 "-에" 해당하는 단어가 "티끌과 재"이다. 욥은 곧 티끌과 재에 대한 생각을 돌이키게 되었다는 의미이다. 그리고 그 "티끌과 재"는 욥기에서 바로 욥 자신이다.[312] 결국, 욥은 본문에서 자신에 대한 생각, 곧 정체성에 대한 입장을 달리하게 되었다는 이야기를 하고 있다. 그것은 곧 욥을 비롯한 인간 일반에 대한 새로운 깨달음에 대한 선포인 것이다. 본문의 의미와 해석에 대한 보다 자세한 설명은 아래 본문 주석에서 이루어질 것이다.

본문 구조

42:1 도입
42:2 하나님에 대하여: 목표(מזמה: 메짐마)를 성취하시는 하나님
42:3 욥의 정체성 1: 하나님의 높은 뜻을 알기에는 너무 무지한 자
42:4 욥의 정체성 2: 그래서 하나님의 대답을 요청하는 자
42:5 욥의 정체성 3: 하나님을 눈으로 보는 자
42:6 욥의 정체성 4: 자신에 대한 이해를 새롭게 하는 자

---

[312] "하나님이 나를 진흙 가운데 던지셨고 나를 티끌과 재 같게 하셨구나." (욥 30:19) cf. 창 18:27.

본문의 전체적인 윤곽에서 드러나는 바 욥의 최종적인 대답 부분의 주제는 바로 자신의 정체성에 대한 새로운 발견이다. 그리고 그 발견의 내용은 욥 자신이 감히 하나님 앞에 응답하는 존재로 서게 되었다는 사실이다. 왜냐하면 하나님과 대면하여 설 수 있는 자가 되었으며(42:5) 그러기에 자신의 비천한 처지("티끌과 재")에 대한 생각을 전혀 다르게 이해하게 되었음을 고백하기 때문이다(42:6).

본문 주석[313]

42:1-6을 보면 하나같이 욥이 하나님의 지혜자적 교육을 통해서 새로운 깨달음의 세계에 이르렀음을 증명해 주고 있다.

전반부인 1-3절은 하나님의 첫 번째 언설 즉 우주의 구조와 그 가운데 깃들어 사는 동물들을 직접 목도한 것에 대한 욥의 응답이며 후반부인 4-6절은 하나님의 두 번째 언설인 베헤못과 리워야단의 모습을 목격한 후에 깨달은 욥의 응답이다. 첫 번째로, 1-3절에서 욥은 전능(全能)과 전지(全知)로(2절) 다스리시는 하나님의 주권을 다시금 인정한다. 하나님의 세상 섭리에 대하여 미처 깨닫지 못해 말을 한 것에 대한 깨달음이 고백되고 있다(3절). 그러나 욥의 응답은 여기에서 그치지 않는다.

이후 4절에서 6절로 이어지는 욥의 응답은 베헤못과 리워야단의 모습을 통해서 깨달은 욥 자신의 정체성을 확인하고 있다. 먼저, 욥은 4-5절에서 적극적인 구도자의 모습으로 하나님 앞에 선다. 이제부터는 하나님의 뜻에 대하여 욥 자신의 임의적인 이해로 속단하지 않고 하나님께 여쭙겠다고 이야기한다. 그래서 그의 생각에 대하여 하나님의 응답을 듣고 깨달은 후 삶을 결단한다(4절). 왜냐하면 이제 그는 하나님에 대하여 단지 일방

---

[313] 본문은 다음의 책, 목회와 신학 편집부 엮음, 「욥기: 어떻게 설교할 것인가」에서 필자의 주석 부분을 인용한 것임을 밝힌다: 336-338.

적으로 듣는 것으로 그치지 않고 "눈으로 주를 뵙게" 되었기 때문이다(5절). 그의 앞에 현현하신 하나님과 더불어 세상 다스리심에 대하여 대화할 수 있게 되었기 때문이다.[314]

욥의 깨달음의 절정은 바로 맨 마지막 절인 6절에서 등장한다. 바로, 인간 존재 일반에 대한 새로운 깨달음이다:

그러므로 저는 저의 미련한 말들을 거두어들이고
티끌과 재에 대한 저의 생각을 달리 하겠습니다.[315] (사역)

본문에 대한 전통적인 번역은 욥의 회개에 대한 것이다: "그러므로 내가 스스로 한하고 티끌과 재 가운데서 회개하나이다." 그러나 본문을 회개로 번역하는 것은 히브리어 동사 נחם[316](나함: –을 슬프게 생각하다)에 대한 용법을 자세히 살피지 않았기 때문이다. 원래 본문은 나함 이라는 동사만 단독으로 쓰인 것이 아니라 전치사 על(알: –에 관한, – 위에)이 함께 쓰이고 있다. 우리 본문에서처럼 נחם על(나함 알)이 함께 쓰이면 알 전치사 다음에 나오는 것에 대한 "생각을 변화시키다/달리하다"로 번역해야 한다.[317] 우리의 관심을 끄는 것은 알 이하에 무슨 단어가 나오느냐 하는 것이다. 그것은 바로 עפר ואפר(아팔 바에펠: dust and ashes [티끌과 재])이다. 흥미로운 사실

---

314 우리는 구약성서에서 하나님의 사람들이 하나님과 더불어 세상 섭리에 대하여 대화를 나누는 모습을 여러 군데에서 찾아볼 수 있다. ex. 창 18:16-33; 민 11:16-23; 삿 6:11-24; 사 6:1-13; 렘 12:1-6; 욘 4:1-11; 합 1:2-2:5 등.

315 נחם על(나함 알) 은 "~위에서/~가운데 회개하다" 보다는 "~에 대하여 생각을 변화시키다/달리하다" 로 번역하는 것이 더욱 타당하다. cf. 렘 18:8, 10.

316 수동형으로 쓰이며, "~을 슬프게 생각하다," "자신을 위로하다," "스스로 놓이다" 등의 뜻으로 쓰여서 "회개하다"의 뜻으로까지 그 의미 영역이 확대된다.

317 William Morrow, "Consolation, Rejection, and Repentance in Job 42:6," *JBL* 105 (1986): 216; 똑같은 용법이 렘 18:8, 10에서 발견된다.

은 욥이 이전에 자신에 대하여 이야기할 때 똑같은 표현을 쓰고 있다: "하나님이 나를 진흙 가운데 던지셨고 나로 **티끌과 재**(עפר ואפר) 같게 하셨구나"(30:19). 마지막 변론을 할 때만 하더라도 욥은 자신에 대하여 하나님 앞에 미천한 존재라 여기고 있다. 그리고 이러한 자기 정체성은 하나님의 첫 번째 언설 후 욥이 대답한 첫 번째 응답에서도 변함이 없었다: "나는 미천하오니 무엇이라 주께 대답하리이까…"(40:4). 그러나 이제 하나님의 지혜 교육이 완전히 마쳐진 현재 욥은 "자신의(티끌과 재) 대한 생각을 달리한다." 곧 자기 정체성의 갱신이 이루어지고 있다. 감히 하나님께 묻고 그분의 대답을 듣는 대화의 파트너로 서게 되었다. 그리고 더 나아가 하나님의 세상 섭리와 새로운 창조의 책임적 존재로 부름을 입게 된 것이다.[318]

신학적 주제

하나님에 관하여

세상을 향한 당신의 *에짜*(섭리)를 이루시는 분이다. 욥의 깨달음 이후 가장 먼저 고백한 말이 바로 이것이다: "주께서는 못할 일이 없사오며 무슨 계획이든지 못 이루실 것이 없는 줄 아오니"(42:2). 그런데 그 목적 성취 자체는 하나님의 능력을 전제한다. 하나님께서는 "못할 일"이 없다. 그러나 참 이상한 일이 있다. 그렇게 못할 일이 없는 분이 당신의 *에짜* 성취를 위해서는 꼭 인간을 부르신다. 하나님께서 "능력으로" 직접 행하시기보다는 인간을 통해 이루신다. 그래서 인간과 항상 대화하기를 원하시는 분이다 (42:4-5).[319] 왜냐하면 창조 이후 지금까지 하나님께서는 피조물들을, 그 중에서도 인간을 하나님의 창조의 파트너로 부르셨기 때문이다. 결코 홀로

---

[318] J. Gerald Janzen, *Job*, 257.
[319] ex. 소돔과 고모라 멸망에 대한 아브라함과의 대화가 전형적인 예 중 하나이다(창 18:16-33).

로서 행하시지 않는다. 늘 그분의 뜻을 당신의 종들에게 알려주신다.[320] 하나님의 세상 섭리는 일방적이지 않다. 항상 당신의 종들과 의논하시고 초청하시면서 더불어 역사를 이루어가시는 분이다.

사람에 관하여

욥은 마침내 인간에 대한 세 가지 깨달음에 도달한다. 첫째, 하나님의 섭리를 파악하기에는 극히 무지한 자라는 사실이다. 일의 성취는 하나님께 있고 그 앞에 서 있는 인간은 오히려 하나님의 뜻을 가릴 뿐이다(42:3). 둘째, 그럼에도 불구하고 인간은 여전히 하나님께 여쭙고 나아가는 자이다(42:4-5). 왜냐하면 하나님께서 그러한 인간을 용납하시기 때문이다. 무지한 말로 하나님의 뜻을 가려왔던 욥에게 오히려 하나님께서는 더 가깝고도 직접적으로 체험되어진다. "귀로 듣는" 하나님 경험에서 "눈으로 보는" 하나님 경험을 고백하고 있기 때문이다. 뉴썸의 해석은 귀로 잘 들었기에 그 결과로 하나님을 눈으로 뵙는 결과를 가져온 것으로 보면서 하나님 경험의 특별한 변화가 없었을 것이라 주장한다.[321]

그러나 욥에게는 하나님을 체험함에 있어 분명한 변화가 하나 있다. 그것은 바로 눈과 눈을 맞대고 보듯 하나님과의 대화가 가능하게 되었다는 사실이다. 친구들과의 대화에서 줄곧 욥이 바랐던 것은 하나님과의 대면이요 대화였다(9:35; 13:21-22; 23:3). 그런데 그것의 불가능성으로 인해 한탄하였다(23:8-9). 그러나 폭풍우 음성을 통해 깨달은 이후의 욥은 하나님께서 인간 존재를 당신의 세상 섭리를 위한 대화의 파트너로 세우고 계심을 알게 되었다. 끝으로, 욥은 자신의 정체성을 새롭게 발견하게(깨닫게) 된

---

320 창 6:13-21; 창 18:16-33; 출 3:7-10; 민 11:16-23; 삿 13:5; 삼상 3:10-14; 삼하 7:5-16; 왕상 11:29-39; 왕상 19:16-18; 암 3:7 등.
321 Carol A. Newsom, *The Book of Job*, 628.

다(42:6). 위의 주석에서 언급한 바, 욥의 마지막 말은 티끌과 재 위에서의 "회개"가 아니라 티끌과 재와 같은 인간에 대한 새로운 "깨달음"이다. 왜냐하면 하릴없이 스러지는 존재가 아니라 오히려 하나님의 초청에 응답하는 존재로서 분명한 인간의 자리를 새롭게 인식할 수 있었기 때문이다. 사람은 감히 하나님의 뜻을 온전히 인식할 수 없는 미천한 자에 불과하다. 그러나 동시에 그 사람을 불러 하나님의 다스리심을 의논하시고 그 통치 세계의 구체적인 도구로 서게 하시는 것 또한 사람에게 향하신 하나님의 뜻이다. 욥은 "사람이 무엇이기에" 라는 질문으로 한탄하다가(7:17), "하나님보다 조금 못하게 하시고 영화와 존귀로 관을 씌우신"(시 8:5) 존재로 지음 받았음을 깨닫게 된 것이다.

세계에 관하여

본문이 말해주는 세계는 인간이 깨닫기 어려운 일들이 일어나는 현장이다(42:3). 동시에 인간에 의해 기본 이치가 가리어질 수 있는 그런 세계이다. 한마디로 인간의 삶의 터전이 되는 세상은 어떤 의미에서 사람에게 여전히 알려지지 않는 그런 곳이다. 그러나 이를 더 정확하게 말하면, 사람이 안다고 하나 잘 알지도 못할뿐더러, 자신과 관계 없다면[322] 잘 알려고도 하지 않는 곳이 세계이다. 물론, 욥의 시대에는 코페르니쿠스의 지동설도, 콜롬버스의 신대륙 발견도, 뉴튼의 만유인력의 법칙도 발견되기 이전이다. 그러기에 세계에 대한 이해는 시작조차 이루어지지 않은 시기이다. 그러나 하나님의 언설인 38-39장에서는 놀랍게 세상의 구조와 천체의 존재, 그리고 동물의 세계에 대하여 관심있게 보면서 말하고 있다. 인간은 여전히 모르고 관심도 갖지 않고 있는 그 세계를 하나님은 여전히 바

---

322 cf. 38:26, 39, 41.

라보고 섭리하고 계신다. 그 세계 속에 하나님이 살아계신다. 따라서 인간은 그 하나님을 세상 가운데 힘써 쫓아야(דרש: *다라쉬*, inquire) 할 것이다. 그러나 그 탐구하는 과정에서 이치를 가릴 위험도 있다. 그러기에 인간은 세상을 두려움으로 대면해야 한다. 한편으로는 하나님의 섭리를 힘써 추구하는(*다라쉬*) 자세로, 또 다른 편으로는 그 섭리를 가리는 일이 없도록 말이다. 이제 세계는 신앙인들에게 놀람과 경이의 대상이 된다. 그러나 아무나 그 놀람과 경이에 참여할 수 없다. 아무나 "들을 귀"와 "보는 눈"이 허락되지 않는다. 욥처럼 "티끌과 재"(인간 자신)에 관한 새로운 자기 정체성의 발견이 이루어질 때 가능하다. 세계를 바라보는 자의 눈이 바뀔 때 세계 또한 새롭게 변화되기 때문이다. 창조주의 관점으로 세계를 바라볼 때 창조 세계는 비로소 그 신비를 드러낸다.

실천적 메시지: 듣는 신앙에서 보는 신앙으로(고후 3:18[323])

구약성서에서 유일하게 하나님을 본 자는 모세로 여겨진다: "그 후에는 이스라엘에 모세와 같은 선지자가 일어나지 못하였나니 모세는 여호와께서 대면하여 아시던 자요"(신 34:10). 그래서 그는 하나님의 대리자로서 위대한 행사들을 성취한 장본인이다: "여호와께서 그를 애굽 땅에 보내사 바로와 그의 모든 신하와 그의 온 땅에 모든 이적과 기사와 모든 큰 권능과 위엄을 행하게 하시매 온 이스라엘의 목전에서 그것을 행한 자이더라"(신 34:11-12).

이스라엘 민족이 형성되기 이전에 하나님께서는 모세를 통하여 구원과 해방의 사건을 이루셨고 그들에게 헌법(시내산 율법)을 수여하심으로 하나님의 사랑받는 민족으로 삼으셨다. 그런데 포로 후기 민족의 주권이 상실

---

[323] "우리가 다 수건을 벗은 얼굴로 거울을 보는 것 같이 주의 영광을 보매 그와 같은 형상으로 변화하여 영광에서 영광에 이르니 곧 주의 영으로 말미암음이니라."

되고 율법을 기반한 신앙마저 잃어가고 있을 무렵 모세와 대등할 만한 존재가 부각된다. 모든 인간의 고통을 다 겪고나서 새 창조의 바람[324]을 통해 하나님을 대면하는 자가 새롭게 등장한다. 분명히 모세 이후 "모세와 같은 선지자(*나비*)"가 일어나지 못하였다(신 34:10). 그러나 오늘 본문에서 우리는 "모세와 같은 지혜자(*하캄*)"를 발견하게 된다. 하나님을 대면하여 본 자가 바로 욥이다.

이제 하나님께서는 포로 후기 이스라엘 민족을 새롭게 구원하려는 계획을 펼치신다. 그것은 바로 형식적 율법주의를 넘어서는 실존적 지혜 정신이다. 관습적 신앙에 매여있던 욥을 새 창조의 지혜의 바람으로 해방하신다. 그리고 당대에 만연되어 있는 형식적 인과응보 교리에 일침을 가하신다.

그러나 이는 단지 욥의 상처받음(vulnerability)으로만 가능한 것은 아니다. 동시에 하나님의 상처받음 또한 전제하고 있다. 왜냐하면 이제 하나님께서는 더 이상 율법주의적 인과응보 교리 위에 폭군처럼 군림하는 자리에 머물러 계시지 않기 때문이다. 높은 자리에서 내려오신 것이다. 그리고는 그에게 불평하고 항변하는 인간의 음성에 귀를 기울이신다. 아니, 더 나아가 그를 하나님의 세상 섭리에 초청하신다. 즉, 무질서에 대항하고 교만한 자를 넘어뜨리는 하나님의 세상 통치의 동역자로 부르고 계신 것이다. 욥의 듣는 신앙에서 보는 신앙으로의 성장은 단순한 영성적 깊은 경지만을 의미하지는 않는다. 적극적이고 공동체적인 하나님의 정의의 구체적 구현의 자리에 서게 됨을 의미한다. 삶의 모든 영역에서 우리는 하나님의 동역자로서 부르심을 입은 것이다.

---

324 불꽃 나무로부터 들리는 음성을 통해 모세가 소명을 받았다면 세아라(폭풍우)로부터의 음성을 통해 욥이 소명을 받는다고 볼 수 있다: Habel, *The Book of Job*, 582.

마무리

하나님의 임재를 상징하는 *세아라*(돌개바람/돌풍)는 지혜의 바람이며 동시에 새 창조의 능력이었다. 태초에 "하나님의 신"(루아흐 엘로힘; 창 1:2)이 수면 위에 운행하시며 모든 무질서를 잠재우고 혼돈으로부터 새로운 세계를 창조하셨다. 마찬가지로 무질서를 경험하고 있는 욥에게 *세아라*로부터 들려오는 하나님의 음성은 욥을 새롭게 창조한다. 바로 욥 자신의 정체성을 관습에 얽매인 존재로부터 자유롭게 묻고 응답하는 존재로 변화시켰다.

우리는 욥의 "질문하는" 신앙을 여기에서 배우게 된다. 기존의 신앙 교육은 "순종하는" 신앙이며 "아멘!"의 신앙이었다. 이는 하나님을 섬기는 자들의 당연한 모습이다. 그러나 우리 하나님은 무조건 아멘 하는 것을 원치 않으신다. 자유 의지를 주시고 인격을 부여하신 하나님은 당신의 피조물들을 꼭두각시로 간주하시지 않는다. 그들의 교리와 신조가 현실과 부딪치면 용기 있게 질문하며 하나님 앞에 나아오는 것을 오히려 기대하신다. 왜냐하면 이를 통해 인간들로 하여금 한 단계 더 큰 신앙의 세계로 도약하는 계기를 마련해 주시기 때문이다. 그렇게 때문에 하나님께서는 신언설 내내 욥의 깨달음과 적극적 응답을 유도하셨다: "너는 대장부처럼 허리를 묶고 내가 네게 묻는 것을 대답할찌니라"(38:3; 40:7). 질문하는 자에게 대답이 주어진다.

물론, 어느 누구나 하나님 앞에 질문할 수 있는 것은 아니다. 최소한 욥과 같이 하나님과 사람들 앞에 흠 없는 자이기를 먼저 힘써야 할 것이다. 그러나 그럼에도 불구하고 타협할 수 없는 신앙과 현실 사이의 갭이 발견된다면 그 긴장 가운데 하나님의 응답을 간구해야 한다. 그 응답이 말씀으로 주어질 수도 있고 생활 중 깨달음으로 주어질 수도 있으며 때로는 진정

직접적인 하나님의 음성으로도 주어질 수 있다. 그 어떤 경우에도 분명한 것은 우리의 신앙의 지평이 더욱 넓게 확장된다는 사실이다. 그러나 그 신앙의 성숙을 위해서 우리는 감당해야 할 고통이 따름을 또한 잊어서는 안 된다. 그러므로 우리에게는 "의심하는 용기"(courage to doubt)[325]가 있어야 한다.

---

325 Robert Davidson, *The Courage to Doubt: Exploring an Old Testament Theme* (London: SCM Press), 1983.

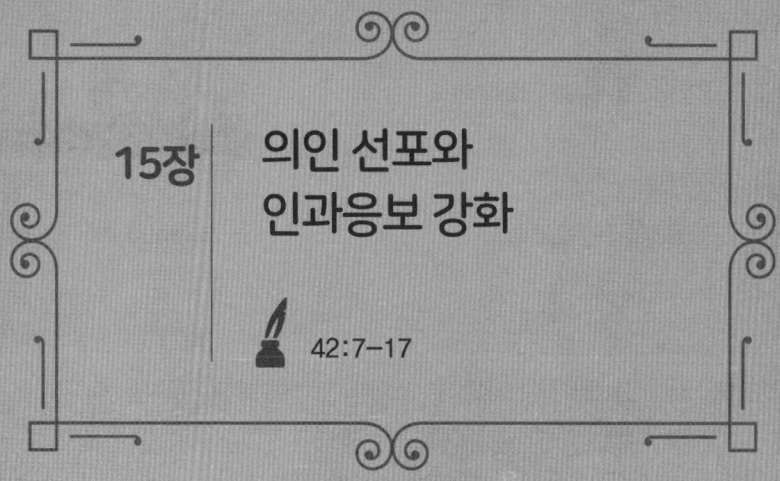

15장 의인 선포와 인과응보 강화

42:7-17

결론에서 만나는 모순: 인과응보 부정과 긍정

42장 6절까지의 운문체 부분이 끝나고 42장 7절에서 17절은 다시금 서론(1-2장) 이후 끊어졌던 산문체가 이어진다. 그런데 이제까지 욥기의 내용을 충실하게 쫓아왔던 독자들은 본문의 결론의 내용에 의아해 하지 않을 수 없다. 왜냐하면 하나님께서 욥에게 갑절의 은혜를 주시기 때문이다(42:10, 12). 이는 욥이 이제까지 부정하고 오히려 친구들이 옹호했던 인과응보 이론의 회귀이다. 즉, 욥이 시험을 잘 인내하고 훌륭하게 감당했기에 그에 대한 보상으로 하나님께서 두 배의 소유를 주셨다는 것이다. 그러나 정작 이 축복이 인과응보 이론을 계속해서 주장한 친구들에게는 돌아가지 아니하고 욥에게만 돌아가고 있다는 사실이 아이러니컬하다. 왜냐하면 하나님께서는 42:7과 42:8에서 계속해서 인과응보를 부정한 욥의 말이 옳고 인과응보를 변호한 친구들의 말이 틀렸다고 선포하시기 때문이다.

친구들의 인과응보 주장은 꾸중을 하시고 욥의 인과응보 부정은 옳다고 인정하시는 분이(42:7-8) 막상 욥을 인과응보적으로 축복하고 계신다 (42:10-17). 역설이지만 이것이 욥기의 결론이다.

중요한 것은 인과응보 교리 자체의 옳고 그름에 있지 않다. 대신에 인과응보 교리를 통하여 얼마나 하나님의 정의와 통치에 대하여 바르게 이해하고 있느냐에 대한 것이다. 본문 7절과 8절에서 공히 하나님께서는 이렇게 최후 판정을 욥과 친구들 사이에 내리신다: "너희가 나를 가리켜 말한 것이 내 종 욥의 말 같이 옳지(נכונה: 느코나; right, correct[326]) 못함이니라." 하나님을 가리켜 말한 것이 친구들과 욥은 각각 어떻게 달랐는가?

결론부터 이야기하자면 친구들은 하나님의 자유를 인간의 교리에 구속시켰다. 하나님께서는 이렇게도 하시고 저렇게도 하실 수 있는 전능자이다. 한낱 인간이 형성한 교리 항목에 갇혀 계신 분이 아니다. 기계적인 상선벌악의 논리를 주장하면 주장할수록 인간은 자신의 세계에 하나님을 가두어 두는 결과를 초래할 뿐이다. 더 나아가서 자신의 신앙 체계대로 하나님이 따라와 주기를 원하는 하나님의 주권 찬탈의 심각한 죄를 범하게 된다.

반면에, 욥은 하나님의 불가해한(elusiveness) 섭리를 끝까지 묻는 자였다. 자신의 실존적 삶이 교리적 하나님 이해와 분리되었을 때 묵종이나 새로운 합리화가 아닌 현실의 모습 그대로 하나님 앞에 나아가려고 시도하였다. 그의 "새로운 언어" 찾기는 이해할 수 없는 고통의 상황 속에서도 포기하지 아니하고 하나님을 이야기하고 어떤 면에서는 고백하려 했던 그의 신앙적 분투의 노력이다. 최소한 묻고 항변하고 탄식하는 자에게 하나님께서는 임하셔서 응답해 주신다.

인과응보 교리의 목적은 하나님의 살아계심과 통치하심의 인정에 있다.

---

326 욥의 말이 진실되다는 표현으로 하벨은 이를 욥의 대답이 실체와 일치하는 것으로 해석한다: Habel, *The Book of Job*, 583.

친구들의 인과응보론은 하나님을 죽은 하나님으로 하나님의 다스리심을 기계적 자율성으로 떨어뜨리고 말았다. 그러나 하나님은 살아계시고 놀라운 방식으로(נפלאות: 니프라옷; wonderful, inscrutable [42:3]) **여전히 통치하고 계신다.** 그 하나님 앞에 끊임없이 추구하며 나아가려고(다라쉬) 하는 자에게 하나님께서는 마침내 당신의 음성을 들려주시고 누가 주권자임을 나타내 보이신다. 욥에게 허락된 갑절의 축복은 진정한 인과응보론(하나님의 살아계심과 정의 곧 신정론)의 강조요 강화이다.

본문 연구 42:7-17

발견적 질문하기 및 관찰

[42:7-17]

v.7a 욥의 위대한 응답(42:1-6)에도 불구하고, 왜 7a절에서는 욥의 응답을 모르는 것처럼 "여호와께서 욥에게 이 말씀을 하신 후에"로 바로 시작하고 있는가?

v.7b 엘리후는 왜 언급되지 않는가? 또한 서론에서 나타난 사탄 또한 결론에서 나타나지 않는 이유는?

v.8, v.10 욥의 친구를 위한 중보 기도의 의미는?

v.10b 갑절의 축복을 주셨다는 의미는?

v.11, v.13 왜 욥의 아내는 등장하지 않는가?

v.15 욥이 딸들에게 기업을 주는 모습이 의미하는 바는?

본문 구조

42:7-9 하나님의 질책과 욥의 중보 기도 상달

10 욥의 기도와 재산 회복

11 형제자매 및 사람들이 돌아옴 – 사회적 회복

12 재산 회복

13-15 자손 회복

16-17 장수

질문에 답하기-주석

[42:7-17]

v.7a 왜 욥의 마지막 응답을 모르는 것처럼 "여호와께서 욥에게 이 말씀을 하신 후에"로 결론부가 시작하는가?

우리는 이 물음에 답하기 위하여 하나님의 출현 이후 하나님과 욥 사이의 긴박감 넘치는 대화와 상호 작용에 대한 본문의 구조를 42:7에서 시작하는 욥기 결론부의 내용과 관련하여 재정리할 필요가 있다. 왜냐하면 현재 우리가 다루는 본문은 이제 두 번에 걸친 신-인 대화의 구조로 끝나지 아니하고 욥기의 마무리 부분까지 확장되고 있기 때문이다. 일단은 앞선 주석 작업을 통하여 각각 두 번에 걸쳐 나타나고 있는 신-인 대화의 구조를 일별하면 다음과 같다:

38:1-40:2 하나님의 첫 번째 언설   vs.   40:3-5 욥의 첫 번째 응답

40:6-41:34 하나님의 두 번째 언설   vs.   42:1-6 욥의 두 번째 응답

그러나 위의 본문 구조를 더욱 자세히 살펴보면 두 번째 언설은 더욱 세분화할 수 있는 여지가 발견된다. 왜냐하면 40:6-14(하나님의 도전적 질문)과 40:15-34(베헤못과 리워야단)은 그 내용상 엄연히 구분되기 때문이다. 이를 염두에 두고 결론부에서 드러난 하나님의 친구들에게 행하신 언설까

지 고려 대상에 넣는다면 우리는 다음과 같은 본문의 구조를 얻게 된다:

38:1-40:2 하나님의 첫 번째 언설　　　A
→ 40:3-5 욥의 첫 번째 응답　　　B
→ 40:6-14 하나님의 명령　　　C

40:15-41:34 하나님의 두 번째 언설　　　A´
→ 42:1-6 욥의 두 번째 응답　　　B´
→ 42:7-8 하나님의 명령　　　C´

42:9 여호와께서 욥을 기쁘게 받으셨더라　　　D

우리는 하나님의 두 번에 걸친 언설을 주석하면서 욥의 첫 번째 응답이 하나님 앞에 만족할 만한 것이 못되는 것으로 판명난 것을 살펴보았다. 즉, 더 이상 대답치 않으리라는 욥의 대답을 하나님께서는 듣는 둥 마는 둥 하시고 바로 두 번째 언설로 옮아가고 있는 인상을 강하게 받았기 때문이다. 따라서 첫 번째 하나님 언설의 목적은 욥을 하나님의 위엄 앞에 유구무언(有口無言)인 자로 만들려는 목표가 아니라 두 번째 언설에 나타난 바 베헤못과 리워야단을 통한 자신의 으뜸된 창조물로서의 정체성을 발견케 하기 위함임을 설명한 바 있다.

　하나님의 두 번째 언설 이후 욥은 위대한 신앙의 경지에서 하나님과 더불어 감히 얼굴과 얼굴을 맞대고 대화할 수 있는 하나님의 새로운 역사 창조의 파트너로 서게 됨을 마침내 고백하게 된다. 그러나 문제는 그 기념비적인 고백이 끝나자마자 본문의 나레이터는 욥의 응답을 무시하는 듯한 새로운 도입구를 제시한다: "여호와께서 이 말씀을 하신 후에". 이는 앞서 욥의 첫 번째 응답 후에 하나님께서 이를 무시하시고 바로 두 번째 이야기로 옮겨간 것과 같은 인상을 유사하게 던져주고 있다. 즉, 욥의 두 번째 응답을 나레이터는 고려하지 않는 듯 하나님의 새로운 언설을(이번에는 데만 사람 엘리바스에게 향하여) 시작하시도록 하고 있는 것이다.

위의 본문 구조는 무언가 최종적 D를 향하여 점층적 구조를 띠고 있다. 첫 번째 신언설(A)에 대한 욥의 첫 번째 응답(B) 후에 하나님의 명령(C)이 드러났고 그 명령에 합당한 내용이 하나님의 두 번째 언설(A')에서 제시되었다.[327] 이윽고 들리는 욥의 두 번째 응답(B')은 그 신앙적 깨달음의 높은 경지에도 불구하고 바로 다음 명령(C')으로 옮아간다. 즉, 데만 사람 엘리바스를 비롯한 두 친구는 욥의 중보 기도를 받으라는 지침이다. 그리고 마침내 하나님께서는 욥을 기뻐하심으로(D) 받으셨다(42:9b):

וַיִּשָּׂא יְהוָה אֶת־פְּנֵי אִיּוֹב:
(봐잇사 아도나이 에트 프네이 이욥)
하나님께서 욥의 얼굴을 높이 들어주셨다(사역).

그렇다면 우리는 욥의 정체성에 대해 새롭게 인식하도록 은혜를 베푸시는 지혜자 하나님의 가르침을 발견하게 된다. 하나님의 첫 번째 언설을 통해서는 욥의 부족함을 드러내셨다. 그러나 두 번째 언설을 통해서는 욥의 으뜸됨을 알려주셨다. 그리고는 마지막으로 친구들에게 세 번째 언설을 통해서는 욥의 구체적 사명을 알려주셨다. 각각의 점층적 깨달음의 단계마다 논리적 단속(斷續)을 둔 것이다(C-C'). 비록 하나님의 경이로움을 온전

---

327 즉, 베헤못과 리워야단과 같이 으뜸된 창조물로서 만물을 다스리는 자리에 서라(40:15-41:34)! 이는 곧 40:6-14에서 욥으로 하여금 왕과 같은 위치에서 세상을 다스리라는 명령의 내용과 일치하고 있다.

히 이해할 수 없는 자이지만(A-B) 최고의 피조물로 지음받은 자로서(A´-B´) 새 창조의 동역자로 부름받은 자의 구체적 사명은 바로 중보자의 사명 곧 대속자의 사명(D)이라는 것이다.[328] 욥은 그의 탄식의 순간에 계속해서 자신의 의로움을 중개할 "판결자"(9:33), "나의 증인"(16:19), "대속자"(19:25)를 찾고 있었다. 마침내 그 중보자의 정체가 밝혀졌다. 그것은 다름 아닌 욥 자신이라는 것이다. 자신처럼 고통을 당하는 자들을 위해 대속의 사역을 감당해야 할 자는 바로 욥이다. 우리는 욥기의 결론부에서 욥이 그 중보자의 사역을 실제로 성취하고 있음을 목도한다.

v. 7b 엘리후와 사탄은 왜 결론부에서 언급되지 않는가?

본문의 결론부가 전개되는 한 엘리후는 하나님의 언급에서도 나레이터의 언급에서도 전혀 등장하지 않는다. 욥기 전체에서 가장 극적인 하나님의 출현 직전에 위치해 있으며 총 6장에 걸친 많은 분량을 차지한 언설의 주인공인 엘리후의 부재는 정경비평적 시각을 견지하는 주석가들에게 큰 어려움을 주고 있는 것은 사실이다.

그러나 엘리후의 발언에 대한 견해가 긍정적인 것과 부정적인 것이 주석가들 사이에 공존하듯 결론부의 엘리후의 부재에 대한 견해 또한 이중적이다. 한편으로는 욥의 중보가 필요하지 않을 정도로 엘리후는 다른 친구들보다 의로움의 정도가 고양되어 있던 자로서 하나님의 출현을 준비한 자였음을 반증하는 것으로 볼 수 있다. 그러나 다른 한편으로는 엘리후의 존재 자체가 전혀 언급될 필요가 없을 정도로 세 친구 뒤에 가려져 있는 연소한 자임을 역설하는 것이라 보는 입장 또한 가능하다. 심지어 하나님 조차도 지금 세 친구와 욥과의 관계, 그리고 그 세 친구와 하나님과의 관

---

328 Samuel E. Balentine, "My Servant Job Shall Pray for You," *Theology Today* 58 no. 4 (2002), 513.

계 회복에만 집중하실 뿐이다. 이는 마치 세 친구의 이야기 다음에 꼭 욥이 대답했으나 엘리후의 언설 다음에는 굳이 욥이 응답하지 않고 무시하는 모습과 동일한 양상을 띤다.[329]

사탄의 문제에 관계해서는 사탄의 시험 자체는 욥기 이야기 전체의 맥락에서 하나님의 교육적 의도 가운데 진행된 사건이었으므로 굳이 사탄을 결론부에 다시 불러들여서 하나님이 내기에서 마침내 이기셨음을 증명할 하등의 이유가 없기 때문이다.

v.8, v.10 욥의 친구를 위한 중보 기도의 의미는?

욥기 전체에 있어서 결론부의 친구를 위한 중보 기도는 욥의 메시지를 새로운 방향으로 인도한다. 단순한 의인의 고통이나 인과응보 이론에 대한 문제에서 새로운 언어 찾기와 울타리 개념, 항변할 수 있는 용기, 그리고 새 창조의 동역자의 주제를 통과하여 이제 최종적으로 대속자의 사명 앞에 서게 된다. 즉, 욥의 중보 기도는 욥이 고통을 통하여, 그리고 폭풍우 하나님 체험을 통하여 새롭게 도달한 경지가 친구들을 중보하는 중보자의 자리임을 역설하고 있는 것이다. 현자적 깨달음의 경지가 뭔가 신비하고 심오한 자리에 서는 것이 아니다. 도리어 철저하게 현실적인 공간에서 이제까지 나를 헐뜯고 괴롭혀 온 원수 같은 친구들의 허물을 덮어주고 하나님께 대신 그들의 죄의 용서를 대신 간구하는 사랑과 용서의 자리에 서는 것을 알려준다. 그런데 그 중보자의 삶은 타인을 위한 삶뿐만 아니라 자신을 위한 삶임을 동시에 본문은 알려준다. 왜냐하면 42:10을 보면 친구들을 위해 기도한 다음에야 비로서 욥의 회복이 시작되고 있기 때문이다: "욥이 그의 친구들을 위하여 기도할 때 여호와께서 욥의 곤경을 돌이키시

---

329 어떤 면에서 엘리후의 발언이 총 6장에 걸쳐 한꺼번에 길게 나오는 이유는 욥이 다른 친구들에게서처럼 중간 중간 대답치 않고 무응답을 견지했기에 상대적으로 길어진 것으로 볼 수도 있다.

고 여호와께서 욥에게 이전 모든 소유보다 갑절이나 주신지라." 이후 재산 회복뿐만 아니라 사회적 관계성의 회복(42:11), 가정의 회복(42:13), 건강과 자손의 축복(42:16-17)까지 뒤따라 오고 있음을 확인할 수 있다. 자신의 회복은 가장 문제가 되는 이웃과의 회복을 통해서 얻어지는 것임을 명백히 보여준다. 결국, 욥의 중보 기도는 욥이 대속자로서의 새로운 사명자의 삶을 살게 되었다는 사실이 욥기의 최종적 결론임을 알려준다.

v. 10b 갑절의 축복을 주셨다는 의미는?

주석자들을 어렵게 하는 질문 중 하나이다. 왜 인과응보 이론 또는 상선벌악 이론을 욥기서 내내 허물어뜨려 놓고서는 마지막 순간에 욥이 하나님께 잘 대답했으니 그에 대한 "상으로" 갑절의 축복을 주시는 것이 논리적으로 타당한가?

이에 대해 레베크 신부는 다음의 세 가지 이유를 제시한다. 첫째, 문학적인 이유로서 욥기 저자는 자신이 내용의 전개를 위해 적용하고 있는 산문체 이야기(욥 1-2장과 42장) 부분의 내용을 임의대로 잘라 내버릴 수 없었을 것이라는 추측이다. 왜냐하면 어떤 이야기는 그 자체의 독립적인 논리를 지니고 있는데 맘대로 결말 부분을 잘라내 버리면 구조적인 면에서 전 작품에 불균형을 초래하기 쉽기 때문이다.[330] 둘째, 문학적 결론과 실제적 삶 사이의 일관성에 대한 문제이다. 즉, 내적인 변화가 일어났을 때 그에 상응하는 외적 변화가 반드시 동반되어야 한다는 것이다. 욥의 신앙적 깨달음의 정도가 크면 클수록 그의 외적 변화 또한 그에 상응하게 드러나야 하기에 갑절의 축복으로 강조되고 있다는 것이다. 셋째, 신학적인 이유로서 욥기 전체는 고통을 이야기하려는 것이 아니라 궁극적으로 욥의 회복을

---

[330] 레베크, *욥기*, 135.

말하려 하는 의도가 있기 때문이다. 따라서 욥의 회복을 지나서 축복받는 모습이 욥기 주제의 부각에 필수적인 요소로 작용하고 있는 것이다.

해방신학자 구띠에레즈 또한 비슷한 해답을 제시한다. 욥이 경험한 영적 희열이 어떻게 해서든지 간에 그의 물질적, 육체적 영역에서도 나타나기를 욥기의 저자는 원했을 것이다라고 말한다.[331] 반면에, 앤더슨의 경우 출 22:4에 잘못을 범한 자에게 해당 범죄의 두 배를 갚게 하는 법과 같이 하나님께서 괜하게 허락하셨던 욥의 고통에 대하여 보상하시는 의미가 큰 것으로 보고 있다.[332]

필자는 여러 상이한 해답들 중, 구약성서적 세계관에 근거한 답변이 가장 타당하리라 본다. 영육 이원론이 부각되지 않았던 구약성서의 시대에는 영적인 삶과 육적인 삶이 하나이다. 따라서 영혼의 회복은 곧 육체의 회복이며, 육체의 강건함은 영혼의 강건함이다.[333] 욥의 물질적 축복이 갑절이라 하는 소리는 그의 영적 깨달음이 그만큼 위대한 것이었음을 반증하는 요소이다. 따라서 갑절의 축복은 오히려 욥의 최종적인 모습으로 당연한 귀결임을 알 수 있다.

v. 11, v. 13 욥의 아내는 왜 등장하지 않는가?

뉴썸에 의하면 욥의 아내는 욥 드라마에서 그 어떤 누구보다도 무엇이 가장 중요한 문제인가를 제시한 여인으로 언급한다. 즉, 2:9b에서 "하나님을 욕하고 죽으라"라고 하는 표현에 앞서 2:9a에 "당신이 그래도 자기의 온전함을 굳게 지키느냐"라는 표현은 자신의 실존적 경험과 삶의 대상

---

331 Gustavo Gutiérrez, *On Job: God-Talk and the Suffering of the Innocent*, 12.
332 Francis I. Andersen, *Job: An Introduction and Commentary*(Downers Grove, IL: InterVarsity, 1976), 293.
333 Gerhard von Rad, *Wisdom in Israel*(Nashville: Abingdon, 1972), 62.

세계 사이의 통전성을 의미하는 것으로 욥의 정직성을 일깨우는 도전으로 본다.[334] 즉, 욥 이야기에 있어서 가장 중요한 자신의 의로움과 현실의 고통이 가져다주는 모순을 있는 그대로 하나님 앞에 아뢰라는 신랄한 요청으로 받아들인다.[335]

그렇다면 욥기 3장 이후에 나타나는 욥의 탄식과 항변은 욥의 아내의 요청에 응답한 것일 뿐만 아니라 그러한 욥의 항변이 하나님 앞에 받아들여졌다는 것은 욥의 아내 역시 하나님께 받아들여졌음을 의미한다 할 수 있겠다.

따로 욥기 마무리에서 욥의 아내의 언급이 나오지 않는 이유는 새로 얻은 아들 일곱과 딸 셋의 어머니는 변함없이 욥의 아내임을 의미한다. 이 사실은 결론부에서 욥이 새로운 아내를 얻었다는 언급이 없음을 통해서 확증된다. 또한 당시 가부장 시대에서 남편 없고 또한 자식 없는 여인은 사회에서 거의 매장된 여인과 같았기 때문에 욥의 아내의 입장에서는 결코 남편의 옆을 떠날 수 없었으리라 짐작된다.[336]

v. 15 욥이 딸들[337]에게 기업을 주는 모습이 의미하는 바는?

뉴썸에 의하면 욥의 새로운 깨달음은 이제 기존 관념을 깨뜨리고 존재를 존재 그대로 인정하게 되는 단계로 나아가고 있음을 지적한다.[338] 당시의 가부장적 사회에서 딸들에게도 이름을 부여하고 재산을 상속하는 혁명

---

334 사실, 칠십인역이나 아람어역에서 나타나는 욥의 아내의 모습은 오히려 헌신적으로 욥의 곁을 지키는 여인으로, 그리고 현재의 상황을 직시하며 구체적 갱생의 방도를 찾는 여인으로 나온다.
335 Carol Newsom, "Job" in *The Women's Bible Commentary*, ed. Carol Newsom and Sharon H. Ringe (Louisville: Westminster/John Knox, 1992), 132.
336 대한성서공회 "설교자를 위한 성서 연구—욥기"강의 중 한 참석자 목사님의 통찰에 감사드린다.
337 여미마는 작은 비둘기, 긋시아는 육계화, 게렌합복은 작은 화장품 상자를 뜻한다.
338 Carol Newsom, "Job" in *The Women's Bible Commentary*, 133-135.

적 사건이 욥의 새로운 창조의 세계 속에서 일어난 것이다(cf. 민 27:3-4).

신학적 주제
하나님에 관하여

하나님은 당신의 종들을 통하여 하나님으로부터 떨어져 나가 죽을 수 밖에 없는 자들을 중보하기 원하신다. 심판하기보다 구원하기를 더 원하시는 하나님은 직접 심판의 대상자들인 욥의 세 친구들에게 그들의 구원을 위하여 어떻게 할 것을 알려주심으로써 그들이 "우매한(נְבָלָה: 느발라: senselessness)[339]만큼 그들에게 갚지 아니하다"(42:8). 얼마나 하나님께서 심판 아래에 있는 영혼들에 대한 용서와 회복의 긍휼하심이 많은가를 알 수 있는 대목이다. 보다 더 중요한 사실은 죽어가는 영혼들을 위한 구원과 사랑의 중보 사역이 하나님께서 가장 기뻐하시는 덕목임을 우리에게 알려준다. 진정한 대속자의 자리에 어떤 사람이 나아갈 수 있는가? 본문의 말씀에 의하면 고통과 연단의 과정을 통과한 욥과 같은 자가 중보할 수 있다. 그리고 하나님께서는 그런 자들의 기도를 기쁨으로 받으시고 그들의 머리를 높이 들어 주신다(42:9b): וַיִּשָּׂא יְהוָה אֶת־פְּנֵי אִיּוֹב(봐잇사 아도나이 에트 프네이 이욥). 오늘날 하나님의 세상 섭리에 참여하는 길은 죽어가는 영혼들을 위한 중보와 대속의 사역을 통해서이다.

사람에 관하여

똑같은 지혜자들이요 경건자들이었으나 욥은 마침내 하나님에 대하여 "옳게" 말한 자로, 친구들은 "그르게" 말한 자로 판단 받는다(42:7-8). 무엇이 그런 차이를 만드는가? 이제까지 살펴본 바에 의하면 나를 둘러싼 비본

---

[339] 느발라의 용례는 주로 죄의 중대함으로 죽음을 초래하는 치명적인 어리석음 또는 부끄러운 짓을 의미한다: 창 34:7, 수 7:15, 사 9:16, 렘 29:23.

질적 허울들과 경계들이 얼마나 제거되었느냐에 달려 있다. 이를 간단히 이야기한다면 얼마나 상처받기 쉬운(vulnerable) 상황에서 하나님을 갈구하느냐에 달려 있다. 욥의 친구들은 하나님을 간절히 찾기에는 기존의 경계들이 너무도 든든했다. 반면에 욥은 부와, 명예, 가족과 건강 등 모든 삶의 수단들이 무장 해제 된 상태에 놓여 있었다.

그런데 하나님께서 당신의 종들에게 원하시는 바는 가난하고 통회하는 심령 가운데 경험되는 하나님 체험으로 끝나지 않는다. 그들이 고통의 사막을 통과하여 하나님의 시각 곧 창조자의 관점으로 세상과 사람들을 바라볼 수 있게 하신다. 그 길은 여전히 역사하시는 하나님의 세상 섭리에 참여자로 변화되는 통로가 된다.

42:5에 "이제는 눈으로 주를 뵈옵나이다"의 영성은 무엇이 전적으로 충만한 인간의 모습인가, 그리고 동시에 얼마나 저돌적으로 하나님에게 달려드는 위험스러운 인간인가를 보여주는 고백임을 발렌타인은 밝힌다.[340] 따라서 아브라함은 감히 하나님 앞에 소돔과 고모라 성을 의인과 더불어 심판하시려는 하나님 앞에 자신의 주장을 펼쳤으며(창 18:16-33) 모세는 광야에서 이스라엘 백성에게 고기를 주실 것이라는 하나님의 말씀 앞에서 그 타당성을 비아냥하기까지 했다(민 11:21-22). 예레미야는 악한 자의 형통을 따져 물었으며(렘 12:1-4) 요나는 니느웨의 재앙을 하나님의 뜻에 반하여 주장했던 것이다(욘 4:1-3).

한 랍비는 다음과 같은 말을 했다고 한다: "인간은 주머니에 두 개의 돌을 가지고 다닌다. 한 돌에는 '나는 단지 티끌과 재에 불과합니다'라고 쓰여 있고 다른 한 돌에는 '나를 위해 이 세상이 창조되었습니다'라고 쓰여 있다. 사람은 필요할 때마다 각각의 돌을 사용해야 한다."[341] 욥이 인간에

---

340 Samuel E. Balentine, "My Servant Job Shall Pray for You," 513.
341 Robert Gordis, *The Book of Job and Man: A Study of Job*(Chicago: University of Chicago

대하여 알려주는 통찰은 전자이기보다는 후자이다. 그리고 그 구체적인 사역은 바로 세상을 위한 대속자로서의 중보적 사명이다. 바로 예수 그리스도의 십자가와 부활의 사역과 통한다.

세계에 관하여

욥 이야기는 고양된 영적 경지의 도달과 중보자로서의 거룩한 대속의 사역의 이야기로만 끝나지 않는다. 지혜자적 교육은 영적인 해방이나 환상적 세계의 차원에 머무르지 않는다. 만약에 욥기가 폭풍우 언설을 통한 욥의 큰 깨달음으로만 끝나버리면 욥기는 현실 세계와 너무 동떨어진 이야기가 되어버리기 쉽다. 실제로, 남미의 해방신학자 구띠에레즈는 욥기 결론이 욥이 깨달은 영적 교훈에 비하면 너무 유치하게 끝나지 않는가에 대하여 질문하고 있다. 인과응보 교리에 기초한 물질적 축복 이론의 인상을 받기 때문이다. 그러나 그럼에도 불구하고 욥기의 저자는 욥이 경험한 깊은 영적인 즐거움이 인간적이고도 물질적인 영역에서도 역시 표현되기를 원한 것으로 해석하고 있다.[342] 욥기의 결론 부분은 우리에게 욥의 새로운 세계(new cosmos)를 묘사해 주고 있다. 영적이고 종교적인 영역에서뿐만 아니라 물질적이고 사회적인 영역에서 변혁이 일어난 모습을 보여주고 있다.

욥의 의로움이 친구들 앞에서 선포된다(42:7). 욥의 종교적인 권위가 그의 세 친구들을 위한 중보적 제사와 하나님의 기뻐 받으심을 통해 증거된다(42:8-9). 그의 종교적인 회복이 증거된 이후에야 비로서 그의 물질적 회복이 뒤따라온다(42:10). 상실되었던 모든 사회적인 관계가 회복된다(42:11). 마침내 그의 재산과 자녀들, 그리고 그의 생명이 차례대로 회복되었음을

Press, 1965), 131.
342 Gustavo Gutiérrez, *On Job: God-Talk and the Suffering of the Innocent*, 12.

나레이터는 보도한다(42:12-16). 삶의 전차원에 걸친 회복이 그의 영적인 회복과 더불어 실행이 되었다. 다시 말하면 세상의 모든 영역이 다 하나님에게 속해 있다. "하나님이 세상을 이처럼 사랑하시기"(요 3:16) 때문이다.

실천적 메시지: 고통자와 대속자

성경은 고통과 중보 또는 고통과 구원의 문제를 삶 속에서 하나로 경험한 많은 인물들을 그려준다. 갈 길을 모르면서도 약속의 땅을 떠난 아브라함이 그랬으며 어릴 적 받은 비전으로 인해 오랜 세월 인고의 기간을 감내했던 요셉이 그랬으며 모세와 엘리야, 호세아와 예레미야가 그러했다. 또 세례 요한이 그러했으며 예수 그리스도와 12사도, 그리고 바울 사도가 그러했다. 왜냐하면 하나님의 나라는 이 땅에 있지 않기 때문이다. 아니, 더 정확하게 말한다면 이 땅의 사람들이 추구하는 욕구에 있지 아니하고 하늘의 사람들이 추구하는 소망에 있기 때문이다.

이 땅에 살면서 하늘의 사람처럼 살아가려 하기에 고통이 있다. 이 땅의 무질서가 하늘의 질서와 섭리를 가려버렸기에 구원과 창조 질서의 회복을 위한 부르짖음과 투쟁이 요구되는 것이다. 따라서 고통이 없으면 구원도 없다. 왜냐하면 안일한 현실적 욕구와 세상적 울타리에 갇혀 버리게 되기 때문이다. 그래서 본질을 잃은 채 비본질적인 것을 우상 숭배하듯 음란하게 탐닉하다가 결국 죽음에 이르게 된다.

그러기에 고통은 우리의 연단과 훈련을 위해 요구되는 것이요 중보자와 대속자의 삶을 위하여 필수적인 것이 된다. 중보 사역은 나의 시간과 물질을 나누는 일이다. 나의 삶과 생활을 함께하는 일이다. 그러기에 이는 혼자 지내는 일보다 힘들다. 함께하는 것은 투자요, 이해요, 용서요 사랑이다. 내가 가진 것을 버리는 일이요 궁극적으로 자아가 부인되는 자리이다. 그러기에 고통스럽다. 그러나 궁극에 가서 그 고통은 부활의 생명으로 열매 맺는다. 그리스도의 사랑의 십자가가 마침내 인류의 구원과 영원한 나라를 이 땅에 이루셨듯이 말이다. 욥의 고난은 결국 그와 그의 가족과 그의 세계를 구원하기 위한 하나님의 은혜이다.

마무리: 욥기 저자와 오늘의 신앙

욥기의 저자 또는 편집자에 대하여 욥기를 마무리하며 묵상할 필요가 있다. 현재의 욥기의 모습이 형성된 것은 일반적으로 포로 후기로(주전 6세기 후반 또는 5세기) 본다. 그렇게 추정하는 근거들은 다음과 같다: 1. 사용되는 히브리어가 고대 히브리어보다는 아람어화가 많이 진행된 포로 후기의 어체가 사용됨(단어와 어근 등이 아람어화 된 형태[343]); 2. 6:19의 "데마의 대상들과 스바의 행인들"은 포로 후기에 상응하는 지역들; 3. 사탄(하 사탄)의 존재 발전 단계가 스가랴서에서의 사탄의 존재와 유사(슥 3:1-2; 고소자, 참소자), 그러나 아직은 역대기 21:1과 같이 발전된 형태는 아니기에 포로 후기로 본다.[344]; 4. 의인의 고통에 대한 신학적인 주제는 남유다 멸망 후 포로 후기에 등장; 5. 유일신론과 일부일처제는 보다 후기 연대를 증거함.

따라서 욥기는 포로 후기 모든 야웨 사상이 무너져 내리고 혼돈 가운데 있을 때, 지혜 전승과 모든 다른 문학 전승들에 충실했던 한 지혜자가 기존의 위인 전기인 욥의 이야기를 틀로 하여 새로운 하나님, 세상 이해를 시도한 것으로 파악된다. 당시에 닥친 어려운 현실의 문제들을 다시금 고

---

343 단어나 어근 등이 고대 히브리어에서 발견되는 것은 나타나지 않음: Norman C. Habel, *The Book of Job*, 41.

344 cf. 여기에서 언급되는 '사탄'의 존재는 신약성서에서 이야기되는 하나님의 역사를 방해하는 어둠의 세력으로서의 '악한 영' 또는 '마귀'를 뜻하지 않는다. 본래의 *하 사탄*의 의미로 '고발자' 또는 '감찰관'과 같은 의미로 이해하도록 한다.

통과 대속의 문제로 풀어보려고 했던 시대적 도전과 신앙적 응전의 한 고백과 체험의 기록인 것이다.

2021년을 사는 오늘 여전히 이 세상은 새로운 도전을 교회와 기독교인들 앞에 가져다준다. 신앙인들의 역사가 항상 그러했듯이 새로운 신앙적 대답과 응전이 필요할 때이다. 욥기는 고통스러운 현실 앞에서 끝까지 하나님께 향하여 애통하고 울부짖는 사람들을 위해 쓰여졌다. 그 부르짖음 뒤에는 꼭 하나님의 응답이 있음을 격려한다. 그러나 끝까지 본질을 놓치지 않는다면, 하나님의 살아계심을 여전히 믿는다면 그 주권자 하나님께서 우리의 삶의 한가운데 뚫고 들어오심을 역설한다. 그리고 그분은 모든 것을 긍정하실 것이다. 마치 하나님의 폭풍우 언설이 우주의 구조와 동물의 왕국을 굳건히 하셨듯이, 인간의 으뜸성과 하나님 종의 중보자 됨을 강조하셨듯이, 그리고 개인의 삶의 모든 차원을 갑절로 축복하셨듯이 말이다.

Sapiential Interpretation of the Book of Job

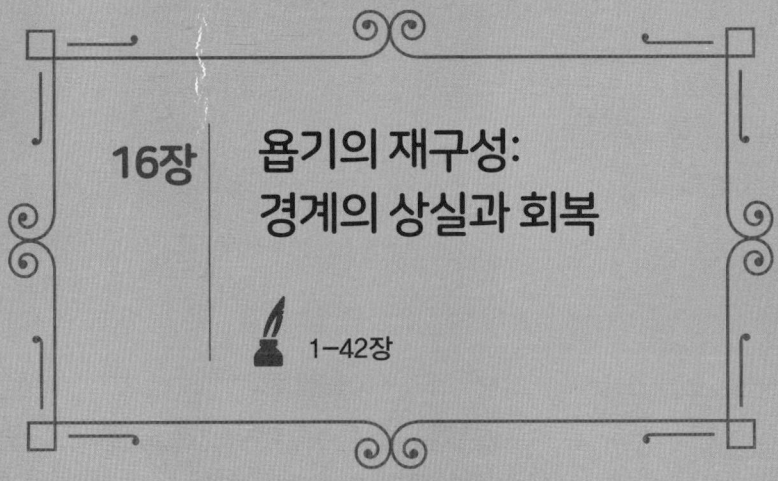

16장 욥기의 재구성: 경계의 상실과 회복

1-42장

욥기와 지혜 문학, 그리고 구약성서

구약성서의 지혜 문학은 대표적으로 잠언서와 전도서, 그리고 욥기를 들 수 있다. 여기에 아가서와 시편의 지혜 시편(1, 37, 49, 112, 127 등)이 포함된다. 욥기가 기존의 지혜 문학과 큰 차이를 보이는 것은 두 가지 이유이다. 첫째, 욥기는 "의인의 고통"의 문제를 보다 적극적이고 실제적으로 다루고 있다. 왜냐하면 잠언서에서는 의인의 번영을 주로 말하고 있으며 전도서에서는 의인과 악인이 같은 운명에 처해 있음을 이야기하면서 의인의 고통과 관련된 문제를 빗겨 가고 있기에 그렇다. 또한 지혜 시편은 의인의 승리를 말하며 아가서는 육체적 아름다움을 노래한다. 따라서 욥기만큼 실존적 신앙생활의 근본문제를 다루고 있는 것은 없다고 하겠다.

둘째, 욥기는 기존의 인과응보 이론을 정면으로 공격하고 있다. 사실, 지혜 문학의 중심 코드는 인과응보론이다. 특히 잠언서가 가장 두드러진 주제이다. 이 세상은 분명한 두 길(의인의 길과 악인의 길)이 있으며 어떠한 길을 선택하는가가 그 사람의 인생을 결정한다. 의로운 길에 들어선 사람에게 좋은 결과가 기다리며 악한 길에 들어선 사람은 어쩔 수 없는 파산의 종지부를 찍을 뿐이다. 전도서에서는 잠언서만큼 인과응보론이 부각되지는 않지만 하늘 아래 새것이 없음에 대한 겸비한 고백 가운데 현실의 삶에 충실하고 하나님만을 의뢰하는 경외자의 삶이 강조되고 있다. 지혜 시편 또한 강한 인과응보적 이론에 기반한 고백이 이어지고 있으며 아가서 또한 창조 질서 가운데 아름답게 창조된 육체성과 남녀 간의 사랑이 자연스레 흘러가고 있다. 그러나 욥기는 친구들과의 대화를 통해서(3장-27장) 그의 고통은 죄악의 결과가 아님을 주장함으로써 친구들 및 지혜 전승의 인과응보 교리를 붕괴시키고 있다.

어떻게 보면 욥기는 인간생활의 실존적 경험을 대변한다. 의인의 고통의 문제가 그렇고 인과응보 교리의 불일치가 그렇다. 기독교 역사에 있어서 많은 신앙인들에게 가장 치열한 고민과 해석을 자아내는 문서가 되기에 충분한 이유가 있는 것이다. 그러나 전통적 지혜 사상과의 거리가 있음에도 불구하고 욥기는 전도서보다도 먼저 정경에 편입되었다. 지혜 전승을 보존하고 계승한 현자 집단 내에서 그 내용상 전혀 문제가 없는 문서로 받아들여졌기 때문이다. 지혜 문학의 가르침의 뿌리로서의 인과응보론이 반박되는 책이 어떻게 아무런 문제없이 구약성서 내에 거룩한 문서로 인정되었을까?

지금까지의 욥기 연구를 통해서 우리는 최소한 다음의 세 가지 대답을 할 수 있게 되었다. 첫째, 욥기의 주된 초점은 하나님의 정의와 세상 섭리와 관계되어 있기보다는 인간의 본성과 역사 참여에 관계하고 있기 때문이다. 인간 고통의 이유는 하나님의 세상 섭리가 잘못되었기 때문이 아니라 창조 질서 내에서 인간의 위치와 역할을 파악하지 못한 채 하나님과 세계와의 관계가 단절되어 있기 때문이다. 이제 인간은 더 이상 미약한 "티끌과 재"(30:19; 42:6 cf. 창 18:27)로 머무는 것이 아니라 하나님의 세상 섭리

가운데 대화하며 참여하는 존재로 거듭나고 있음을 욥기는 보여준다.

둘째, 욥기에서 결과적으로 인과응보론이 강화되고 있기 때문이다. 본래의 인과응보론의 중심은 하나님의 살아계심과 다스리심의 고백이다. 만물과 역사의 주관자가 계시기에 원인과 결과가 상응할 수밖에 없다. 계속되는 새 창조의 역사에 참여하는 인간의 위치와 역할의 발견을 통하여 하나님의 하나님 되심을 고백케 되며 인생사의 모든 일들이 공평하신 하나님의 손에서 결정된다. 결국, 욥이 친구들보다 의롭다 선고 받았듯이 말이다.

셋째, 욥기는 포로 후기 당시의 신앙적 문제의 도전에 대한 올바른 응답을 주었기 때문이다. 신앙인들은 변화하는 세계 속에서 자신들이 믿는 하나님에 대한 고백이 얼마나 유효한 구원의 능력으로 드러나는가를 끊임없이 질문하며 도전한다. 이에 대한 올바른 대답이 불가능할 때 그 신앙은 종언을 고하고 새로운 구원을 위한 신앙적 도전의 여정이 시작될 수밖에 없다. 전통적 인과응보 신앙의 위기가 의로운 고통자의 실존적 경험으로 인하여 닥쳤을 때 욥기는 폭풍우 가운데 들리는 새 창조의 음성을 통해 새로운 도전과 깨달음을 선포한다. 당시에 욥과 같은 문제로 고민하는 신앙인들에게 새로운 신앙적 해답을 줄 수 있었던 것이다. 이와 같이 구약성서의 기록들은 역사적 영고성쇠를 통과하며 새로운 도전과 응전이 치열하게 이루어졌던 야웨 공동체의 신앙보고서이다. 특히 욥기는 신앙적 위기와 실존적 구원에 관련된 생명력 있는 기록들의 대표적인 계시물이다.

욥기의 재구성

클라인즈는 그의 욥기 주석서에서 욥기 이야기의 중심 코드는 단지 욥기의 문학적 구성의 틀을 제공할 뿐만 아니라 이야기 자체를 관통하고 있다고 지적한 바 있다.[345] 우리가 이제까지 관찰해 온 바, 하나님의 가르침인 지혜 코드는 욥기 전체의 이야기 내에 녹아들어가 있으며 각각의 장면들은 욥의 지혜적 깨달음(spaiential enlightenment), 즉 새 창조의 동역자로서의 새로운 정체성 발견이라고 하는 중심 주제 부각을 위해 기여하고 있다. 지금까지의 새로운 언어 찾기와 울타리 개념, 그리고 새로운 정체성 깨달음 등의 지혜 코드를 중심으로 한 읽기를 서사 비평(Narrative Criticism)의 문학적 구성 이론[346]에 대입하여 정리하면 다음과 같은 욥기 전체의 새로운 구조를 얻을 수 있다:

I. 제시부 1:1-5 – 기존 경계

II. 전개부 1:6-12 – 기존 경계에 대한 위협

III. 갈등부 1:13-37:24 – 기본 경계 붕괴
   1. 물질적 경계 붕괴 1:13-2:13
   2. 신앙적 경계 붕괴 3:1-31:40
     1) 욥의 탄식 ex. 3:1-26; 6:1-23; 9:1-31; 14:1-22
     2) 욥의 도전 ex. 21:1-33; 24:1-17
     3) 욥의 법정 소송 ex. 13:3-28; 23:3-7; 31:35-37
   3. 엘리후의 대안적 신앙적 경계 실패 32:1-37:24

IV. 절정부 38:1-41:26[34] – 기존의 경계를 넘어서는 하나님의 지혜

---

345 Clines, *Job 1-20*, xxxvii-xxxviii.
346 Jean Louis Ska, S. J., *"Our Father Have Told Us": Introduction to the Analysis of Hebrew Narratives* (Roma: Editrice Pontificio Biblico, 1990), 20-30.

V. 해결부[347] 42:1-6 – 욥의 깨달음 선포

VI. 결과부 42:7-17 – 새로운 경계
   1. 새로운 신앙적, 종교적 경계 42:7-9
   2. 새로운 물질적 경계 42:10-17

이상 욥기의 재구성은 욥기의 지혜 코드의 중심 흐름을 분명하게 제시한다. 그것은 욥의 삶의 울타리인 경계의 무너짐과 경계의 재건설 과정에서 역사하시는 하나님의 지혜[348] 섭리이다. 당신의 종 욥에게 향한 지혜자 하나님의 교육은 사탄을 도구로 한 기존의 질서, 또는 기존의 관념들을 깨뜨리는 것으로 시작한다. 물질적 경계들 즉, 재산과 가정, 그리고 건강의 경계가 깨지고 급기야 신앙적인 경계들이 친구들과의 대화를 통해 무너져 버린다. 그러나 욥의 깨져버린 울타리는 무너진 순간 새로운 울타리 건립을 향해 이후 재편되어 간다. 이는 친구들과의 대화를 통해 시작되었고 어느 순간부터는 더 이상 친구들에게 호소하지 않고 하나님에게 직고하면서 소망의 언어가 커지며 그럴수록 하나님 만남을 갈구하게 된다. 새로운 경계, 즉 새로운 관점의 크기와 높이가 형성되어 가는 과정이다. 급기야 폭풍우 가운데 하나님의 현현을 경험하며 직접적인 하나님의 계시를 통하여 욥에게 원하시는 바, 자신의 창조 세계의 머리 됨을 깨닫고(40:15) 하나님의 세상 섭리 역사의 동역자로 서야 함을 깨닫는다. 욥의 울타리가 확장되고 욥의 관점이 상승되어진 경지를 읽을 수 있다. 욥은 마침내 새로운 세

---

347 절정부를 해결부로 보는 클라인즈와는 달리 세이모어는 해결부(Resolution)를 이야기의 주인공이 무지로부터 깨달음으로 나아오는 단계를 의미한다: Chatman Seymour, *Story and Discourse. Narrative Structure in Fiction and Film*(Ithaca, N.Y.: Cornell University Press, 1978), 85.
348 이곳에서 지혜란 하나님 이해와 인간 이해와 관련된 제반적인 지식이다.

계에(new cosmos) 서게 된 것이다.

이와 같이 기존의 질서를 와해시키고 새로운 질서, 새로운 세계로 인도하는 하나님의 교육 방법은 구약성서 내에 자주 나타난다: 하나님의 날이 더 이상 구원의 날이 아닌 심판의 날로 선포하는 아모스(암 5:18-20); 행동의 변화 없는 예배는 오히려 하나님 앞에 역겨움의 대상임을 알리는 이사야(사 1:11-20); 명목상 하나님의 전이 중요한 것이 아니라 삶 속에 하나님의 나라를 구현하는 것이 중요함을 외치는 예레미야(렘 7, 26장); 하나님의 선하심은 이스라엘에게만 향해 있지 않다는 보편주의적 깨우침(욘 4장) 등이다. 사실상 신약성서에서 예수님의 가르침 또한 새로운 질서를 알리시는 지혜적 교사의 목소리임을 알 수 있다: "너희가 들었으나 나는 너희에게 이르노니…."(마 5:21 이하).

욥기의 재구성을 통해 우리는 욥기 전체가 인생의 고통의 문제에 대한 인간의 고뇌와 투쟁을 다룬 이야기이기보다는 고통하는 인생 이면에 섭리하시는 하나님의 교훈과 가르침이 담겨 있는 이야기로 바라볼 수 있게 되었다. 의로운 신앙인의 고통과 승리의 보고서라기보다는 지혜자 하나님의 인생을 향한 교육적 사건으로 이해할 수 있다. 그 교육을 통해 기존의 관념과 말로 설명할 수 없는 인생의 고통은 우리가 설명하려 하기보다는 오히려 들으려 할 때 비로소 체득될 수 있음을 깨닫는다.

욥기의 신학

하나님에 관하여

욥기의 하나님은 창세기 2:19의 하나님과 동일하신 하나님이다. 아담과 더불어 창조를 완성해 가고 계시기 때문이다: "여호와 하나님이 흙으로 각

종 들짐승과 공중의 각종 새를 지으시고 아담이 무엇이라고 부르나 보시려고 그것들을 그에게로 이끌어 가시니 아담이 각 생물을 부르는 것이 곧 그 이름이 되었더라." 이름을 부여하기 이전에는 존재하는 것이 아니다. 하나님의 창조는 아담이 이름 붙임으로 완성된다. 에덴 동산의 아담은 하나님 창조의 동역자로 서 있다.

이와 같이 하나님은 욥을, 그리고 당신의 종된 사명자들을 창조와 역사 섭리에 초청하시고 참여케 하신다. 따라서 그 하나님은 전능하신(omnipotent) 분이시면서 동시에 취약하신(vulnerable) 분이시다. 왜냐하면 만물의 창조자이면서도 그것의 완성을 청지기된 사명자들의 손에 맡기기 때문이다. 이는 전적으로 "다스리고 정복하라" 명하신 하나님의 피조물, 곧 당신의 자녀들을 가르치시고 훈련하시기 위한 교육적 의도가 다분히 드러나 있는 부분이다. 그 교육적 목표의 달성을 위해 사탄과의 내기도 욥의 가족에게 닥친 재난도 친구들과의 신랄한 논쟁도, 그리고 감히 하나님에 대한 법정 공방의 도전 등 모든 모험과 위험에 열려 있는 하나님이다.

사람에 관하여

욥기 전체를 통하여 세 가지 인간에 대한 측면을 살필 수 있다. 첫째, "까닭 없이" 하나님을 믿지 못하는 것이 인간 존재이다. 사탄의 1-2장에서의 욥에 대한 주장 곧 "까닭 없이" 하나님을 섬기겠느냐 반문하는 모습은 결국 모든 인간에게 적용된다. 아무도 나의 건강과 명예, 가족과 소유 등 일체의 현실적 관심과 상관없이 신앙생활 하는 사람들은 없을 것이다. 진정 하나님만을 바라보며 만족하는 신앙생활은 육체를 입고 물질 세상에 살면서 달성하기란 여간 어려운 일이 아니다. 최소한 아무리 인정받는 성자라 할지라도(욥 1:1, 8; 2:3) 두려워하는 것(또는 결핍된 것)이 있기 때문이다.

그것이 바로 욥이 고백하는 "불안"[349](3:25a; רֹגֶז: 혼돈) 이다.

둘째, 자신의 개인적 입장으로 세상을 바라볼 수밖에 없는 존재이다. 욥이 3장 4절[350]에서 하나님의 창조 세계를 부정하는 모습, 친구들이 자신의 입장에서 욥을 정죄하는 모습, 또는 엘리후가 자신의 논리로서 욥을 공격하는 모습 등은 얼마나 다른 사람들과 대상 세계를 있는 그대로 이해하는 것이 어려운 일인가를 반증해 준다. 그나마 욥이 42장 7-8절에서 하나님 앞에 친구들보다 의롭다 칭함을 받은 이유는 욥이 고통의 과정을 통하여 최소한 하나님의 세상 섭리를 이제까지의 인간적, 교리적 입장이 아닌 하나님의 세상 다스리심을 있는 모습 그대로 보기 시작했기 때문이다. 그리고 마침내 욥은 하나님과 같은 시각으로 세상 섭리에 대하여 하나님과 대화하는 자리에 이르게 된 것이다(42:4-5).

셋째, 하나님의 피조물 중 가장 강력하고 가장 아름답게 창조된 존재가 바로 인간이다(40-41장). 그러나 인간은 자신의 존재성에 대하여 보잘 것 없고 미천한 존재로 쉽게 비하한다(30:19; cf. 40:4-5). 욥 자신의 모든 고통의 과정을 통하여 하나님께서 욥에게 가르치시고자 하신 것 중 하나는 창조 세계 가운데 욥의 위치와 역할에 대한 것이다. "이제 소 같이 풀을 먹는 베헤못을 볼지어다. 내가 너를 지은 것 같이 그것도 지었느니라"(40:15). 육상동물과 해상 동물 가운데 가장 강한 베헤못과 리워야단은 결국 욥의 정체성을 깨우치게 할 시청각 교재이다.[351] 이제 욥은 고통과 무질서의 현장

---

349 욥 3:26.

350 יְהִי חֹשֶׁךְ (예히 호셕: 어둠이 있으라!).

351 갬미(Gammie)는 베헤못과 리워야단이 욥 자신의 투사적 존재임을 주장한다: John G. Gammie, "Behemoth and Leviathan: On the Didactic and Theological Significance of Job 40:15-41:26," in *Israelite Wisdom: Theological and Literary Essays in Honor of Samuel Terrien* (ed. John G. Gammie, Walter A. Brueggemann, W. Lee Humphreys, and James M. Ward; New York: Scholars Press, 1978), 217-31.

속에서 불평하고 탄식하는 자가 아니다. 과감히 무질서 앞에서 하나님의 질서를 선포하며 바로잡는 하나님의 대행자로 봉사한다.[352] 관리하는 청지기에서 치리하는 통치자로 거듭난다.[353]

세계에 관하여

욥 이야기에 드러난 세상은 하나님의 섭리가 여전히 실현되는 장이며 동시에 인간의 적극적 역사 참여를 기대하는 장이다. 사람 없는 땅에 하나님께서는 비를 내리신다(38:26). 산 속 깊이 사는 산염소와 사슴의 새끼들의 탄생과 양육을 책임지시는 분이시다(39:1-4). 그러나 세상은 만물의 으뜸으로 창조된 베헤못을 위해 존재한다. 감히 리워야단과 대적할 수 없는 것이 세상이다. 곧 베헤못과 리워야단과 같이 으뜸으로 피조된 인간의 적극적 창조 행위와 역사 참여가 세상의 어떠함을 결정하게 되는 것이다.

하나님의 폭풍우 언설의 전반부인 38-39장이 하나님의 섭리가 세계 가운데 주권적으로 실행되는 것을 보인다면, 후반부인 40-41장은 하나님의 형상으로 창조된 강하고도 아름다운 인간 존재의 위치가 세상 가운데 분명히 드러나고 있다. 결국 이 세상은 하나님과 인간의 만남을 통한 신-인 협력의 소통 가운데 항상 새롭게 창조되는 것이다.

---

[352] "너는 위엄과 존귀로 단장하며 영광과 영화를 입을지니라 너의 넘치는 노를 비우고 교만한 자를 발견하여 모두 낮추되 모든 교만한 자를 발견하여 낮아지게 하며 악인을 그들의 처소에서 짓밟을지니라" (40:10-12).

[353] "그러므로 저는 저의 미련한 말들을 거두어들이고 티끌과 재(인간)에 대한 저의 생각을 달리하겠습니다" (42:6; 사역).

욥기의 실천적 영성: 울타리 깨기

욥기에 대한 어떠한 설명도 결국에는 다음과 같은 현실적 질문을 피할 수 없다. 즉, 인내함으로 갑절의 축복을 받는다손 치더라도 "까닭 없는 신앙"의 맹점을 극복한다손 치더라도, 신정론적 신비를 터득했다손 치더라도 또는 하나님의 지혜 교육을 통해 현자적 깨달음에 이르렀다손 치더라도 과연 나 같으면 현실의 삶 속에서 욥기 1-2장의 욥이 당한 것과 같은 재앙과 무고한 고통을 감당할 수 있는가라는 것이 우리의 실존적 문제이다. 차라리 욥기 1:1-5에 드러난 욥의 처음 상태와 같은 안정된 상황에 머물고 싶지 않을까에 대한 질문이다. 굳이 물질과 가족, 그리고 건강까지 잃어가면서 42장의 새로운 경지로 나아가고 싶은가 묻고 싶은 것이다.

그러기에 욥기는 그 내용에 있어서도, 그리고 실제적 메시지에 있어서도 쉬운 말씀은 아니다. 그러나 한 가지 기억해야 할 것은 욥기의 신학적 결론은 궁극적으로 하나님의 새 창조 즉, 계속되는 창조 사역에로의 초청에 있다. 실제적으로 이 땅에서는 욥기 서론과 같은 안정되고 완벽한 신앙의 상태가 가능하지 않다. 삶은 변화하고 인생은 도전받는다. 시시각각 변하는 삶과 선택의 순간에 어떠한 삶의 관점과 태도를 견지할 수 있을까? 기존의 관념으로 둘러싼 울타리 안에서 인생은 한계를 지니고 대답할 수 없는 무수한 인생의 부조리와 이해할 수 없음 가운데 신음할 수밖에 없다. 그러나 계속된 경계의 확장을 통한 새로운 정체성의 발견은 우리의 사명 의식과 사명 감당을 통해 가능하다. 마침내 "티끌과 재" 곧 미천한 인간 존재가 어느 순간 하나님과 대화하며(42:4-5) 하나님과 더불어 세상 통치의 길로 나아가게 된다.

이를 위한 끊임없는 울타리 깨기가 요청된다. 우리의 실천적 영성 가운데 화석화되고 관념화된 회색빛 관점이 아니라 늘 어린아이와 같은 푸른 관점으로 나를 바라보고 사람들을 이해하며 세상을 관조해야 한다. 무엇보다도 하나님과의 친밀한 교제와 동행이 우리로 하여금 끊임없는 존재의 확장을 허락할 것이다.

마무리

욥은 폭풍우 가운데 들리는 하나님의 음성을 들었다. 고통 가운데 좌절하지 않고 하나님을 줄곧 찾음으로 마침내 하나님의 창조 세계를 볼 수 있었다! 그런데 어째 싱겁다. 사실상 그 창조 세계는 처음부터 그대로의 세계이기 때문이다. 욥과 상관없이 처음부터 그렇게 욥에게, 그리고 세상 모든 사람들에게 창조 세계는 그렇게 서 있었다. 그런데 있는 그대로를 못 보는 것이 우리네 인생이다. 하나님의 음성을 들은 후 욥이 한 고백은 실로 위대한 깨달음이다(42:5). 그러나 그 깨달음을 얻기 위해서 겪은 그 과정은 험난했다. 그만큼 우리에게 있는 그대로의 세상 이해는 참으로 어렵다.

여기에서 욥이 어떻게 그 듣는 세상으로부터 보는 세상으로 나아왔는가를 기억할 필요가 있다. 그것은 그의 관습적 울타리의 타파이다. "들음"을 통한 관점의 변화가 "봄"을 혁신했다. 아는 만큼 보인다 했는가? 우리의 울타리만큼 보일 뿐이다. 우물 안 개구리는 이제 우물의 울타리 밖으로 뛰쳐 나가야 한다. 욥은 관습적 신앙의 최고의 의인이었다. 그러나 관습의 울타리가 다 허물어진 후 비로소 있는 세상을 그대로 바라볼 수 있었다. 거기에 그의 새로운 세계가 열렸다.

여기에 욥기의 지혜 코드가 심겨져 있다. 욥기는 의로운 자의 고통이나 신정론적 문제를 다루기보다는 있는 그대로의 세상을 어떻게 잘 볼 수 있는가의 문제를 다룬다. 왜냐하면 이 세상은 이미 하나님의 창조 질서 가운데 운영되고 있으며 계속된 새로운 창조를 통해 변화되고 있기 때문이다. 하나님의 지혜의 온전한 체득은 우리의 듣는 것과 보는 것에 달려 있다. 심지어 우리의 죄 사함 또한 듣고 봄에 관계한다(막 4:12). 결국 욥기의 하나님 지혜는 우리에게 잘 듣고 보는 일이 얼마나 가장 중요한 일임을 깨우쳐 주고 있다. 하나님의 새 창조의 파트너로 부름받은 하나님 통치의 대행자들에게 요청되는 것이 바로 듣는 마음, 곧 솔로몬의 지혜이다:

> "누가 주의 이 많은 백성을 재판할 수 있사오리이까 듣는 마음을 종에게 주사 주의 백성을 재판하여 선악을 분별하게 하옵소서."(왕상 3:9)

| 나오는 말 |

『하나님의 지혜 초청과 욥의 깨달음』을 마치며

　실제적 인간의 고민을 욥기는 원색적으로 보여주고 있다. 그러나 그 해답은 신비하게 감추어졌다. 그래서 욥기에 관한 한 많은 사람들의 관심과 연구가 진행되어 왔으며 앞으로도 수많은 해석과 논의가 계속될 것이다. 욥기를 문학적으로, 신학적으로 또는 심리학적으로, 종교학적으로 완전히 풀어내는 것은 불가능하다. 왜냐하면 깊은 인생의 체험과 높은 하나님 체험이 동반되어 있는 기록이기 때문이다. 결국, 우리가 이제까지 관찰하고 해석하고 묵상한 바는 한계가 있을 수밖에 없다. 또한 무엇보다 우리에게 욥과 같은 고통 체험(울타리 깨기)과 하나님 체험(새 창조의 음성)이 현재로서는 부재하기 때문이다.

　그러나 한 가지 분명한 것은 자기 발견의 필요성이 요구된다. 결국 욥이 폭풍우 가운데 들려오는 음성으로부터 집중하게 된 것은 자기 정체성 갱신이었다. 그래서 본서에서 욥기의 해석코드로서 "지혜"를 부각시킨 것이다. 지혜자 하나님의 섭리가 욥 드라마 전체에 펼쳐져 있다. 그 드라마의 처음과 끝은 여전히 욥이라고 하는 인물이다: "우스 땅에 욥이라 불리는 사람이 있었는데"(1:1a); "욥이 늙어 나이가 차서 죽었더라"(42:17). 욥이 겪은 고통과 깨달음이 그 사이에 놓여 있다.

울타리 깨기는 갇혀져 있는 인간 정체성의 해방의 계기가 된다. 고통의 과정이 동반되기에 가능하지 스스로 그 길을 갈 수 없다. 하나님의 허락하심이 아니면 고난의 십자가를 질 수 없다. 예수 그리스도에게 주어진 십자가가 신성의 경계를 허무는 일이었다면 욥에게 주어진 십자가는 완벽한 삶의 경계를 허무는 일이었다. 따라서 전적으로 하나님의 섭리 가운데 인류를 향한 사랑의 드라마와 욥을 통한 지혜의 드라마가 연출된 것이다. 그런 까닭에 본서의 서론에서 제기했듯이 왜 욥이 "진정한 지혜자"의 삶으로 변화됨에 있어서 그토록 참혹한 고통의 과정을 겪어야만 했는가를 묻는 것은 왜 예수님이 인류 구원을 위해 그처럼 처절한 고통의 십자가를 졌어야만 하는가를 묻는 것과 같이 어리석은 질문이 될 것이다.

그리스도의 십자가는 오늘의 기독교인들에게 여전히 요구되고 있다. 계속된 인류 구원을 위한 근본 메시지이기 때문이다. 마찬가지로 의인의 고통은 여전히 신앙인들에게 요구된다. 이해할 수 없는 인생사 가운데 고난과 시련이 사명자로 하여금 깨달음에 이르게 하기 때문이다. 하나님의 새 창조의 음성이 "왜"가 아닌 "어떻게"를 알려준다. 참된 지혜는 의로운 고통의 이유를 묻는 것이 아니라 그 고통의 삶의 현장을 어떻게 변화시켜 나갈 것인가를 알게 한다. 결국은 하나님 안에서의 인간 자신의 발견이다. 처음 창조 세계로부터 아담이 에덴 동산을 가꾸어야 했던 것처럼(창 2:15), 이후 사람은 하나님보다 조금 못한 존재로서 여전히 모든 피조 세계를 다스려야 하는 것처럼(시 8:5-8), 욥은 위엄과 존귀로 세상의 교만한 자를 낮추며 악인들을 치리하고 세상을 구원할 사명을 띠고 있는 것이다(욥 40:10-14).

지혜자 하나님의 초청은 바로 천지창조 이후 계속된 인류에게 향하신 책임적 통치의 사명을 감당하라는 부르심이다. 이를 위해 오늘도 하나님은 당신의 사명자들의 울타리를 하나하나 깨뜨리신다. 인생의 울타리는 항상 와해되기 마련이다. 그 허물어진 담을 그대로 세우고 그 안에서 안주하려고 하는 이들에게 지혜 초청의 음성은 들릴 수 없다. 그러나 고통과 회복의 삶의 리듬 가운데 지혜자의 초청에 "질문할 수 있는 용기"로 나아오는 자들에게는 새로운 사명이 부여된다. 하나님의 새로운 창조의 역사가 그들을 통해 계속된다.

부지런히 인생사를 듣고 볼 일이다. 하나님의 폭풍우 언설은 특별한 신비체험이 아니었다. 자연 세계와 동물의 왕국을 그대로 들려주었을 뿐이다. 그리고 욥 자신의 모습을 베헤못과 리워야단이라는 거울을 통해 창조질서 그대로 보여주었을 뿐이다. 결국 욥기는 인생의 경험 가능한 삶에 대한 관찰을 다루는 "지혜서"로서 우리에게 다가온다.

물론 욥기를 여전히 신앙적 승리의 간증문으로 신비한 하나님의 음성의 깨우침으로 또는 심오한 신정론적 신학지침으로 해석하는 일이 얼마든지 가능하다. 그리고 각각의 해석들은 그 자체의 통찰과 교훈을 갖는다. 그러나 필자는 본 욥기 해설집이 욥 이해사에 있어서 의미 있는 한 족적을 남겼음을 자부하고 싶다. 처음부터 끝까지 전통적인 히브리 문학의 지혜 전승에 근거한 지혜 문학으로서 욥 이야기를 풀고 있기 때문이다. 그리고 욥기해석 방법론 자체를 여전히 지혜의 본래 의미에 근거하여 질문하고 대답하는 토론 중심의 방법으로 이끌고 왔기 때문이다. 무엇보다도 욥기의 결론적 주제에 있어서도, 그리고 그 신앙적 주제의 실천적 적용에 있어서도 "듣고 보는 일"에 초점을 두고 있는 것이 관찰에 근거한 지혜 전승과 일관되어 있음을 알 수 있다. 이 같은 의미에서 본서가 앞으로 계속될 욥기 연구와 해석에 있어서 의미 있는 한 이정표로 서길 기대한다.

| 참고 문헌 |

1. 욥기 주석서

마빈 H. 포프. 『욥기』 국제성서주석 15. 서울: 한국신학연구소, 1983.
목회와 신학 편집부. 『욥기: 어떻게 설교할 것인가』 서울: 두란노 아카데미, 2008.
이군호. 『욥기』 서울: 대한기독교서회, 1998.
장 레베크. 『욥기』 김건태 옮김. 서울: 가톨릭출판사, 1998.

Anderson, Francis I. *Job: An Introduction and Commentary.* Downers Grove, IL: InterVarsity, 1976.
Balentine, Samuel E. *Job.* Macon, Ga: Smyth & Helwys Publishing, Inc., 2006.
Borgonovo, G. *La notte e il suo sole. Notte e tenebre nel libro di Giobbe: Analisi simbolica.* Analecta Biblica 135. Roma, 1995.
Clines, David J. A. *Job 1-20.* Word: Dallas, 1989.
_____. *Job 21-37.* Nashville: Thomas Nelson Publishers, 2006.
_____. *Job 38-42.* Nashville: Thomas Nelson Publishers, 2011.
Dhorme, E. *A Commentary on the Book of Job.* trans. by Harold Knight. London: Nelson, 1967.
Driver, S. R. *The Book of Job in the Revised Version.* Oxford: Clarendon, 1906.
Ebach, J. *Streiten mit Gott Hiob.* Bd. 2. Neukirchen-Vluyn: Neukirchener Verlag, 1995.
Fohrer, Georg. *Das Buch Hiob.* Kommentar zum Alten Testament 16. Gütersloh: Gütersloher Verlangshaus Gerd Mohn, 1963.

Good. Edwin M. *In Turns of Tempest: A Reading of Job with a Translation.* Stanford, Ca: Stanford University Press, 1990.

Gordis, Robert. *The Book of Job: Commentary, New Translation, and Special Studies.* New York: Jewish Theological Seminary, 1978.

Habel, Norman C. *The Book of Job.* Philadelphia: The Westminster, 1985.

Hartley, John. *The Book of Job.* Grand Rapids: Eerdmans Publishing, 1988.

Janzen, J. Gerald. *Job.* Atlanta: John Knox Press, 1985.

Newsom, Carol A. *The Book of Job.* Nashville: Abingdon, 1996.

_____. "Job" in *The Women's Bible Commentary.* ed. Carol Newsom and Sharon H. Ringe. Louisville: Westminster/John Knox, 1992.

Pope, Marvin H. *Job.* New York: Doubleday & Company, Inc, 1982.

Rowley, H. H. Job. The Century Bible. Don Mills, Ontario: Nelson, 1970.

Terrien, Samuel. *The Book of Job.* IB III. New York: Abingdon, 1954.

Tur-Sinai, N. H. *The Book of Job.* Jerusalem: Kiryath Sepher, 1967.

Weiser, Arthur. *Das Buch Hiob.* Göttingen: Vandenhoeck & Ruprecht, 1956.

Whybray, Norman. *Job.* Sheffield Phoenix Press, 2008.

Zuckerman, Bruce. *Job the Silent: A Study in Historical Counterpoint.* New York: Oxford University Press, 1991.

2. 욥기관련 논문

김상기. "욥 42:1-7: 이유 없는 고난." 『성경원문연구』26 (2010), 32-48.

김재구. "욥 1-3장: 욥기전체를 푸는 열쇠." 『구약논단』24 (2007), 92-106.

김지은. "욥의 고난과 회복."『구약논단』12 (2002), 155-170.

실비오 호세 바에츠. "욥기에 나타난 하느님의 답변: 대화와 현시." 이건 옮김.『신학전망』160 (2008), 108-125.

안근조. "인간의 불평과 하나님의 응답: 구약성서의 감추어진 문학 전승."『호서신학』11 (2004), 55-76.

_____. "욥과 베헤못, 그리고 리워야단: 하나님의 두 번째 응답(욥 40-41)에 대한 수사비평적 읽기."『신학사상』126 (2004), 34-35.

_____. "욥기 38-41장의 신언설의 이해와 문학 전승사적 위치."『구약논단』20 (2006), 147-166.

_____. "구약성서의 구성주의 교육론: 욥의 새로운 언어 찾기(욥 6:1-7:21)"『기독교교육정보』25 (2010), 261-283.

_____. "욥 31장에 나타난 구약성서의 윤리."『구약논단』36 (2010), 71-91.

우상혁. "이야기로서의 욥기 읽기."『구약논단』39 (2011), 83-107.

이환진. "욥이 옳은가? 친구들이 옳은가? – 마소라 본문 욥 32:1의 '그의 눈에 옳다(וייני‎ב קידסוה)'란 표현을 중심으로"『신학과 세계』64 (2009), 5-33.

하경택. "욥과 욥기의 문제: 욥기의 연구사에 관한 소고."『한국기독교신학논총』31 (2004), 47-76.

_____. "욥 발언의 창조 모티브 고찰."『구약논단』18 (2005), 105-127.

_____. "욥 탄식과 하나님 발언의 관계성 연구."『구약논단』22 (2006), 98-114.

_____. "패러다임 충돌 현상으로서 욥기의 논쟁연구."『종교연구』47 (2007), 343-374.

_____. "'창조와 종말' 주제를 위한 동물의 신학적 의의."『구약논단』30 (2008), 126-146.

Alonso-Schökel, Luis. "God's Answer to Job." in *Job and the Silence of God*.

ed. by Christian Duquoc and Casiano Floristán. Edinburgh: T&T Clark, 1983, 45-51.

Balentine, Samuel E. "'What are Human Beings, That You Make so Much of Them?,' Divine Disclosure from the Whirlwind: 'Look at Behemoth,'" in *God in the Fray: A Tribute to Walter Brueggemann*. ed. Tod Linafelt and Timothy K. Beal; Minneapolis: Fortress, 1998, 259-278.

_____. "My Servant Job Shall Pray for You." *Theology Today* 58 (2002), 502-518.

Brenner, Athalya. "God's Answer to Job." *VT* 31 (1981), 129-137.

Curtis, John B. "On Job's Response to Yahweh." *JBL* 98 (1979), 497-511.

Fohrer, Georg. "The Righteous Man in Job 31," in *Essays in the Old Testament Ethics*. ed. James L. Crenshaw and John T. Willis. New York: KTAV Publishing House, Inc., 1974, 3-22.

Fox, Michael V. "Job 38 and God's Rhetoric." *Semeia* 19 (1981), 53-61.

Gammie, John G. "Behemoth and Leviathan: On the Didactic and Theological Significance of Job 40:15-41:26," in *Israelite Wisdom: Theological and Literary Essays in Honor of Samuel Terrien*. ed. by John G. Gammie, Walter A. Brueggemann, W. Lee Humphreys, and James M. Ward. New York: Scholars Press, 1978, 217-231.

Greenstein, Edward R. "A Forensic Understanding of the Speech from the Whirlwind." in *Texts, Temples, and Traditions*. eds. by Michael V. Fox, Victor Avigdor Hurowitz, Avi Hirvitz, Michael L. Klein, Baruch J. Schwartz, and Nil Shupak. Winona Lake: Eisenbrauns,

1996, 241-258.

Janzen, J. Gerald. "The Place of the Book of Job in the History of Israel's Religion." in *Ancient Israelite Religion: Essays in Honor of Frank M. Cross*. eds. by Patrick D. Miller, Jr., Paul D. Hanson, and S. Dean McBride. Philadelphia: Fortress Press, 1987, 523-537.

Luc, Alex. "Storm and the Message of Job." *JSOT* 87 (2000), 111-23.

MacKenzie, R.A.F. "The Purpose of the Yahweh Speeches in the Book of Job," *Bib* 40 (1959), 435-445.

Mettinger, Tryggve, N.D. "The God of Job: Avenger, Tyrant, or Victor?" in *The Voice from the Whirlwind: Interpreting the Book of Job*. ed. by Leo G. Perdue and W. Clark Gilpin. Nashville: Abingdon Press, 1992, 39-49.

Morrow, William S. "Toxic Religion and the Daughters of Job." *Studies in Religion* 27 (1998), 263-76.

Muenchow, Charles. "Dust and Dirt in Job 42:6." *JBL* 108 (1989), 597-611.

Newsom, Carol A. "The Book of Job as Polyphonic Text." *JSOT* 97 (2002), 87-108.

Nicholson, E. W. "The Limit of Theodicy as a Theme of the Book of Job." in *Wisdom in Ancient Israel: Essays in Honour of J. A. Emerton*. ed. by John Day, Robert P. Gordon and H. G. M. Williamson. Cambridge: Cambridge University Press, 1995, 71-82.

O'Connor, Kathleen M. "Wild, Raging Creativity: The Scene in the Whirlwind (Job 38-41)." in *A God So Near: Essays on Old Testament Theology in Honor of Patrick D. Miller.* ed. by Brent A. Strawnand Nancy R. Bowen. Winona Lake: Eisenbrauns, 2003, 171-179.

Patrick, Dale. "Job's Address of God," *ZAW* 91(1979), 268-282.

Perdue, Leo G. "Wisdom in the Book of Job." in *In Search of Wisdom: Essays in Memory of John. G. Gammie*. ed. by Leo G. Perdue, Bernard B. Scott, and William J. Wiseman. Westminster: John Knox, 1993, 73-98.

Rainer, Kessler. "Ich Weiß, daß Mein Erlöser Lebet: Sozialgeschichtlicher Hintergrund und Theologische Bedeutung der Löser-Vorstellung in Hiob 19,25." *ZAW* 89 (1992), 139-158.

Rowley, H. H. "The Book of Job and Its Meaning," in *From Moses to Qumran*. London: Lutterworth, 1963, 151-161.

Steinmann, Andrew E. "The Structure and Message of the Book of Job." *VT* 46 (1996), 85-100.

Terrien, Samuel. "Job as a Sage." in *The Sage in Israel and the Ancient Near East*. ed. by John G. Gammie and Leo G. Perdue. Winona Lake: Eisenbrauns, 1990, 231-242.

Tilley, Terrence W. "God and the Silencing of Job." *Modern Theology* 5 (1989), 257-270.

Tsevat, Matitiahu. "The Meaning of the Book of Job." *Hebrew Union College Annual* 37 (1966), 73-106.

Van Wolde, Ellen. "Different Perspectives on Faith and Justice: The God of Jacob and the God of Job." in *The Many Voices of the Bible*. ed. by Sean Freyne and Ellen van Wolde. London: SCM Press, 2002, 17-23.

Westermann, Claus. "The Complaint Against God." in *God in the Fray: A Tribute to Walter Brueggemann*. ed. Tod Linafelt and Timothy K.

Beal. Minneapolis: Fortress Press, 1998, 233-241.

Wheeler, David. "Job 38:1-40:2 - Rain on a Land Where No One Lives, Oxen Who Won't Plow your Field." *RevExp* 96 (1999), 441-450.

Wilcox, Karl G. "'Who is This⋯': A Reading of Job 38.2." *JSOT* 78 (1998), 85-95.

Williams, James G. "Deciphering the Unspoken: the Theophany of Job." *Hebrew Union College Annal* 49 (1978), 59-72.

Wilson, J. V. Kinnier. "A Return to the Problems of Behemoth and Leviathan." *VT* 25 (1975), 1-14.

3. 욥기 관련 해설서

민영진. 『설교자와 함께 읽는 욥기』 서울: 한국성서학연구소, 2002.
안근조. 『지혜 말씀으로 읽는 욥기』 서울: 한들출판사, 2007.
하경택. 『질문과 응답으로서의 욥기 연구: 지혜 탄식 논쟁 안에 있는 신학과 인간학』 서울: 한국성서학연구소, 2006.

Bechtel, Lynn M. "A Feminist Approach to the Book of Job," in *A Feminist Companion to Wisdom Literature*. Edited by Athalya Brenner. Sheffield: Sheffield Academic Press, 1995, 222-251.

Beuken, W.A.M, ed. *The Book of Job*. Leuven: Leuven University Press, 1994.

Cox, Dermot. *Man's Anger and God's Silence*. England: St. Paul Publications, 1990.

Dell, Katharine J. *The Book of Job as Sceptical Literature*. BZAW 197.

Berlin: de Gruyter, 1991.

Gordis, Robert. *The Book of God and Man: A Study of Job.* Chicago: The University of Chicago Press, 1965.

Greenstein, Edward L. "A Forensic Understanding of the Speech from the Whirlwind," in *Texts, Temples, and Traditions.* ed. by Michael V. Fox, Victor Avigdor Hurowitz, Avi Hurvitz, Michael L. Klein, Baruch J. Schwartz, and Nili Shupak. Winona Lake: Eisenbrauns, 1996, 241-258.

Gutierrez, Gustavo. *On Job: God-Talk and the Suffering of the Innocent.* New York: Orbis Books, 1996.

Hoffman, Yair. *A Blemished Perfection: The Book of Job in Context.* Sheffield: Sheffield Academic Press, 1996.

Janzen, J. Gerald. *At the Scent of Water: The Ground of Hope in the Book of Job.* Grand Rapids, Mich.: William B. Eerdmans Publishing Company, 2009.

Keel, Othmar. *Jahwes Entgegnungan Ijob: Eine Deutungvon Ijob 38-41 vor dem Hintergrund der zeitgnössischen Bildkunst.* Göttingen: Vandenhoeck & Ruprecht, 1978.

Newsom, Carol A. *The Book of Job :A Concept of Moral Imaginations.* Oxford: Oxford University Press, 2003.

Perdue, Leo G. *Wisdom in Revolt: Metaphorical Theology in the Book of Job.* Sheffield: The Almond, 1991.

Westermann, Claus. *The Structure of the Book of Job: A Form-Critical Analysis.* trans. by Charles A. Muenchow. Philadelphia: Fortress Press, 1981.

4. 지혜서 관련 기타 문헌

구덕관. 『지혜와 율법』 서울: 대한기독교출판사, 1982.

_____. "신·구약 중간기의 구약 지혜 전승." 『지혜 전승과 설교』. 구덕관 박사 회갑 기념문집출판위원회 편. 서울: 대한기독교서회, 1991, 208-229.

안근조. "구약성서의 '쉐마'와 호크마: 고대 이스라엘의 지혜 교육." 『기독교교육정보』 21 (2008), 165-190.

_____. "지혜 문학 연구의 제방법론." 『구약논단』 43 (2012), 34-59.

이형원. 『설교자를 위한 구약 지혜 문학』 대전: 침례신학대학교 출판부, 2007.

장일선. 『삶을 위한 지혜: 히브리 지혜 문학 연구』 서울: 대한기독교서회, 2000.

천사무엘. 『지혜 전승과 지혜 문학』 서울: 동연, 2009.

현창학. 『구약 지혜서 연구』 수원: 합신대학원출판부, 2009.

Barton, Stephen C. ed. *Where Shall Wisdom Be Found?: Wisdom in the Bible, the Church and the Contemporary World.* Edinburgh: T&T Clark, 1999.

Blenkinsopp, Joseph. *Wisdom and Law in the Old Testament: The Ordering of Life in Israel and Early Judaism.* Oxford: Oxford University Press, 2003.

Brueggemann, Walter. *The Message of the Psalms.* Minneapolis: Augsburg Publishing House, 1984.

Clifford, Richard C. *The Wisdom Literature.* Nashville: Abingdon Press, 1998.

Collins, John J. *Jewish Wisdom in the Hellenistic Age.* Louisville: John Knox Pres, 1997.

Crenshaw, James L. Prophets, Sages, and Poets. St. Louis, Missouri: Chalice Press, 2006.

_____. *Old Testament Wisdom: An Introduction.* Atlanta, John Knox Press, 1981.

Ceresko, Anthony R., O.S.F.S. *Introduction to Old Testament Wisdom: A Spirituality for Liberation.* New York: Maryknoll, 1999.

Davidson, Robert. *The Courage to Doubt: Exploring an Old Testament Theme.* London: SCM Press, 1983.

Gammie, John G. & Perdue, and Leo G. eds. *The Sage in Israel and the Ancient Near East.* Winona Lake: Eisenbrauns, 1990.

Heaton, E. W. *The School Tradition of the Old Testament.* Oxford: Oxford University Press, 1994.

Kampen, John. *Wisdom Literature: Eerdmans Commentaries on the Dead Sea Scrolls.* Grand Rapids, Mich.: William Eerdmans Publishing Company, 2011.

Lambert, W. G. *Babylonian Wisdom Literature.* Oxford: Clarendon, 1960.

Murphy, Roland E. *The Tree of Life: An Exploration of Biblical Wisdom Literature.* Third edition. Grand Rapids, Mich.: William Eerdmans Publishing Company, 2002.

_____. "Introduction to Wisdom Literature," in *New Jerome Bible Commentary.* ed. R. E. Brown, J. A. Fitzmyer, and R. E. Murphy. Englewood Cliffs, New Jersey: Prentice Hall, 1990, 447-452.

Perdue, Leo G. *Wisdom and Creation: The Theology of Wisdom Literature.* Nashville: Abingdon 1994.

_____. *Wisdom Literature: A Theological History.* Louisville:Westminster

John Knox Press, 2007.

Rad, Gerhard von. *Wisdom in Israel*. Nashville: Abingdon, 1972.

Scott, R. B. Y. *The Way of Wisdom in the Old Testament*. New York: Macmillan Company, 1971.

Sheppard, G. T. *Wisdom as a Hermeneutical Construct*. Berlin: de Gruyter, 1980.

Soelle, Dorothee. *Suffering*. trans. E. Kalin. Philadelphia: Fortress, 1975.

Whybray, R. N. *The Intellectual Tradition of the Old Testament*. Berlin: de Gruyter, 1974.